深度变革

从个人到组织

［美］贝丝·科姆斯托克（Beth Comstock）［美］塔尔·拉兹（Tahl Raz）著
张缘 刘婧 译

IMAGINE IT
FORWARD

Copyright © 2018 by Beth Comstock
Published in agreement with Elyse Cheney Literary Associates, LLC, through The Grayhawk Agency.

© 中南博集天卷文化传媒有限公司。本书版权受法律保护。未经版权人许可，任何人不得以任何方式使用本书包括正文、插图、封面、版式等任何部分内容，违者将受到法律制裁。

著作权合同登记号：图字 18-2019-278

图书在版编目（CIP）数据

深度变革 /（美）贝丝·科姆斯托克
（Beth Comstock），（美）塔尔·拉兹（Tahl Raz）著；
张缘，刘婧译. -- 长沙：湖南文艺出版社，2022.3
书名原文：Imagine It Forward
ISBN 978-7-5404-9084-3

Ⅰ.①深… Ⅱ.①贝… ②塔… ③张… ④刘… Ⅲ.
①通用电气公司（美国）—工业企业管理—经验 Ⅳ.
①F471.266

中国版本图书馆 CIP 数据核字（2019）第 033057 号

上架建议：畅销·管理

SHENDU BIANGE
深度变革

作　　者：	[美]贝丝·科姆斯托克（Beth Comstock）　[美]塔尔·拉兹（Tahl Raz）
译　　者：	张　缘　刘　婧
出版人：	曾赛丰
责任编辑：	薛　健　刘诗哲
监　　制：	于向勇
策划编辑：	秦　青　王远哲
文案编辑：	停　云　包　晗
版权支持：	辛　艳　张雪珂
营销编辑：	段海洋　王　凤
装帧设计：	潘雪琴
出　　版：	湖南文艺出版社
	（长沙市雨花区东二环一段 508 号　邮编：410014）
网　　址：	www.hnwy.net
印　　刷：	北京天宇万达印刷有限公司
经　　销：	新华书店
开　　本：	700mm × 1000mm　1/16
字　　数：	295 千字
印　　张：	19.5
版　　次：	2022 年 3 月第 1 版
印　　次：	2022 年 3 月第 1 次印刷
书　　号：	ISBN 978-7-5404-9084-3
定　　价：	56.00 元

若有质量问题，请致电质量监督电话：010-59096394
团购电话：010-59320018

真正阻碍我们的是恐惧，是对过去的依恋，是对"我们所知之事"的依恋。

突破旧有行为模式、思维方式、逻辑关系，跳出框架，深度变革。

IMAGINE IT FORWARD

目录
CONTENTS

序言：缩小想象力的缺口　_001

无论我们做什么，无论我们身处何方，我们都必须"做好改变的准备"，即无所畏惧，永远准备重新审视、重新思考和重新设计。我们必须不断适应、发现、提前思考和进行迭代。我们必须尽早满足变化并不断适应变化。

PART 1　变革的原动力

转变思维方式。每一个变革者都要学会允许自己超越期待和限制。

第一章　重塑自我，忠于内心　_002

但你必须学会不要阻止自己向前，你必须学会允许自己想象一条更好的道路，放宽眼界，在别人只看到风险的地方预见机遇。

第二章　成为内部的外来者　_026

成为内部的外来者，用组织理解的语言阐释新的观念。邀请外来者进入帮助拆除围墙，在护城河上铺路，让公司的城堡里涌入不同的观点和人员。

挑战　进一步认识自己　_045

PART 2 变革的推动力

发现关乎的是探索——以探究和好奇的精神为自己和自身的文化注入活力，将世界变成一个学习的课堂，并挖掘可以使变革成为可能的想法。

第三章　爱迪生的"海军陆战队"　_050

当然，光有标语是不够的。人们经常使用标语作为聪明的陈述，但从不会走得更远。我们需要开发培养它们的方式，而不仅仅是说出来。

第四章　想象力的突破：营销新方式　_068

观察未发生的并想象可能发生的，创造以前不存在的东西，满足未被满足的需求，有时甚至是满足未被表达出的需求。

第五章　绿色创想　_081

在获得市场占有率之前，你首先需要"头脑占有率"。你需要销售愿景、制订计划，并邀请其他人帮助构建计划。

挑战　为发现腾出空间　_094

PART 3 变革的张力

创新不是保证或共识。事实上，它经常鼓励对抗。

第六章　反对者和数字攻击 _100

学会接受冲突可以使你的想法或产品变得更好。也许你的问题恰恰在于缺少足够的冲突。

第七章　前进中的失败 _113

面对快速的变化，人们往往会退回到自己的孤岛中并保护自己的地盘。问题是，我如何攻克这些壁垒和领地？如何让公司支持新生事物呢？

第八章　变"不确定"为"确定" _122

如果你要创新，并向卓越迈进，你必须能够对同事的想法给予坦诚的反馈——准备好面对他们的反击。努力维持表面的和谐是危险的，它会压制诚实的批评声音，允许人们对糟糕的主意提出礼貌的赞美。

PART 4 变革的感染力

要成功创新，你必须调整叙述方式以帮助组织中的人了解他们的世界。反过来，这将改变他们的行为方式以创造一个不同的、更加美好的未来。

第九章　精心构建故事：赋予平凡以非凡　_144

我们无法让不确定性消失，但我们可以改变对它的反应方式。每一个不确定性都是一个新的未来。

第十章　前行路上的垫脚石　_171

真正革命性的创新——改变世界的创新——需要进行解释才能被接受。它们需要被体验才能被人们相信，它们需要反复沟通。

挑战　讲一个好故事　_204

PART 5 变革的创造力

改变组织的操作系统需要采用新的思维模式——通常在一个不确定或困难的环境中。这意味着要从头到脚、从外到内地传播创意，在公司内部寻找专门的变革推动者。

第十一章 大胆创想，迅速行动 _208

更多的想法、更多的创新以及人与人之间的更多接触会带来更多的洞见、理论、观察和非计划的联系。

第十二章 临界点上的转折 _234

不要只是为了活而活，即便跌跌撞撞也要勇于探索，创造你所热爱的那种生活。你在工作中必须善于左右开弓，用左、右脑同时思考问题。

致谢 _285

结语 _287

序言

缩小想象力的缺口

当飞机从弗吉尼亚北部连绵起伏的丘陵上空开始降落时,我能看到窗外红色的夕阳逐渐染上了紫晕。不一会儿,我们在弗吉尼亚乡间农场里挖凿出的一条小跑道上徐徐停止滑行,这个地方距离我的家乡不到40英里[①]。

在飞行员的帮助下,我沿着飞机狭窄的舷梯走到草地上。这时,一名身着蓝色连体衣的男士向我招手。我向他走过去,手里提着鼓鼓囊囊的大手提袋,侧袋里装着仓促塞进来的笔记。就在此时,我听见飞机发动机重新启动起来。很快它就越过林梢,以微倾的姿态飞向紫色天际。

"有什么要对我说吗?"我问道。

"对不起,女士。他们付钱只是让我指挥飞机降落,以及引导它们离开。"他回答道。

我不清楚谁会来接我,也没有可以联络的电话号码。我知道的只是中央情报局(CIA)想听我的建议。我闭上眼睛,感受着秋天的气息。四周的野草、橡树和松树……一切都散发着家乡的味道。

很快,一辆配备有色玻璃车窗的黑色SUV在我面前停下。从车里下来了三名

[①] 英里是英美制长度单位,1英里合1.6093千米。

身着深色夹克的男人,他们的脸上当然少不了"飞行员"的墨镜。"是贝丝吗?跟我们走吧。"

我们聊了一会儿天气,以及我的家乡(他们中的一位曾经在那里住过),随后我回想起几天前与中央情报局副局长进行简短谈话之后自己匆忙记下的笔记:

> 我们被孤立了。我们需要在彼此之间以及在整个机构内进行更多的合作。
>
> 跟上变化的脚步并非易事。我们处于秘密行业,但我们需要不断开拓新的视角,承担风险,并在变革出现时做好准备。
>
> 我们需要不断重塑自我。

虽然这是我第一次为中央情报局的诸位领导讲课,但他们表现出来的忧虑与世界各地的组织和企业如出一辙,我所到之处听到的都是迫在眉睫的担忧:我们该如何应对不断出现的变化?我们如何才能更快地开放文化和进行创新?我们如何在一个不断受到干扰的世界中与时俱进?

在中央情报局的培训中心里,约有35名地区领导正在享用餐前鸡尾酒。这种场合我已经经历了数百次。有时我扮演"火花"的角色,是一个为改革传播新思想和指引方向的带动者;有时我会前去扮演"探险家",将自己寻找新想法的过程教授给他人;有时我承担"拥护者"的角色,为需要支持的、期待组织变革的呼吁摇旗呐喊,希望这些边缘的、孤独的声音能够得到领导者的支持;还有时,我的任务是指导一个团队搭建原型,这些原型将成为将工作跃升至新层次的、合理的"证明"。

在我们聊天期间,他们并没有谈论自己曾经做过的工作。当然,我理解这一点。但我发现,这一现象体现出他们非常希望将对话的方向偏离我正在做的工作——带去变化。这不是一次彬彬有礼的晚餐谈话。埋头于眼前的事,坚持不懈并做出成绩是更容易的。相比之下,抬头展望,弄清楚你或你的组织要前进的方向并洞悉未来的可能性是更困难的。通常情况下,一个组织除非被混乱吞噬,或者更简单地说,在意识到自己已经面临着落伍的严峻现实时,才会开始寻求新的前进方向。而那时候，它既缺乏动力，也没有足够的时间来废旧立新，渡过难关。50年前，《财富》对世界500强企业的预期寿命大约是75年。到了现在，已经不到15年了。有个令人清醒的现实是——世界变化的脚步永远不会减慢。未来学家雷·库兹韦尔（Ray Kurzweil）曾经预测："在21世纪，我们经历的不是100年的进步——它将更像是2万年的进步。"我们正在目睹企业的未来争夺之战。

我们所处的快速变革的新时代有一个明显的特征：不论是领导者、经理还是员工，都必须有能力在没有十足把握的情况下前进。他们必须在黑暗中摸索。

这令人非常不安，特别是当你必须全速前进时。人们知道自己需要更多的创造力才能取得成功，但他们同时承认自己对创造性人才及其打破常规的方式会感到不适；他们意识到自己需要与其他公司建立更多的伙伴关系，但同时又对跨出自己的孤岛感到惴惴不安；他们知道自己需要做出改变，但在此之前却需要成功的保证。

我的整个职业生涯一直都在追求变化。我从媒体经理变身为商业创新领导者和通用电气公司（GE）的副董事长——这是唯一一家在经历了125年的变革和调整之后仍然待在道琼斯指数榜上的公司。我被称为"变革战士"，是那种喜欢追逐破坏力惊人的龙卷风并毫不迟疑地跳进漏斗云的人。几乎每周我都会遇到一些领导者或从业者，他们想要从我这里寻求如何重新确定前进方向的建议。一位澳大利亚官员邀请我成为某个工作小组的成员，为澳大利亚2030年的愿景绘制蓝图，他们想知道如何成为"变革的弄潮儿"；一位团队经理问我，如何说服她的老板接受一个重要的想法——客户迫切需要它；一个主流电视网的主管让我发动头脑风暴，帮助她的员工赶在竞争者之前发现能够搅动行业的新事物；在沙特发起石油输出国组织（OPEC）大幅降价并导致油价暴跌之后，一位能源高管拦住我问："我怎么事先就没有察觉呢？"他一脸疑惑。

我明白，在公司或行业陷入危机或紧急情况之前，人们必须密切关注所出现的苗头。事情在变坏之前都是好的。各行各业——出租车行业、媒体世界、大型零售商、单店零售店店铺、邮局和学校董事会，都有如何应对不确定性和混乱的问题:"我该如何驾驭变革?我们如何适应、发展并茁壮成长?"

当中央情报局的晚餐开始上甜品的时候,我走向房间前面的讲台。我对台下露出的怀疑表情回以微笑,跟他们打招呼。我已经准备向他们讲述你手中这本书的内容。但首先,我要先回答你可能会提出的两个问题:

为什么那么多的组织都是短视的——无法洞察细节,无法在加速变革的情况下保持前进?

以及,为什么他们认为我能够给出一些指导他们前进的答案?

在"9·11"事件发生后的大约第三年,独立调查委员会公布了一份报告,指出中央情报局存在"深层机构失误",从而导致了此次袭击事件的发生。报告称,其中最重要的是"想象力"的失败。

最初看似孤立、偶然发生的事件如今已经蔓延成了流行病。我们的政府失败、教育失败,而且常常在商业上失败。我们被迫进入了一个云谲波诡并且高度复杂的世界。在今天,我们面临的挑战已经无法通过使用过去得到证明的专业知识来解决;我们没有投入更多的资源来学习创新之路上的艺术和科学,反而将金融日益萎缩的收益又降低了一倍。

这就是为什么我们在知识、批判性思维、解决问题和创新方面,以及在坚持不懈上面临如此巨大的缺口,而唯有知识、批判性思维、解决问题和创新才能让我们应对挑战并发现新的机遇。我称之为"**想象力缺口**",未来的可能性和选择消亡的地方。对未来而言,这个缺口会让可能性和选择都无从谈起。但我拒绝放弃这种可能性,我们必须缩小缺口——这就是我撰写这本书的目的。

无论我们做什么,无论我们身处何方,我们都必须"做好改变的准备",即无所畏惧,永远准备重新审视、重新思考和重新设计。我们必须不断适应、发现、提前思考和进行迭代。我们必须尽早满足变化并不断适应变化。

是的,我们必须关注工作的规模化运营——我们必须为客户和股东带来业绩的回报;我们同时还需要松绑商业行动的前瞻性思维——发展能力、破除陈规、支持新兴变革。想要做到这一点，需要想象力：将训练有素的能力应用到工作中，超越我们所知和想象的界限。这源于思维方式的转变。你必须允许自己想象一个新的未来，并付诸行动。

我们一直被灌输要相信想象力是艺术家和发明家的专属这样的思想。然而，科学清楚地证明：想象力思维是人类的一种普遍才能，是大自然赋予我们的进化礼物，它将人类塑造成了今天的样子——无可争议的适应之王。但是，随着工业革命和企业的兴起，我们的某些适应能力丢失了。

在机器驱动的工业革命背景下，我们将机构和员工设计成运转的机器。我们对自身进行优化，以实现最大化的标准化、专业化、可预测性、生产力和控制。我们努力将可变性、即兴——人类自身——从工作场所中剥离出去。

这种做法使我们的组织变得高效、可预测，但它消除了想象力的部分。我们不再讲述故事；我们停止发现；我们的机构变得不再那么富有想象力，在这种情况下，机构不断失去协作、即兴和应对变化的能力。也就是说，失去适应的能力。一个多世纪以来，这种做法之所以奏效，是因为组织在大规模可重复性方面获得了蓬勃发展，但在最近——比如说，在过去的二三十年里——变化的脚步加快了。技术、数字网络以及数据的进步推动事物发展得更为迅猛，这些彻底改变了我们以及同事、合作伙伴和客户的行为、生活、工作方式。变化的本质已经发生了改变。随着全球的技术与人性的交融与日俱增，变化和混乱有了更多的土壤，独创性和机遇也拥有了更多的空间。

"能够生存下来的物种，并不是那些最强壮的，也不是那些最聪明的，"查尔斯·达尔文曾这样写道，"而是那些对变化做出快速反应的。那些在分工协作和即兴创作方面最为成功的人占据了上风。"

然而，我们的机构和企业的发展正与达尔文的理论背道而驰。那些机器的齿轮——你和我——被剥夺了独特的进化优势和创造力。研究表明，在发达经济体中，75%的民众认为他们没有发挥出创造的潜力。我们创造了大批经理人，但是他们畏惧吸收新的观点，只会按照既定脚本工作，或者不能吐故纳新，无法摒弃不再有效的策略，做出积极响应。

人类即将面临更多数字化、自动化和人工智能的狂轰滥炸——在这个背景下，意味着几乎每个行业都将迎来临界点。更重要的是，我们正面对各种巨大且高度复杂的问题——气候变化、经济不平等、全球贸易这需要在解决问题、分工协作和前瞻性领导方面都具有非比寻常的想象力水平。这需要我们最强大的机构采用更具适应性的操作系统——一个可以释放我们所有人创造潜力的系统。

我们再也无法承受由想象失败带来的代价。

在很多方面，我都不是人们心目中的那种变革者。我本质上是个性格腼腆的人。我没进过商学院，当我被首席执行官杰夫·伊梅尔特（Jeff Immelt）聘请到GE领导市场营销和创新时，我甚至没有接受过正规的培训。在我上大学之前，我一直生活在弗吉尼亚州温彻斯特的小镇，后来进入家乡的威廉玛丽学院完成大学教育。我喜欢自己周围世界里的舒适感，我知道自己是谁。

二十多岁时，我不得不面对一次重大且具有破坏性的生活变动。离婚后的我成为了一个要抚养三岁女儿的单身母亲，我先是在华盛顿特区的美国全国广播公司（NBC）负责公共关系，随后进入GE的一个分支机构，之后我所在的部门搬到了纽约。我抓住了这个机会，即使我不确定在一个陌生的城市里，在举目无亲的环境下，我和女儿的生活会是什么样子。但在那段时间里，我学会了推动我职业生涯发展的技能：想象，将那个尚未形成清晰轮廓的未来变成现实。为了践行这一点，我倾注了自己的一生——从在鲜有人认为有价值的角色中取得成功，到传播疯狂的想法，再到在清洁能源和数字技术时代来临之前拥抱变革。无论我在哪里工作，从美国有线电视新闻网（CNN）到哥伦比亚广播公司（CBS），再从NBC到GE，我从未停止过想象的步伐。

我必须努力工作才能在重塑和颠覆方面卓尔不群，但在这个过程中，我逐渐通过点滴的实践保持了一种绝对信念，那就是任何人都可以掌握这一技能。

自从杰夫·伊梅尔特于2001年聘请我领导GE变革到现在的17年时间里，我们重新构想并将公司再造为世界首个"数字化产业"。

在这17年的时间里，我们见证了GE的收入从其中的70%来自美国，到70%来自全球业务。我们推出了清洁技术倡议"绿色创想"（Ecomagination），这一倡议使我们从清洁技术产品中获得了2700亿美元的收入，超过了世界上任何一家公司。全新的GE正在开发工业互联网，它将嵌入公司的大型机器——涵盖从核磁共振成像、LED照明系统到风力涡轮机和喷气发动机等所有机器，通过软件和分析使它们及其所服务的行业更具预测性，并确保更为高效的生产力。

GE的创始人和发明家托马斯·爱迪生（Thomas Edison）可能已经认不出今天的GE了。当"想象的力量"的故事开始时，我们当年这些参与其中的人也无法想象GE会发展成今天的模样。我们继承了一家拥有130多年悠久历史的公司，拥有逾30万名员工，将这个公司从一个厌恶风险、追求完美的组织转变为一个日益鼓励速度、适应性、迭代和发现的组织。

几十年来，作为致力于重塑美国企业的前沿变革者，我发现了一种重新构建业务的系统方法，它几乎可以应用于任何行业的任何公司。这个方法可用于改变业务增长方式、学习如何启动新业务线或如何成为一个更有创意的团队。我称这种方法为"想象的力量"。从本质上讲，它指引人们通往适应解决问题的世界，这个世界可以将几乎无人预见的未来变成现实。

但要明确的是：改变首先要从自身开始。不论你是作为个人、员工，还是领导者。问题不在于是否能够提出新的想法。真正让我们裹足不前的是恐惧：对我们已知的、旧的事物的依恋。当我们号召变革时，这种阻力造成的瘫痪会来自各个机构，从当地的中学到我们的政府，再到我们工作的公司——直到，往往是我们周围的每个人。

我发现，当我推动自己内心和整个GE进行变革时，没有人能够免于这种恐惧。

当我完成这本书时，GE正在经历另一次重大变革。杰夫·伊梅尔特离任后，我于2017年年底也离开了GE。在向新任CEO约翰·弗兰内里（John Flannery）的过渡进程中，伴随着投资者激进主义和GE服务的能源行业发生巨大的变化，也提醒我们不确定性和破坏性总是暗中潜伏。

我的目标绝不是写一本关于GE最佳实战的书，而是写一本关于我们在每个公司，无论其规模大小都会面临变革挑战的书。GE仅仅是一个背景，是许多想法的试验场。事实证明，我相信GE的故事既可以充当成功的实例，又可以作为一个警示教材——它提醒人们变革是永无止境的。它不会随着一个季度或一个财年的结束戛然而止。它饱含着辛勤的努力，夹杂着胜利、惊喜、挣扎和心碎。

所以不要试图在这个故事里寻找简单的胜利，当谈到改造一种文化时，一切都不会再被安稳地包裹着。很多东西是有效的，而有些则无效。有些事情在多年里都不会有所进展。但随着时间的推移，我相信我们用想象力助力世界上规模最大、历史最悠久的公司之一向前发展，并将其推入一个勇敢且崭新的数字世界。

《深度变革》讲述了我多年来寻求将GE和更广泛的商业世界融入这一极其必要的新变革实践的故事。

我打算坦诚地说明哪些实践是有效的，哪些是无效的，以及如何利用勇气、纪律和技能坚持尝试。在整本书中，我将我的故事作为一种提供有价值课程的方式，并将理论转化为行动的简单工具——我称之为挑战——以进一步推动自己。我将本书分为五个部分，它们共同构成了如何能够进行深度变革的方法：

第一部分：变革的原动力。每个变革者都被迫学会允许自己超越期待和限制。我也不例外。

第二部分：变革的推动力。这是做出改变的步骤，使所有其他步骤成为可能。发现关乎的是探索——以探究和好奇的精神为自己和自身的文化注入活力，将世界变成一个学习的课堂，并挖掘可以使变革成为可能的想法。

第三部分：变革的张力。创新不是保证或共识。事实上，它经常鼓励对抗。

第四部分：变革的感染力。策略是一个很好的故事。要成功创新，你必须调整叙述方式以帮助组织中的人了解他们的世界。反过来，这将改变他们的行为方式以创造一个不同的、更加美好的未来。

第五部分：变革的创造力。改变组织的操作系统需要采用新的思维模式——通常在一个不确定或困难的环境中。这意味着要从头到脚、从外到内地传播创意，在公司内部寻找专门的变革推动者，使故事成为他们自己的。这意味着要培养新兴领导者，他们能够拥抱并激发更好、适应性更强的工作方式。

我希望《深度变革》是在我从前的旅程展开之时就能够读到的书。我想用由我所带动的变革的故事，激励他人去探索并重新思考自己的道路。我想让思想和观念有血有肉，同时倡导一种新的做事方式。我知道改变是多么困难，但是又多么必要。我们不能再继续延续过去的做事方式——我们的脚步每天都在变化。变革是一个混乱、协作、鼓舞人心、困难和持续的过程，就像引领人类进步的一切有意义的过程一样。

  我希望这本书能够帮助世界上的所有人学习和掌握变革者的技艺。要像我一样相信，未来并不存在于头顶的星空，而是存在于我们的想象和行动之中。

PART 1

变革的原动力

转变思维方式。每一个变革者都要学会允许自己超越期待和限制。

IMAGINE IT FORWARD

第一章
重塑自我，忠于内心

▎主宰自己的命运

当我接到被录用为美国全国广播公司（NBC）的新闻媒体关系副总裁的决定时，我正在哥伦比亚广播公司（CBS）——"蒂芙尼网络"负责东海岸的娱乐宣传。

人们立刻对我接受这份工作——哪怕是考虑接受它——表达了反对的态度。完全疯了！简直自毁前程！

夜深人静时，我开始考虑这份工作，以及同事和朋友们对我接受这份工作表现出的反对态度。我知道时间已经不早了，而我总是在这种时候尝试为我依靠本能做出的决定建立逻辑依据。优点、缺点，每种可能的情况。晨光微露，唯一让我清醒的是我的情感，我用一种近乎精神上的方式感知它，我要接受这份工作。我要回到NBC，我的职业生涯开始的地方。

而就在此时，1993年的秋季，电视网还是国家的耻辱。

逃避模糊、混沌和未知是人类的天性。然而我却朝着灾难奔去，并拥抱它。我的同事和朋友们确信我的事业会毁于一旦。

就在不久之前，NBC新闻部的《美国报道》栏目（*Dateline*）播出了《等待爆炸》的节目，某调查报道显示一辆轿车撞到了一辆雪佛兰皮卡车，随后卡车发生了猛烈的爆炸。

问题是，整件事都是假的。一项调查揭露NBC新闻（NBC News）在卡车车架上安装了管道式模型火箭发动机并通过遥控启动了爆炸装置。这个结果致使节目主持人简·波利（Jane Pauley）和斯通·菲利普（Stone Phillips）用了长达三分半钟的时间进行了一个现场直播的正式道歉——被载入电视时代的史册——承诺NBC将再也不会进行"不科学的展示"。

但《美国报道》危机只是NBC一系列失败中新近发生的一次，除此之外，还有大卫·莱特曼（David Letterman）转投CBS的高调且令人尴尬的离职，以及在电视网中下滑至第三名的收视率。"士气被丢在了马桶里。"一位资深的NBC制片人当时这样告诉《娱乐周刊》（Entertainment Weekly），这将NBC推到了舆论的风口浪尖，导致了一场长达数月的公众扒皮，"没有人掌舵。"

CBS是收视率的领头羊。朋友和同事们都以为我疯了。"我很担心你。"有人对我说。《华尔街日报》（Wall Street Journal）的一名记者更加直言不讳："NBC新闻彻底完蛋了。"为什么我要离开"蒂芙尼网络"去一家士气低落的第三号公司呢？

我的内心告诉我应该接受这份工作。

善良的同事会试图阻止你做出这些勇敢的本能选择。就是这样，变革会产生阻力，因为它违反了规则。变化被视为失败，它如洪水猛兽。

但你必须学会不要阻止自己向前，你必须学会允许自己想象一条更好的道路，放宽眼界，在别人只看到风险的地方预见机遇。

这是我必须让自己学习的东西。

要解释我为什么接受NBC工作的原因，或许最好的方式是回到1985年，我会向你讲述一段非常个人化且不会经常出现在商业书籍中的私密故事。在这个故事里，我正躲在一扇紧闭的卧室门后，听着丈夫向我母亲传达使我真正改变生活的决定。

我那时二十五六岁,在生活中循规蹈矩,安分守己。我在学校表现很好,参与各种俱乐部和社团活动,用心地保护自己作为一个"好女孩"的名声。但是,我越来越意识到,和许多人一样,我一直在压抑自己,低调求全来取悦别人和适应环境,在行动之前跟随大众的脚步,保证自己所尝试的一切都符合"好女孩"的行动准则。

遵从性在我内心深处建立起一种难以克服的恐惧屏障,我害怕与众不同,害怕特立独行。每天我都会因为妥协而扼杀真实的自我。

我倚靠着冰冷的卧室门。母亲周末过来看望和照顾我们的女儿凯蒂(Katie),她和我的丈夫戴夫(Dave)一起坐在厨房里,因为他要告诉她一些我无法表达的事情:他和我要离婚了。我已经决定离开——但却无法确切地说出原因。

当时的我是一个看起来似乎拥有一切的女人:在哥伦比亚特区附近有一处价格不菲的新房,丈夫英俊,婚姻看起来很幸福,我刚刚获得NBC宣传统筹的工作,还有一个漂亮的小女儿。无论从哪一种衡量成功的标准看,我都是人生赢家。然而,在成功的背后,我的内心充满了深深的绝望。

在那一刻来临之前,我依旧或多或少地活在别人的世界里。简单的故事,明确的角色,通往一个简单的圆满结局。单纯典雅,波澜不惊。但是,随着时间的流逝,我意识到我被期望遵循的故事与我真正想要的人生之间存在着巨大的鸿沟,可谓是天壤之别。虽然我有自己的想法——我想成为一名电视记者,确切地说,大多数时候想成为一名科学记者,我梦想着环游世界。

我的父亲是一名牙医,他曾说服一名患者,一名来到哥伦比亚特区的新闻制作人给我找到了一个可以观摩记者工作的机会。(父亲是我未来职业生涯的重要支持者,他并不介意利用他独特的优势一边为患者拔牙一边为他的孩子争取承诺。)事实证明,我花了两个小时跟在黛安·索耶(Diane Sawyer)身后学习,接着是跟在一个刚从乍得回来的、在CBS负责国务院报道的年轻记者身后学习。几年后,我大学毕业,当我坐在妹妹高中毕业典礼的礼堂里时,我梦想着在她大学毕业时我所拥有的职业场景。在我的脑海中,我会拥有黛安·索耶身上的精致与世故。我将住在哪座大城市呢?会是黛安新搬去的纽约吗?我刚刚从哪里出差回来呢？要知道，那时我在里士满要打两份工，其中一份工作是在一家墨西哥餐厅当服务员，这样便可以补贴我的第二份工作——在一个报道弗吉尼亚众议院的小型新闻服务机构做勤杂工（和出镜记者），我是通过朋友的朋友的朋友找到这份工作的。

我的父亲是一个小镇牙医，母亲是一名老师，虽然我的父母做得很好，并为我和妹妹、弟弟提供了一些学习机会，但我们并不富裕，当然也没有广博的人脉。我父亲的其他患有磨牙疼的病人没有在媒体工作的。我开玩笑地称我的母亲是"市长"，因为她知道小镇的每个人并善于和所有人打交道——我们的小镇就是我们的世界。在新闻服务机构工作期间，我继续寻找更重要的工作，我仔细阅读《广播杂志》（*Broadcasting*）里刊登的招聘广告，也正因此，我应聘了马里兰州索尔兹伯里电视台天气预报主持人的岗位。在这段工作期间，我在进行现场采访时犯了可怕的错误——把城镇的名字念错了。在里士满，我带着录像带坚持不懈地给当地一家电视台的新闻主管打电话，以致让对方情绪失控了。"你看起来像是12岁，"兰特先生咆哮道，"我为什么会让你这样的人上镜呢？"我的信心被动摇了，闯入未知世界的恐惧让我筋疲力尽。于是，当婚姻的选择摆在我面前时，我欣然接受。我坠入爱河，但并不够成熟。如果当时的我没有步入婚姻，而是在里士满或索尔兹伯里之外的电视市场上，或者在塔尔萨那样充满异国情调的地方争取开启职业生涯的工作会意味着什么，事实上，当时我已经获得了在塔尔萨工作的机会。

随着凯蒂的出生，我的人生观发生了很大变化，而戴夫还是老样子。他还是经常和朋友们一起出门找乐子，而我是一个贤妻良母。说句公道话，我从未宣称自己想要改变。事实上，我可能浑然不知，或者没有能力表达这个想法。我慢慢地被自己的消极困在了笼子里，这是最糟糕的情况。我越来越痛苦地感觉到，我的另一面需要被释放，而唯一的绊脚石就是我自己。

我甚至不记得戴夫和我决定离婚时都谈了什么。对话由我开始，但我的脑海里当时一片空白，不知道该怎么说。我只知道我心里在想：我不能是这个样子。直到那一刻，我依然被内心的恐惧所束缚。我很焦虑，担心我的家人会怎么想，我的朋友会怎么想，我的同事会怎么想。我害怕离婚会让我的女儿遭受心理创伤。我对违反惯例怀有一种深切的恐惧。

我的母亲很了解我，她知道我性格腼腆，便促使我融入我们那个小镇的环境中，总是说"正确的事情"是当地的风气。这种思想在学校里也伴随着我，朋友和老师们鼓励我应该按照要求去做、好好表现，保持好的精神面貌并且循规蹈矩。和大多数学校一样，我所在的学校也到处宣扬这样一个神话，即奖励是颁发给那些说"我明白"的学生的，而不是那些执着于说"我不明白"并学着刨根问底的学生的。

我当时只有23岁，虽然对未来有着无限憧憬，但依旧感到迷茫，没有目标；虽然想要打破局限的视野，但并没有掌握闯入未知世界的技能。所以我倾向于选择"既定的行动"：我和大学男友戴夫结婚了。不久后，在没有计划的情况下，我怀孕了。一切都发生得太快了。我的生活仿佛完全不受自己掌控。

凯蒂出生的那一刻唤起了我强烈的母爱，以至在我的内心深处猛烈地激发出了极度清晰的认知。我模糊的绝望变成了清晰的未来愿景，我知道它和现在的我毫无关联。我明白必须规划自己的路线，成为自己灵魂的掌控者。我清楚自己必须离开，但又不知道要去往何处。我曾幻想着逃回里士满，带着凯蒂和一位高中朋友同住一起。我将重新开始并在当地电视台找到一份工作。当只有幻想还不够时，我告诉保姆我要出去。我会开车去当地购物中心的电影院，看一场感人的电影，比如《母女情深》（Terms of Endearment）。我在黑暗中默默啜泣，孤独无助的感觉袭遍全身。

我开始明白一个道理——虽然这个过程有着令人难以置信的艰难——结束或错误并没有什么可耻的。离开一条道路并重新选择是明智的决定。当然，这会令人感到害怕，但它可以迈向更好的开始。对我来说，这本身意味着一个重大的、深刻的洞察：更好的东西是一个审慎的选择。我对现实已然有了全新的认识。

当我大声地说出"离婚"二字时，我并没有觉得自己是个失败者。我感觉到了自由，虽然带着一丝小小的不安。我重新乐观起来，想象一个更美好的未来，我在此期间获得了迫切需要的勇气，让我以真实的自我继续前行。

当然，我的新生活并不像影片《美食、祈祷和恋爱》（*Eat Pray Love*）里那样，是一段浪漫的旅程，我不可能抛弃自己的责任去寻求感官的满足和完美的印度香料奶茶。我是作为一个单身母亲去选择生活并开始工作的。我在亚历山大港租了一间属于自己的小房子。我喜欢那间小房子的每个角落，即便我要承受着单身母亲、工作和变化带给我的压力。我要自己付账单（我甚至得借钱聘请律师"请求"法庭改回自己的姓氏），我孤身一人。凯蒂不停地哭，我也跟着她哭。那段时间确实很可怕，但也令人感到振奋。我想象的事情正在变为现实，而我却不敢相信，被困在了恐惧之中，我该怎么办？

现在，我的未来一片空白。我必须自己书写它。从现在开始，我的故事不再那么老套，或者单纯典雅得过头，但这恰恰是关键所在。我越来越清楚，最充实的生活是属于不惧复杂、错误或不完美的人的。

我全身心地投入到自己的工作中。在NBC驻华盛顿新闻办事处获得宣传工作不久后，我开始坚定地要实现内心的抱负并试探自己的极限。

在我开始工作的那个月里，GE收购了NBC。我被聘为宣传协调员——虽然这个岗位与我梦想中的全球电视新闻记者相去甚远，但至少我进入了新闻编辑室。（我的办公地点在后面资料室附近的一个小隔间里，几乎无人过问，但对我来说非常完美。）我是在完成一系列工作后得到那个职位的，先是在一个有线电视协会里做行政助理，随后成为社区有线电视的节目协调员，类似于迈克·迈尔斯（Mike Myers）主演的电影《反斗智多星》（*Wayne's World*），只不过要更加怪诞。随着GE掌舵，事情很快发生了变化。NBC开始采用GE效率，并且进行了一连串的裁员。我不久便成为宣传部门的负责人——实际上，我在部门里独当一面。我的上司认为我是一个具有快速学习能力、工作高效并愿意同时承担和管理多线程项目，以及不断增长小成就组合的人。我推出了一个幕后的时事通讯，以便在整个办事处内分享更新；我组织拍摄了新的职业照，以便记者们的形象看起来更现代；在参加了每天早上的编辑例会后，我会向在DC的几位负责报道媒体的记者推介报道选题，从而为NBC建立起之前没有的关系。尽管我十分腼腆，但媒体公关是我的工作，而且，这个工作需要通过电话与人沟通，这确实为我注入了急需的勇气。

我开始每月一次前往纽约NBC总部。在纽约度过了一段时间后，我满脑子想的就是我太想在那里工作了。

1988年年初，我的上司换成了一位雄心勃勃的前政治说客J.R.。他已经在纽约NBC总部任职，负责处理公司的公关业务。他知道我也想登上一个更大的舞台，便开始帮助我实现飞跃。之后，在与J.R.进行了第一次谈判之后（事实证明，这导致了今后要与他进行许多次令人烦恼的谈判），我在当年的12月正式被委任了这项工作。

搬到纽约的决定本应该令我感到害怕。我要离开一个熟悉的地方，离开距离我父母家只有两个小时的地方，前往世界最大的城市之一的地方生活，在那里我几乎举目无亲——我要为新生活买单，但我的薪水并没有增加。我必须得到戴夫的许可才能让我们的女儿离开弗吉尼亚州。我感到愧疚，这种感觉或许会困扰我多年，但我还是决定向前看，哪怕前面是悬崖峭壁，我也义无反顾。

从那以后，我已经明白，鼓满风帆的乐观和勇敢地在未知境遇里跋涉是一项技能，它需要发展和培养，而不是压制。

当我搬到纽约时，我学会了倾听内心的声音，它鼓励我想象一个我可以创造的未来。这样做的代价是让我的女儿背井离乡开始新的生活——我们的生活，同样也是我自己的生活。

绕过"看门人"

几年前，我听了时装设计师马克·艾科（Marc Eckō）所做的一次精彩演讲，在演讲中他提到了"看门人"（Gatekeepers）和"守门员"（Goalkeepers）这两个角色，并加以区分界定。他认为自己生活中的"看门人"包括"思想领袖"、媒体和批评者，而"守门员"则是那些真正举足轻重的人。

"看门人"希望保留他们拥有的那点能量。他们认为发散思维和采取行动具有威胁性。他们指望我们会认同。他们做的最糟糕的事情是制订让其他人接受和

贵在行动

大多数人都认为,只有那些拥有真正权力的人、不需要获得他人许可的人才有能力采取行动。人们会很自然地认为"这是'领导'的工作,不关我的事"。但是,一旦你认同自己是一个变革者,无论你从事的是何种工作,你都有权直面工作中未提出的问题——甚至是公关工具包。拥有这种心态对任何想要改变现状的人而言都至关重要:介入子女学校事务的家长、要求清洁水源的母亲、对报告内容提出质疑的办公室工作人员……任何在追求更好的道路上向前迈进、期望做出改变的人。

我自己的成功不仅证明了人不可能永远做出明智的决定——我经历了很多失败——也证明了成功贵在行动。《艺术之战》(*The War of Art*)一书的作者史蒂芬·普雷斯菲尔德(Steven Pressfield)曾经说过,我们的敌人不是缺乏准备,也不是项目的困难程度。"我们的敌人是喋喋不休的大脑,"他写道,"我们只要给它1纳秒的时间,它就会开始生成借口、托词、毫不掩饰的自我辩解和一百万个理由来解释为什么我们不能/不应该/不会去做内心明知道需要做的事情。"

我已经意识到,你不能对是否能做出正确决定表现得过于担心。更重要的是要养成果断行动的习惯,并不是说我比别人更加笃定——同大多数人一样,我的内心深处也存在着不安,但我仍然会采取行动。

内化的标准并加以监督。"守门人"的身影无处不在，他们存在于每一个岗位、每间教室和每个家庭里。而且，有时我发现，我们会主动邀请他们融入自己的思想。当我和NBC一起迁往纽约时，我遇到了一个"守门人"博士。

我依然在NBC努力工作，力争上游，那里的机会也很充足。在被GE收购后的几年里，NBC的工作强度变得非常大。杰克·韦尔奇（Jack Welch）已经提拔GE塑料业和金融业的资深人士鲍勃·赖特（Bob Wright）担任NBC的总裁。鲍勃是个身材瘦小的男子，神经总是绷得很紧。因为早年接受过律师教育，他总是喜欢对所有人抛出连珠炮似的问题，我甚至也领教过几次。作为一名企业公关经理，我现在要与NBC的高级管理人员打交道，并且也在采取创新性的小举措。我策划的一个"重要"点子是将大学赛事中的首字母徽章粘贴到公司宣传册的封面上，以此作为广告，旨在吸引媒体介绍NBC在影响大学生方面的精彩表现。这并不是一个多么重大的举动，只是略微有一点标新立异，通过一点小心思展现前卫和创意。我自掏腰包购买了材料，包括孔雀织物图标，我不敢问这样做是否合适。这是一个自我许可的例子，我没有等待办公室的"看门人"告诉我能做什么或者不能做什么。出于恐惧，我自己购买了这些物品，好像这样可以使我自己免于承受失败的代价。

而最终，我的生活大踏步地向前。凯蒂的适应能力很强。我们搬到了新泽西州郊区的街区，那里住着四个和她同龄的女孩。我经常开车带凯蒂回华盛顿去看望戴夫。我与一位男士保持良好关系，他叫克里斯（Chris），是一名澳大利亚记者，我非常在意他。我在媒体做得很好，并且是在纽约工作。然而，每天当我乘坐下午5点45分的DeCamp巴士穿过林肯隧道返回新泽西州的布卢姆菲尔德，匆忙赶在托儿所关门之前将凯蒂接走时，我的内心总是会有不满，有时甚至是悲惨的感觉。原因正是J.R.。

我开始痛恨在J.R.手底下工作。J.R.的性格十分古怪，总是穿着下摆开衩的棕色三件套西装，在今天，如果是为了搞笑这么穿的话，或许能被看作一种赶时髦。他具有官僚做派，是旧有方式的卫道士，他就像监视器一样确保每个人都循规蹈矩。

当然，J.R.也有温情的一面——他爱自己的妻子和女儿，后者快要失明了。但不知为什么，他要想方设法让我们所有人都恨他。他办公室的门一直紧闭，将自己与外界隔绝起来。他会咆哮着向助理发出命令，经常在办公室的小规则上小题大做。

和J.R.共事时我从来都是逆来顺受———一直保持沉默。我有时最多会表现出一种略显无礼的肢体语言，那就是翻个白眼。为了释放心中的郁闷，我会向几个同事吐槽J.R.。人们的同情为我的理智提供了一个减压阀，但它并没有真正起到改善的作用。我们可以整天八卦他，但这并没有改变任何事情。他仍然在那里，仍然是我们的上司。

后来，在我接手新工作一年后，部门主任贝蒂·哈德森（Betty Hudson）——我将她比作电影明星（有传言说，她曾经在一部科幻惊悚片中饰演一个亚马孙美女）——将J.R.和我叫到她位于六楼的办公室里，当时所有高级管理人员都已经入座。我记得那里堂皇的样子，周围是摆放有序的桌子，大理石架子上装点着光亮如新的黄铜小摆件，戴手套的服务员端着盛有热咖啡的银质托盘。J.R.之前没有向我吐露来这里的原因，但他对一切早已心知肚明。

我的话被《纽约时报》（*New York Times*）的头版引用了，我就一项传媒产业规章制度发表了标准声明，但是我最初并没有征求贝蒂的批准。当贝蒂气冲冲地找到J.R.时，他将我出卖了。

当贝蒂开始严厉斥责我，向我详细说明NBC的流程时，J.R.对我露出了一个耐人寻味的微笑。"我们不能这么做，"他附和道，"你脑子进水了吗？"

我的目光逼视着J.R.。与记者交谈是我的工作，况且声明是获得了批准的。随后我转念一想："我不会背这个锅的！"我再也不要听任"监视器"的摆布了。我不会为自己的忍气吞声和不做改变寻找借口。

贝蒂聘请了一位管理顾问，他叫吉米（Jimmy），是一个能言善辩的南方人。我走进吉米的办公室，罗列了J.R.在管理上的失误。在与我们的团队——邦妮（Bonnie）、我和其他几个人进行交谈后，吉米最终打起了官腔："你为什么不写一份报告，提出一些建议？"

很好,我想。因此,我全身心地投入到"报告"的撰写中。1989年10月,我向J.R.提交了一份"我眼中的NBC"的资料,我用整整八页内容详尽叙述了对部门工作的失望——包括缺乏创造性思维和对新想法的厌恶,以及对员工的压制。

虽然我没有费太多口舌,但我基本上在影射J.R.是一个混蛋,并指责他的文笔很差。(他有一个令人讨厌的习惯,就是通过把一个词变长让自己的话听起来更加公司化和深奥——比如把"cross-pollinate"说成"cross-pollinizationalize"。)阅读这份报告时,J.R.变得非常警惕。"你这是什么意思?我做了什么?"他说,仿佛他对此一无所知,我们的反应确实出乎他的意料。

然后一切照旧。

也就是在那时,我决定离开NBC。只要J.R.在那个位置上,我就永远不会有出头之日。我没有发言权,以后也不会有。"监视器"会对任何削弱其力量的企图进行攻击。我的信并没能使J.R.的控制松懈。如果有的话,那就是我的音量被压制得更低了。

绕过"看门人"并允许自己提出想法几乎比后续随之而来的清除更可怕。要告诉自己"获得许可!",你必须找到力量,这样才能否认你头脑里"不,这太危险了!"的尖叫,同事、朋友或家人会说"你疯了吗?",你必须做好准备面对这样的质疑。

我在职业生涯中明白的道理之一就是,那些从根本上实施变革的人必须表现出对实验抱有不妥协的信念,对默认的极度不耐烦,对新奇和行动的偏爱,以及意识到破坏是你要参与的事情,而不是围观。

我们有时必须允许自己将工作视为一种快乐的起义。给予我们自身许可,可以让我们破除那些没有意义的规则,而不是遵循它们;摒弃那些不起作用的想法和故事;绕过会扼杀变革的"看门人"、恶霸和官僚瓶颈。养成自我许可的习惯会让你相信你在掌控自己的事业和生活,无论你身边发生了什么。

在我与J.R.会面之后,我提醒自己,我才是自己人生故事的老板——我必须绘制自己的路线。我允许自己无视"看门人"并找到不同的道路。1989年年末,我在一艘"海盗船"上找到了一份工作,这个地方的理念是驱逐旧有的"监视器"。这艘船就是美国有线电视新闻网,船上的"海盗"名叫泰德·特纳(Ted Turner)。

泰德·特纳湿漉漉的手

自从我上学后,人们常常不知道如何和我打交道。

我看上去冷漠离群,虽然我内心并非如此。我是一个天生内向的人,时至今日,我都一直在与我第一次见面就拒人千里之外的习惯抗争。因为自己矜持的天性,在我职业生涯的早期,特别是在相对缺乏自信的情况下,我可能很难被人了解。

记得在大学时,有一次,当我们疯狂地骑着"借来"的三轮车绕过一条小路时,有个同学对我说:"哇,我不知道你也会觉得开心。"

多年来,我逐渐意识到,我与生俱来的好奇心和我称之为"社会勇气"的东西可以有助于弥补我缺乏自信和不够外向的性格。我能找到的最好的办法是变革。这个问题在我在CNN的时候达到了最严峻的关头。奇怪的是,这与泰德·特纳"湿漉漉的手"有很大关系。

我进入了特纳广播公司(Turner Broadcasting)不久后,CNN便因对1991年第一次海湾战争的报道闻名于世。相较于NBC,这个电视网的受众定位较低(特纳拥有一个摔跤联赛),但是节目引人入胜、让人眼花缭乱、非结构化。

我为那些电视新闻的"海盗"负责公关业务,监督员工——这是我第一次参与管理——并运行特纳的纽约公关机器。之前在NBC工作期间,得益于我实事求是的行事风格,我与报道媒体的主要纽约记者建立了良好的工作关系。他们采纳我的决定,他们依赖我做出迅速的回答。如今,我的工作是联系记者撰写关于特纳机器的报道——让人们关注并熟悉各种特纳的品牌频道。

当我负责CNN的公众联络时,海湾战争让CNN的记者们成为了家喻户晓的明星。当我在时代广场与"巴格达男孩"——彼得·阿内特(Peter Arnett)和伯纳·萧(Bernard Shaw)——一起散步时,人们会自发地对他们报以掌声,与他们击掌并高喊他们的名字。他们沉浸在众人的崇拜和关注中,我很高兴在一旁见证了这一刻。

在我的工作中,有一部分是在泰德·特纳来纽约时为他处理公共关系,他经常来这里领奖或发表演讲。泰德是一位大明星,一位神气活现的媒体宠儿。他在20世纪70年代创造了第一个"超级电视台"(Superstation),在20世纪90年代初创立了CNN,也是第一家全新闻有线电视网。这在当时可谓是巨大的成功。当然还有泰德的妻子,同样是名人的简·方达(Jane Fonda)。

当我不用为泰德挑选报道素材时,我的角色是陪伴他进行无休止的演讲和出席媒体活动。但是,我是否好好利用了这个难以置信的机会实现个人曝光和地位的提升了呢?不,我退缩了。确实,我以专业的热情和能力来管理日程,但是,一旦面对公众的部分开始,我就会让自己消失于幕后。我想尽一切办法让自己隐身。我甚至不认为泰德知道我的名字。

转折发生在联合国。泰德在那里获颁了一个奖项,我负责主导这次活动。那一刻,我再一次为自己发出这样的感慨:"我和这个有影响力的人一起工作,然而他都不知道我是谁。"我需要做点什么。所以,当我看到他从盥洗室里出来时,我伸出手说:"嘿,泰德,我想正式介绍一下自己,我是……"

至少我试着说出来了。几乎是嗫嚅着。泰德用他乡村般的男中音说:"哦,嘿。"然后迅速握了一下我伸出的手——他的手还是湿漉漉的,泰德停顿了一下,看我是否还有什么要说的。我低下了头。泰德漫不经心地走开了,拉上了裤子上的拉链。

我耷拉着脑袋溜掉了,后悔不已。

当我结束一天的工作回到家时,我因放任自己的胆怯而感到愤怒。你为什么要让这个机会从你身边溜走?我自责道。你想要什么?正如媒体对泰德·特纳的称呼,与"粗暴无礼船长"共事强迫我寻找"勇敢的贝丝"。我意识到我必须开始处理我缺乏社会临场感的问题。

正如一系列广泛研究所表明的那样,成功与自信和能力密切相关。对打算成为变革推动者的人来说,尤其如此。因此我制订了一个计划。我会把自己推到舒适区之外,做最令我害怕的事情:与其他人联系。鉴于我性格内向,向陌生人介绍自己会令我感到尴尬，甚至是痛苦。因此，每天我都会发誓要建立一个新的联系：我会在咖啡机旁或利用午餐时间与一位同事或同行业的人进行交流。我的策略是通过向对方提出一个问题——关于他们的工作或令他们感兴趣的事物——进行一次对话。

我要用我与生俱来的好奇心作为开启大门的工具。

真正的变革首先要从心态开始。我需要为自己做心理建设，就像运动员在大型比赛之前所做的那样。在一次活动之前，我会构想自己要做什么，要说什么。我会变得很有原动力。

我会在自我介绍时说："嘿，我是贝丝·科姆斯托克。我认为演讲者很棒。我特别喜欢她关于学校应该教授更多艺术的观点。你觉得怎么样？"或者其他什么。我意识到，要让观点源于我自己的想法，用我自己的方式表达出来，并施加影响。

虽然你会因为担心对方对你的看法产生想法而感到忧心忡忡，但其实别人也是如此。因此，我们会被自己的胡思乱想困住，总是试图表现得机智或聪明，而不是流露出自己也同样会感到尴尬和不安的心绪。我们错过了交流的时刻。

我意识到交流要与他们有关，而不是关于我自己。我知道我不得不关掉内部的评论。我不得不表现得更像一个人类学家："告诉我是什么让你做这件事。"我会问自己："我能从你身上学习一些新东西吗？"

即便在今天，我发现自己需要额外的能量才能主动走到陌生人前面，相比之下，对自己说"等下一次吧"，然后悄悄地离开房间要容易得多。但这样会错失接触和学习的机会，实在太可惜了。

一旦我开始强迫自己与世界互动，我便对自己建立起更多的自信。我相信总有一种"更好的方法"来做事。"追求更好"成了我的口头禅和使命。尽管我会感到尴尬和恐惧，但这四个字赋予了我采取行动的勇气。

从本质上讲，我是一名探险家。所以我学会了用天生的好奇心作为自己的向导。这是一种伪装，可以掩饰自己因为不了解而产生的不安，这意味着我要不断将眼光投向外部，不断推动自己提出下一个问题。

我所学的是一种称为"社会勇气"的技能，这一概念起源于"积极心理学"

的著述，旨在研究允许个人和集体获得茁壮成长的力量。几年前，《纽约时报》专栏作家大卫·布鲁克斯（David Brooks）对这个观点提出了令人难忘的见解。

"在当今松散的网络世界中，拥有社会勇气的人具有惊人的价值，"他写道，"每个人都会去参加会议并与他人会面，但有些人会邀请六个人共进午餐，并永远与其中四个人保持联系，他们的友谊得到精心培育。他们一生通过网络将人们联系在一起。**有社交勇气的人在发出邀请时是外向的，但在谈话中是内向的——在70%的时间里他们愿意做一个倾听者。**"

这个观点对我来说几乎具有宗教色彩。它强调倾听和关怀的重要性。但更重要的是，它说明了将社会勇气作为一种习惯培养的价值，这是一种可以加强的力量。它不是与生俱来的，但是你可以有意识地培养它。建立社会勇气的方法是实践社会勇气。

▎回归NBC和空白的优势

我相信自己从CBS回到NBC的直觉，从那一刻起，我就爱上了新闻媒体关系副总裁的新工作。在离开特纳和排名第一的电视网CBS之后，我度过了几年愉快的时光并实现了飞跃，但我无法明确地解释这其中的缘由。在CBS，我曾担任东海岸娱乐宣传总监，负责监管一个更大规模的公关团队以及我们为以好莱坞为主的名人策划的媒体宣传活动，如在只有一季，但创造了收视奇迹的电视剧《帽子小队》（The Hat Squad）中担纲的年轻的乔治·克鲁尼（George Clooney），或是新秀，如在《根》（Roots）的续集中亮相的清纯少女哈莉·贝瑞（Halle Barry）。我通过在小型活动中添加新颖别致的小创意（如向记者派发一盒被假刀划破的麦片，以促进他们对即将播放的"连环杀手"系列产生兴趣）或在更为重大的活动中进行创新（如星光熠熠的电影放映式），从而脱颖而出。在大多数时间里，我强化了沟通方面的技能，特别是信息的推送和向记者兜售报道素材方面，但我的理智并没有被这些娱乐主题完全占据。对我而言，当时选择在电视网新闻部工作是相信自己处于宇宙的中心。这几乎让我上瘾。你的生活要遵循新闻周期的节奏，这让我感到很兴奋。这是我想要回归的初心。

即使NBC正陷入灾难模式，我意识到未来的工作要拨开浓雾，在他人眼中的混沌中寻找机遇。有些人对缺乏明确前进方向的道路感到厌恶。我恰恰是一个喜欢在可能性中打滚的人，在那里并非所有的答案都是现成的。我经常使用术语"雾中飞人"来形容我在应对混沌的过程中所感受到的兴奋和恐惧之情，而这正是我在NBC的感受。

在我看来，崩塌后的NBC新闻更像是一家大规模的初创公司。它提供了一个我称之为"空白"的机会：它是积极的空白地带，你在上面投射的一切都具有可能性。当我上任时，NBC新闻弥漫的情绪是乐观的，但也很勉强。由于动荡，许多人已经被解雇或离职了。

我接手的部门基本是个空架子，这让我有机会从头创建一个新的团队，并参与由新上任的新闻总裁安德鲁·莱克（Andrew Lack）领导的新闻编辑部的重建计划。这是最后的机会。

安迪·莱克（Andy Lack）是一个衣着讲究的人，但他稀疏的黑发总是狂野地斜向一旁。他是记者中的"胆大妄为者"，在他的职业生涯早期就敢于推出"48小时新闻"，以此和传统的"60分钟新闻"一决高下，这一行为使他赢得了很多赞誉，但也被守旧人士嗤之以鼻，他们将其视为一个任性的破坏者（这也是许多人试图说服我不与他合作的原因）。安迪低沉的嗓音让我们感觉一切正往好的方向转变——从质疑已被接受的方法到鼓励多样化的想法，促使人们走出舒适区，以及在生产新的、更好的内容方面营造一种紧迫感。

正是在这里，我与自己从无到有召集起来的团队成员——亚历克斯·君士坦丁丁堡（Alex Constantinople）、约翰·比安奇（John Bianchi）和海蒂·波科尼（Heidi Pokorny）——同心协力、众志成城，共同致力于将空白变成有意义的事物。我们不断策划和修改新的方法，以使我们从弱势地位中摆脱出来。

史蒂夫·弗里德曼（Steve Friedman）是一个既浮夸又有趣的《今日秀》（Today Show）节目制作人，他总爱在《今日秀》的办公室里踱步时挥舞一根巨大的棒球棒吓唬人。史蒂夫构思并领导了该节目玻璃幕墙工作室"世界之窗"的重建工作,这个绝妙的工作室最初建成于20世纪50年代。

当"世界之窗"建成后,我们的公关团队将全部精力投入首秀的宣传中。我们专注于每一个细节,从"亮相派对"的手工邀请函到重大新闻稿件。"世界之窗"成为社区开放性和透明度的表述——我们至今认为这是理所当然的事情。

深夜谈话节目主持人做了关于"世界之窗"的单口秀笑话。凯蒂·柯丽克（Katie Couric）和布赖恩特·冈贝尔（Bryant Gumbel）与"世界之窗"一起出现在社论漫画中。人们甚至为"世界之窗"的亮相计划了他们的假期、建议和退休。我们不仅仅是回归——我们是从文化上关照当下现实。我推动NBC新闻瞄准新的观众群以提高收视率,展现了自己日后成为一名营销人员的潜质。我没有时间去问一个想法是否正确。我们只是随着项目的进展随时进行完善。

接着是MSNBC的推出,这使得《今日秀》的"世界之窗"首秀看起来像是一场非百老汇的制作。与GE和微软公司合作的新型有线电视网的创建是一个重大事件。我们用内容、故事和延伸发起了猛烈的攻势,一开始只是初露端倪,随后一鸣惊人,不容小觑。MSNBC有助于美国两家最大的公司强强联手,共同打造CNN的第一个潜在竞争对手。我们所做的努力甚至超越了原本的期望,团队的出色工作在NBC内外均获得了认可。

当我回首往事时,令我印象最深的是同事之谊,我们当时的心态是没有什么怕失去的,唯有一心求胜。我们的公关团队不断促进彼此变得更好,做得更多。我们在一个名为"见证历史"的项目上花费了几周的心血以期重新将新闻面向学生群体。我们没有预算,从来都没有,但是没关系。并非所有的想法都得到了批准,我们在齐心协力和即兴发挥中找到了快乐。这种快乐也会出现在紧张的时刻。一旦发生任何危机或重大新闻报道（从俄克拉荷马城爆炸案到O.J.辛普森案）,我们团队的全体成员就会出现在一个临时媒体"作战室"里,通常是一间配有四台电视的会议室,每台电视都调到一个不同的新闻网。我们会按顺序记录每一分钟的报道,以宣布与其他新闻网相比哪些是NBC的首发和独家新闻。我们严肃地看待胜利并与媒体记者进行了对战,以期获得应有的认可。我们开玩笑、

工作重塑

我经常告诉寻求职业建议的人们，"承担别人不想承担的工作"，或者承担你能超越别人狭隘的眼光，从中看到潜力的工作。承担额外的项目和职责，在帮助公司的同时也给予自我成长和发现快乐的空间，这一点对于我的职业生涯具有至关重要的意义。由于其他人对于这种角色的期望较低，你就会拥有更多的实验空间。当我作为项目协调员短暂地为有线电视贸易协会工作时，我发布了一份通讯，以便让会员了解情况。它扩大了我的角色。通过在电视台与公众联系的工作，我开始制作自己的当地社区新闻节目并在下班后进行拍摄。它满足了我对报道的兴趣，而且为频道提供了更多内容。

研究人员艾米·瑞斯尼斯基（Amy Wrzesniewski）和珍·道顿（Jane Dutton）将这种努力称为"工作重塑"。工作重塑为人们提供了一种积极塑造工作以满足其需求、价值观和偏好的方法。他们发现，通过工作重塑，你可以塑造自己的工作并为工作带来额外的意义。我喜欢的是它强化了你可以运用你的技能——特别是想象力，使工作变得特别的概念，而且是专属于你的、独一无二的。

我知道这是千真万确的：几乎在每一份工作中，我都尝试过新事物、添加新项目，按照自己的方式来完成工作的空间。

在对工作的新部分进行重塑时，需要考虑以下事项：

◆ 你能说明正在做的事情会对业务产生哪些影响吗？
◆ 它会花费更多成本吗？如果答案是肯定的，从小处开始证明其影响，建立最佳获取资源的地方（例如实习生，业余志愿者）。

◆ 你是否准备好为新工作投入时间？

◆ 其他人是否已经这样做了？不要重复别人的工作，专注于无人进入的机会领域。每项业务都有这种机会。

◆ 午餐时召集几位同事，征求他们的意见和帮助。

作为经理：你如何鼓励团队对工作进行自我指导？我相信给你的团队一定程度的自由来创造工作，会使他们在必须做的事情范围内感到更快乐，参与程度更高。以下是我对一起共事的团队成员所说的话："我不知道我们会在一起工作多久——我希望是很长一段时间。但我对你们的承诺是，你们在这里所做的应该是职业生涯中最好的工作。你们需要拿出时间、发掘能力，在团队的目标范围内完成你们喜欢的事情。"

播下这个想法的种子。静观其变。

咒骂或大笑，在那些时刻，我们"全身心投入"——我当然如此，为了获胜而狂热地参与比赛激发了我的竞争精神。

我喜欢和安迪一起工作。他性格善变，就像童话里的人物，当他善良起来会非常善良，而当他坏起来的时候会很可怕。他佩戴精美的袖扣，显得整个人精力充沛。安迪有一种"亲切友好"的品质。他也喜欢新想法并鼓励我尝试。他从不将我们的团队仅作为公关部门去对待。在我们的定期的编辑和员工会议中，他会问:"公关人员的想法是什么?你们能为我们带来什么新的想法?"他会卷起袖子帮助我们写副本——他已经开启了广告人的职业生涯——或一场头脑风暴的活动创意。这种做法释放了一个强烈的信息,即我们是团队宝贵的组成部分。

当记者们不想被迫做公关工作时(我觉得这对那些以采访他人为生的人而言简直是种讽刺),安迪会做我们的后盾。有一次,鉴于我们相信NBC新闻需要关照当下年轻观众,部门策划了一次重要的普及活动,我们的创意是向通常不报道电视新闻的消费类媒体推介。当我们在《采访》杂志(*Interview*)上投放了一篇由汤姆·布罗考[1](Tom Brokaw)采访沙奎尔·奥尼尔[2](Shaquille O'Neal)的Q&A形式的报道后,布罗考打电话对我说:"你们都在做什么?公关人员像只发情的狗——她对我寸步不离。我为什么得这样做?"继续,安迪这样说。(最终,汤姆照办了。)

直到今天,这依然是我曾经从事过的最好的工作之一,它为我提供了最为自由的工作环境。我们创造了自己的能量。我们富有使命感,领导者极具魅力,我们书写并上演了自己的故事。

这项任务唤醒了我的企业家精神——它证明我可以成为一个组织中的变革者。抓住他人不愿承担的工作并留下自己的印迹,这是我学到的第一堂课。

"不"不是"不行"

成功的变革鼓动者就像是屡战屡败但永不言弃的获胜者。打击不会停止,因为新的想法永远都具有威胁性。因此,你必须学会如何采取行动并坚持下去,争取得到更多。

---

[1] 汤姆·布罗考,美国全国广播公司晚间新闻节目的主持人,是NBC保证收视率的一张王牌,曾获得过新闻报道的各项大奖。——译者注
[2] 沙奎尔·奥尼尔,1972年3月6日出生于美国新泽西内瓦克,前美国职业篮球运动员。——译者注

重返NBC两年后，NBC的企业公关高级副总裁朱迪·史密斯（Judy Smith）——电视剧《丑闻》（Scandal）中凯莉·华盛顿（Kerry Washington）一角的原型——离开了公司。这对我们大多数人而言是意料之中的：她来自政界，似乎渴望去好莱坞发展。

我认为自己是继任人选。我确信，我理所应当得到这次重大的晋升。然而，在接下来的日子里什么都没发生。这个位置在几个月的时间里一直空缺，甚至没有人举荐我，而我也没有采取进一步的行动。由于缺乏自信，我对毛遂自荐犹豫不决。当初离开NBC是因为我觉得自己的声音被压制了，如果我再次受到冷遇怎么办？于是我只能在心里默默地烦恼着。

我没有采取一种对抗的心态，但当时我内心的愤怒不断滋长。愤怒可能有助于激发行动，但你不能生活在愤怒里。坚韧是一个更好的长期游戏计划。在适当的时候，你必须坚持不懈地推动自己前进，要求你的成就得到认可。

因此，在朱迪离开NBC半年之后，我坚定地走进了人力资源部负责人埃德·斯坎伦（Ed Scanlon）的办公室。

埃德个头很高，身材清瘦，自从我首次任职以来，他就一直在NBC工作。他在DC新闻处有一个名副其实的绰号，每当他来上班时，人们就会在大厅里奔走相告："死神来了！"他掌管用人和裁人的大权，人们都对他敬而远之。

当他转过身面对我的时候，我鼓起勇气，尽量用职业化的嗓音对他说希望能考虑我作为这个岗位的候选人。但其实在内心深处，我感到非常卑微。但埃德很快接过话头。"嗯，"他说，"鲍勃·赖特和我考虑过你，但你是一个年轻的母亲，这项工作需要频繁出差。我们认为这并不适合你。"

我真想杀了他。我怒火中烧，一是因为他俩武断地做出了"什么对我而言是最好的"判断，二是因为自己没能早点把自己的兴趣说出来。但是在那一天我学到了永生难忘的教训。经理不是读者，除非你告诉他们，否则他们不会知道你内心的渴望。这并不意味着你一定会获得机会，但至少你们都会知道双方的立场。

幸运的是，我没有杀死埃德。我得到了这份工作。

我并不认为在一个充斥着自荐者的世界中，重要的是炫耀你的技能——尽管这不无道理。我真正的观点是，作为一个变革推动者，依靠的不仅仅是你的工作，还有你身上肩负的职责——无论是更好地利用你的技能还是推广一个新的想法。**充满激情地展现自己并坚持不懈。如果缺乏持之以恒的精神，再多的技能也无足轻重。**

我的新工作是直接在鲍勃·赖特手下负责整个NBC的公关业务——从新闻到体育和娱乐，我的角色比在NBC新闻时更多样。我现在和新闻总裁安迪·莱克以及其他重要人物平起平坐，如传奇制片人迪克·埃伯索尔（Dick Ebersol）。我在"大孩子餐桌"（Big kid's Table）上有了一席之地。

为鲍勃工作给自己带来了一些教训。鲍勃是一个想法机器——其中一些绝对是可怕的，还有一些是对未来的绝妙洞见——他总是想将它们付诸行动。在他的想法的推动下，NBC接连收购了CNBC和环球（Universal）。

我在新职位上负责监督NBC页面（NBC Page）节目，该节目因为电视剧《我为喜剧狂》（30 Rock）中的肯尼斯·艾伦·帕塞尔（Kenneth Ellen Parcell）而出名，我被推入了一系列宣传情境中，它们扩充了我的领导能力——并将我置身于一系列危机的前线。

坦率地说，我当时并不擅长说服的艺术。我不是天生的推销员，至少不能做到"现在就给我订单"，但我在倾听和自我控制方面表现出色。当我听到另一个人拒绝的声音时，我会用静默的自我鼓励作为回应。通过持之以恒的练习，我变得坚持不懈。行为的习惯先行于思维的习惯。

我坚持不懈的努力演变成了一个我称之为"不=还不行"（No = Not Yet）的观念，当我在鲍勃手下工作时，这一观念开始变得清晰起来。1998年，我在NBC推出了一项新的业务，我认为可能会获得成功。它不会改变世界，但我认为它可以成为我们与观众更为深入的联结纽带。我对它倾注了极大的热情。我们的想法是在NBC位于曼哈顿总部的30 Rock[①]的一楼创建一间NBC体验店，其巨大的橱窗

[①] 30 Rock：建于1933年，原名RCA大厦，位于纽约，为洛克菲勒中心都市计划中最高的建筑物，1986年通用电气公司总部迁入大楼，将其以公司命名，改为GE大楼。——译者注

灵感源自"世界之窗"工作室。

尽管预计的投资回报率还算可观，但还不足以使其成为一个可靠的赌注，所以我的想法被否决了。首席财务官认为这在经济上是不明智的。我开始认为这可能是一个愚蠢的想法，但我"安静的勇气"的声音驱使我向前。

它告诉我要攀登得更高，跳跃得更远，前进得更快。它告诉我再试一次，所以我向其他人寻求建议，以优化自己的提议。我联系了帮助NBA推出第五大道商店的顾问们。然而，我的第二次尝试也失败了。到这个时候，我可以"看到"未来商店的面貌、特色以及琳琅满目的商品。它必须成为现实，我还没准备放弃。

我尝试着第三次向鲍勃兜售它是一个吉祥物（或诅咒）的想法：我成功了！鲍勃批准了预算，并同意我们建立启动团队的要求，包括布景设计师、技术人员和重大新闻总监，以真正打造出独一无二的体验。引用鲍勃的话说："你让我很难说'不'，我真的尝试过拒绝了。"

NBC体验店并未对NBC的财务底线产生重大影响，但18年来它确实令参观者们感受到了愉悦。它帮助我克服了不愿展现自我、不愿坚持己见的天性。

正如我在职业生涯中反复看到的那样，学习如何承受失望对任何希望在组织中实现变革的人来说至关重要。失望、延迟、障碍、抗拒和抵抗——它们在带动变革中是不可避免的。你会因为新的想法激动不已，但如何让这个想法被接纳需要实实在在地工作，关键是如何在这个不断产生争斗的过程中自处。

无论你的想法多么有价值，你都无权盲目投资。你的论点会有缺陷，而其他人则会理所当然地将它们作为其固执己见的理由。好处是这些反对者会让你变得更好。以我的经验，一切都是反馈。它们是探究了解流程的所有数据。尝试，失败，迭代，再一次尝试。

每一次的拒绝都提供了一种新方法。如果想法过于宽泛，或者变得太情绪化，你就会停滞不前。**你必须专注于过程，关注你今天可以做的一件事，以保持势头**。它有助于将更大的视野分解，化整为零，分解为更小、更易于管理的步骤。它使你可以施加控制。当我们每次向鲍勃重新提交NBC体验店提案时，我们都会将更为详尽的信息纳入计划中——最初的假设逐渐以实际成本、合作伙伴和技术为基石。在每次会议上，我们都会展示一些有形的东西——例如，一个样本产品或可以感受NBC历史的沉浸式剧院的立体模型。

当我从事顶级公关工作时，埃德·斯坎伦和我成了朋友。在MSNBC推出之后，他用自己细长的羽翼庇护着我，在此期间，我曾与GE的首席执行官杰克·韦尔奇（Jack Welch）以及微软公司老板比尔·盖茨（Bill Gates）共事（这次我确定他们记得我的名字）。但是我不知道，这背后是埃德在为我铺路，他就像我的经纪人，总是在他人面前对我不吝溢美之词。

紧接着电话铃响了。

第二章

成为内部的外来者

明星制造者

"嘿！贝丝。"电话里的声音说，是杰克·韦尔奇的秘书罗珊娜·巴多夫斯基（Rosanne Badowski）打来的，"杰克请你来楼上一趟。"

那是1998年的7月，整个NBC内部欢欣鼓舞。NBC大获成功。自从我1994年回到这里后，这个电视网发生了令人惊讶的变化。NBC新闻副总裁的角色帮助我一往无前，我也推动电视网重新和现实建立关联。在1996年成为NBC企业公关高级副总裁之后，我投身于执行者和战略家的新领导角色。我建立了一个紧密的团队，我们精力充沛、富有创造力、渴望突破界限并做得更多。

我对杰克·韦尔奇略知一二，但不是十分熟悉。他通过常规业务进度汇报，特别是由鲍勃·赖特实施的，作为GE评估高级管理人员流程一部分的年度绩效考核掌握我的工作表现。由于我在MSNBC热闹的发布会中发挥了重要作用，我直接与杰克进行了互动。在我策划的一个媒体活动"杰克和比尔'不插电'会议"中，我让他俩与十几个精心挑选的编辑共聚一堂，探讨世界形势。而我在整场活动中忧心忡忡，汗流浃背，甚至担心比尔·盖茨眼镜上的污渍是否会出现在合影中。

我抓起笔记本，走向电梯。实际上，自GE于1986年收购NBC的那一刻起，关于"NBC会被出售"的传言就一直没有停过。所以我猜测，杰克是想叫我一起讨论出售的细节，再由我将其通知给媒体。

罗珊娜按下一个小而不显眼的白色按钮，一扇令人印象深刻的木门滑开了，透过窗户可以看见外面的帝国大厦，我走进了杰克的办公室。

在聊了一些媒体八卦之后，杰克切入正题。但与我原先设想的不一样。

"我希望你能来GE为我工作。"他说。

这令我始料未及，毫无心理准备。

他接下来所描述的工作全部是关于"改变"的。杰克即将从他二十年的首席执行官职位上卸任。但首先，他希望巩固他的"遗产"。他想到的是举行一场"赛马"：一场公开的、历时多年的比赛，将有三名选手争夺美国规模最大公司之一的领导权。我的职务将是企业公关与广告副总裁——这个职位基本上可以算是美国企业中最具公开性巨变之一的舞台监督。

我从来没有想过要转到GE工作。GE的经理们经常在业务部门内部调换，而且他们喜欢被分配到NBC，不过却鲜有人会从NBC冒险转到GE。媒体人想成为的是媒体人，而不是工业家。我觉得我非常善于在NBC内部不断打破界限，但GE则完全是另一回事。

我向杰克喋喋不休地陈述我们在NBC取得的成功，但是他打断了我。"不，你现在要问自己的问题是：你准备好离开媒体了吗？"他说，"我希望你已经准备好了，因为这会很有趣。"

当我离开杰克的办公套房时，埃德·斯克隆——由死神变成的导师——正在等我。当我走进他的办公室时，他直截了当地说（带着微笑）："你知道你无法拒绝，对吧？"

我已经知道了我的答案。这是我必须遵循的道路，即使我不知道它的方向。

我接受了杰克的提议，这意味着我必须住在靠近GE办公地点的康涅狄格州的费尔菲尔德。我立即打电话给房地产经纪人让他在48小时内将我们在新泽西的房子出售。此时，我的家庭增添了新的成员——我嫁给了克里斯。他离开了新闻业，成为一个"新媒体"高管，负责开发电视的早期数据形式。凯蒂6岁的时候，我们又有了一个女儿——梅雷迪思（Meredith）。我们非常热爱生活，现在生活在新泽西州的蒙特克莱尔，在一个充满活力的社区。我们刚刚将一幢破败的旧维多利亚时代的房屋进行了改造：我们忙忙碌碌，亲力亲为，克里斯和我利用周末的时间刷油漆、贴壁纸。要搬到和农村差不多的费尔菲尔德使我们每个人内心疑虑重重，但除此之外，别无选择。

当我们要同时处理育儿和事业时，生活变得混乱不堪，我们当然不打算再雪上加霜。我经常回想那段时光，惊讶于我们是如何应对那一切的。我不知道，但我们确实做到了。

我有太多的事情要搞定，都顾不上感到疲惫。克里斯和我试图坚持每天晚上有一个人在家的目标，并且我们很少同时出差。大多数差旅安排都是可以管理的，但偶尔会出现因行程冲突引发的争吵，每当这时，我们就会质疑谁的工作更重要。我们换过很多保姆，曾有许多人和我们同住一个空余的房间。有些保姆很棒，有些则不那么令人满意。但我相信我的孩子们得到了很好的照顾和宠爱。我很享受周末的时间，每逢周末，我会做各种各样的手工艺品以及为它们翻新的工作。我会重拾高中时在家政经济学课上学会的缝纫。在万圣节，我会缝制服装：把梅雷迪思装扮成她心爱的《绿野仙踪》中的人物，凯蒂则扮成一部经典电影[①]中的人物。此外，还有"我们的"五年级科学项目。老实说，那个想法很棒："Hairostotle"，世界上最智能的发刷。"它非常智能，甚至可以清理自己。"这个创意非常好，以至一路被推介到了区域性展会上。我简直被凯蒂的这个绝佳的想法迷住了，并对它进行微观管理，几乎到了申请专利的程度。我很高兴看到孩子们的想象力（和我的想象力）得以充分发挥。因为需要兼顾工作和无休止的家务，这便不可避免地会出现糟糕的时间安排。最重要的是，虽然我们所做的并不完美，但成效还算不错，我们为好奇心和想象力提供了生长的空间。

克里斯对搬到康涅狄格州这件事表示支持，虽然这意味着他每天去长岛工作

---

① 电影名称为New Jersey Turnpike。——译者注

要花费更多的通勤时间。但我的女儿凯蒂则是另外一种态度。当时她正参加野外宿营，没法发送短信、使用手机或电子邮件。而真实情况是，我当时目光狭隘，理所当然地让自己处于"搞定它"的模式，甚至都没有尝试过去联系她。

我认为在我告诉凯蒂之前，她是不会知道我的工作变化的，但当凯蒂由朋友的母亲开车载回家时，我们的新房地产经纪人已经在屋前的草坪上放置了"待售"标志，上面装饰着很有特色的、显得毛茸茸的绵羊装饰物。在这种情况下，任凭谁也不可能不知道房子即将被出售的事实。

凯蒂泪流满面地走进屋子。我们为什么要搬家？我们要去哪儿？她的朋友们怎么办？凯蒂当时才12岁，她哭泣时，显得更稚嫩了。直到今天，我依然对因为职业生涯变化所产生的意外后果感到后怕。它提醒我在变化发生时进行早期和经常性的沟通是十分重要的。

梦想失落的餐桌

匆忙之间，我毫不犹豫地跳上了GE的马鞍。但我头脑中不停地循环着一个想法，它一直在提醒我，这可是GE！我在NBC取得的成功证实了我的信念，即影响并实现改变要关注潜在的变化，同时要不断寻找新的、更好的做事方式。我的新工作给予了我将这些实践引入商业世界最大舞台的机会。坦白地讲，我并非商业科班出身：在我与我的新团队的第一次谈话中，他们谈论即将到来的10K，我以为他们谈论的是跑马拉松，而不是提交财务报告。

当我到达费尔菲尔德时，我的新办公室空无一物，仿佛没有人期待我的到来。铺着地毯的地板上随意摆放着一部孤零零的电话，拖着一根连到墙上的、长长的棕褐色电话线。"欢迎来到GE。"我自言自语道。

我发现费尔菲尔德总部的办公空间是在20世纪70年代设计的，而且等级观念非常强烈。人们甚至可以通过计算头顶上天花板的片数来确定员工的等级：6片是管理人员，8片是副总裁。

我离开了舒适区。费尔菲尔德是陌生的，周围的人是陌生的，即使是日常语言也是陌生的，里面充满了首字母缩略词和体育比喻。我感到不适应。

在当时，公司里的男性占据绝对的主导地位——在GE每年在博卡拉顿组织的休养活动中，女性高管不得不就使用酒店厨房的临时洗手间，因为活动组织者将会议厅里的女用洗手间变成了专供男士使用的洗手间。没有其他地方的男性文化会比GE总部更为浓厚。许多高管——都是男士——会在费尔菲尔德的自助餐厅里预订一张桌子，他们每天会在那张桌子上进餐并将别人像花草一样"修剪"成自己认为合适的尺寸——人们将其称为"梦想失落的餐桌"。这里如同一个充满消极的黑洞，没有想象力，没有对未来的兴奋。而且，他们无法忍受我的出现。

一个毕业于常春藤盟校的职能部门领导对待我的方式就是典型事例。他处处把我当成竞争对手，并且随时驳回我的想法。他只是无法相信我这个没有任何背景的女人——而且还是来自公关部门——越来越多地参与到了他认为是属于自己的战略决策领域。作为报复，他从不邀请我参加重要会议。因此，我养成了一个习惯并使其伴随我职业生涯终生，就是自己邀请自己，有时我会事先提醒别人，有时就是直接出席。（曾经有一次意外，我错把技术会议当成了销售会议——当你邀请自己时，你必须做好准备。）

这些家伙不是变革者，他们是"看门人"，是维护现状的啦啦队队员。而且他们憎恨这样一个事实：这个从NBC——肤浅的媒体领域——新来的时尚女孩是杰克的耳目，并且被赋予了超过他们领地的权力。我不了解这家公司，而且我是一个女人。

早期，我误判了GE的文化和我在其中的角色。我每天都会接触每个项目——甚至是小的项目，就像一个睁大眼睛的探险家，有时候我不知道哪里是最终的目的地，但确定在弯道周围会有一些惊人的东西。而这种探索和冒险的感觉总是以"如果……会怎么样？"或"为什么不呢？"这种提问开始。

但GE总部和杰克并没有为我的这种表现做好准备。至少暂时还没有。

杰克喜欢每天看新闻剪报，并且是原封不动地重现报纸上的内容。我们有一个团队会在凌晨5点上班，将新闻剪下来，然后用胶棒粘好，这样当他到达办公室时不仅可以看到关于他的报道，还可以看到他出现在第3页的位置上，或诸如此类

内向的优势

让我们面对现实：商界是性格外向者们的竞技场。我不得不习惯采用外向的方式取得成功。我努力"克服"我的内向性格，但我也欣赏它带来的好处。内向的人倾向于在内部处理信息，我们更愿意在它们成形后表达自己的想法。我们可能不总在会议上发言，但我们也不会霸占整场谈话。你可以猜测我们的讨论是经过深思熟虑的，把一切都考虑进去了。我相信我的内向帮助我成为了一个敏锐的观察者和倾听者——我称之为内向的优势。

内向只是我性格的一个方面，而不是定义我的标签。我认为了解自己是谁以及内向如何帮助自己是非常重要的。如果我们不知道自己是谁，怎么能专注于自己需要有所贡献或施展能力的地方呢？

·我在会议上提出一个问题或发表一个评论来挑战自己，并提前考虑所要说的内容，以免它分散我对谈话的注意力。了解我这一点的老板和同事也会在我没有发言的时候请我在会议上发表意见。

·我会用记录的形式跟进会议并将其发送给我的经理或项目负责人，总结我所听到的内容并提供有关如何取得成功的一些想法和意见。我善于将讨论按核心主题进行归纳，这也使我在讨论中扮演"综合器"的角色。它表明了我参与其中。

·我已经学会专注于想法本身，而不是关注持有想法的人或潜在攻击我的人。对我而言，这是内向者优势的一部分——有角度、有距离地给一个想法以关注和热情，而不是让它变得个性化（有时候做到不因人际关系受到排挤是困难的）。

· 我学会了如何保存和补充我的能量。在激烈的会议或讨论之后，我会去散步，或去某个地方独处。我经常在回家之前在外面过夜，或者在旅途中使用客房送餐服务以便"给自己充电"。要小心，不要把它当作托词，借以掩盖你因为社交而感到紧张的事实。

对于那些管理内向员工的人：要意识到你下属中的内向者也有很多话要说，这是重要的，即使他们没有开口。事先告诉他们，你会指定他们发言，或者在会议结束后询问他们的想法。在寻找新想法时，一定在计划小组头脑风暴的同时给个人和小组讨论留出时间，让为你工作的内向员工充分发挥自己的才能。

的细节。

我决定我们可以利用电子表格更有效地完成这项工作。而且，没有什么比效率更让杰克高兴的了。因此，有一天，我们搭乘GE的直升机飞往纽约——因为那是我们唯一需要见面的机会。我对杰克说："这样，我们只要做一些变化，就可以节省一半的时间。"而且我从网上将剪报给他打印了出来——当时互联网刚开始爆炸。对我来说，这似乎是一项顺理成章的创新。

杰克发出暴躁的声音，像一辆刚停下来的垃圾处理车。"你凭什么这么做？你凭什么？"他几乎是咆哮着说道，然后把纸扔到了我的脸上。

我呆住了，令我震惊的是，这么简单的事情对他而言似乎非常重要。我太天真了，还不了解杰克的想法，这不是令他感兴趣的改变。

"把这套留给下一任总裁吧，"他轻蔑地说，"我不打算这样做。"

成为内部的外来者

尽管杰克风格强硬，但我还是享受和他一起工作的时光。他是一个巨大的矛盾混合体，是一个慷慨无私、信心十足、头脑清晰、精力旺盛的人（我的眼前仍然可以浮现出他那双蓝色的眼睛，它们就像激光般盯着我或者在他视线范围内的任何人）。然而，尽管他凭借大刀阔斧的改革而声名鹊起——在刚刚被任命为首席执行官之后，他就快速地关闭了工厂，因此，他最初被媒体起了个绰号叫"中子杰克"（Neutron Jack）——实则极其顽固不化。我记得在我上任几个月后，有一次，我问他，我的团队中是否有"不可冒犯的人"。我想知道在哪里可以进行改变，以及哪些地方是禁区。他的回答是："只有一个，比尔·莱恩（Bill Lane）。"他指的是他的长期演讲撰稿人。"在你没来的时候，我们在这一点上做得很好。我的意思是，我喜欢他们的方式。"

我没有见过任何一个人能像杰克那样，将所有的事情都打上个人烙印。他将这种个性化延续到了每一个员工身上，这很难。他创造了一种文化，这种文化宣扬的是不要让同事失望，在此之上，30万员工也不想让杰克失望，这在管理上是一项卓越的壮举。公司有很多手写的笔记，股票奖励和奖金会在你最意想不到的时候发放。杰克曾经说过GE的流程全部关乎的是化学、血汗、家庭和情感。任何细节都不是微不足道的：在GE的大型年会上，杰克会亲自列出高尔夫四人赛参赛人员和与他共餐的人士。他会将每年的人选记录保留下来，以便来年不出现重复。GE在杰克的眼中是30万名员工，而不是几十个业务部门。这需要付出很多时间和精力。

和杰克一起共事时，"我就是这家公司"和"我领导这家公司"之间没有不同。他成为了GE的形象、声音和GE所代表的一切。他就是GE，他将公司融入了自己的血肉。

我的整个职业生涯都在与名人合作，但我总是被杰克的魅力所震撼。他从头到脚都散发着个人的魅力。他身材矮小，有点口吃，但他总是对别人表现出真挚的爱，他喜欢交往。你可以在我们的年度股东大会上感受到他这种魅力。股东大会就像金融摇滚音乐节。一些老妇人会在杰克的面前摇晃，仿佛她们青少年时期的偶像出现了。杰克喜欢那些小老太太。他会问她们用这笔钱做了什么，当听说她们买了第二套房子，或者因为GE的股价上涨而有能力把孩子送进大学读书时会感到很开心。

和杰克在一起时，你永远知道自己的位置。直到今天，我依然在尝试着学习杰克的原始直接性，这能够使我的领导风格尽可能透明和直接，同时也意味着要摆脱我在成长过程中学到的关于"和蔼可亲"的小镇思维。因为直截了当实际上就是友好：告诉人们他们的位置，这种清晰明确本身就是一种传递善意的方式。它是公平的。

你知道，在杰克的掌舵下，GE的文化就是业绩表现。你永远知道自己该怎么做。他会进来说："你今天像个王子。"（他从来不称我是公主。）但是有一天他会告诉我："你是一头猪。"毫不夸张，他说这话时是认真的。

当我排除了前上司、CBS前制片人安迪·莱克的异议，说服杰克精心策划一则"60分钟"新闻节目的专题报道从而让他大放异彩的时候，我就像一位王子（而且得到了巨额奖金）。而当《时代》周刊（*Time*）刊发了关于他的一则正面人物简介并将他誉为20世纪最负盛名的首席执行官后，杰克认为这篇文章没有对他进行充分的报道而让我遭到冷遇。

他气势汹汹地朝我逼近，嗓门越来越大，他说："我希望你能像为蒂姆·拉瑟特（Tim Russert）和汤姆·布罗考那样为我做事。你是明星制造者，那我的星光呢？"

这种强度极为残酷，他对于业绩表现犹如激光般锐利的关注，是其引入六西格玛（Six Sigma）的原因。在20世纪80年代中期，摩托罗拉基于一种被称为"六西格玛"的复杂统计模型制订了一项质量管理计划，该计划尝试使其业务流程中的缺陷率低于百万分之三点四。几年内，各地管理人员都开始要求他们的组织实施"六西格玛"原则。

杰克被六西格玛所吸引并于1995年在通用电气公司推出这一管理原则。它是终极控制系统，也是一种尽可能追求"零缺陷"的产品生产方式。（当你知道GE的喷气发动机的生产标准超过了六西格玛时，你会很高兴。）它使流程具有可重复性、可扩展性和完美性——大型工业机器的效率标杆。这是一个被华尔街津津乐道的故事。

每位GE员工，从助理到部门总裁都接受过六西格玛方法培训，并根据他们的理解水平进行认证。杰克甚至在每个业务部门中创造了"黑带"这一岗位级别，堪称"六西格玛忍者"。

1997年，当我在NBC时，我与整个NBC领导团队和GE的其他人员一起接受了六西格玛培训。不幸的是，它在不断地被阐释中完全失去了本意。我们在一间酒店的宴会厅里进行封闭培训，我们了解了零缺陷流程的各种细微差别。我们上课，接二连三地进行测验（如果说有什么不同的话，那就是这件事提醒我，为什么我一直认为自己不想在GE工作）。来自NBC的人在这些培训活动中脱颖而出：他们坐在宴会厅后面，阅读报纸以及传递笔记。

我们每个人都被要求确定一个应用六西格玛的项目，从记录电话到排列录像带再到旅行日程，没有一件事可以逃脱六西格玛优化的爪子。这就像一个有效的节食计划。六西格玛带来了一种新的词汇以及跨公司沟通的一种方式。这是一种让一支30万人的军队步调一致前进的方式。

虽然杰克的个人领导力以及对业绩表现的关注在纪律、忠诚度和股价方面取得了巨大的进步，但同时也在杰克和GE员工之间创造了一种自上而下的亲子关系。让30万名员工以统一的步伐紧密协作具有非常强大的力量，但如果想让那些一切以追求完美为目标的人贡献有风险的新想法则很困难。一个崇尚数字，害怕试错的社会——是不容许人类存在不完美的。

在各种会议中，杰克会定期评价人们的贡献，他说："这是我听过的第二个最愚蠢的想法。"这话总是让人觉得好笑，但也是一种贬低。（它让我想知道第一个最愚蠢的想法是什么？那是我应该追求的吗？）

这是一种指挥型和控制型文化，所有的成绩和许可单都由一个人发放。杰克会说："我不可能无处不在，所以我只是说他们不能这样做。"管理人员会回避创新以避免失败。〔公司文化成为《我为喜剧狂》最受欢迎的主题，这部电视剧由蒂娜·菲（Tina Fey）创作，用七季的长度讽刺NBC及其总部。其中最流行的一集描绘了在一年一度的名为"撤退是为了前进"的"六西格玛"商务会议上，一群为他们的文化"支柱"——残暴且强悍的男性能力、握手姿态——唱赞歌的男人。〕

我意识到自己还没有得到许可。GE要求的是可预测性和精确性，而不是探索。杰克真的不愿意看到有任何问题出现，毕竟，他心中有既定的答案。GE已经成为一台性能可靠的机器，而不是变革者的温床。

为了成功地创造变革，不要明目张胆地以身犯险，你必须在采取行动时借助对方的语言和价值观。你必须从内部采取行动，比对手更了解他们的论点。换句话说，我必须学习像一个GE人那样发言和采取行动。这意味着，我要学会在组织的断层线上保持自我平衡，既特立独行，又有所从属；既能够不被企业文化的设想所蒙蔽，拥有质疑和挑衅的独立性，也能凭借对企业文化的忠诚以及优良的业绩使自己的观点具有可信度。我需要让自己成为一个归属者，但依然保有足够的独立性，可以掀起反抗而不至于被解雇。

几年前，方济各会牧师理查德·罗尔（Richard Rohr）撰写了一篇关于生活在"边界"（the edge）这个神圣空间里的文章。幽居于内心深处未免过于黑暗——"可能的事物"已经被行之有效的东西剥夺了生存的土壤。然而，生活在外部又不具有影响力，只有活在内部和外部的边界才能获得成功。

换句话说，成为内部的外来者。有些人可以用内部能够理解的语言向内部解读外部；有些人建造"桥梁，而非壁垒"；有些人融入内部的程度相当深，因而不会被公司的天然抗体所排斥。

我自身的业绩表现使我能够建立社会资本，这将使我有足够的余地在必要时推进事情的完成。当你始终以工作以及如何更好地完成工作为指引时，它会让你免于卷入琐碎的办公室政治或针对人格问题进行的肉搏战。将工作放在首位可以为你提供一定程度的保护。我需要它。

我明白作为一个变革者，我可能永远不会被别人喜欢或接受，但作为"公关女孩"，与在"梦想失落的餐桌"旁就餐的男孩们相处总是注定要失败的。我永远不会成为一个对谁都是笑脸相迎、富有魅力的人。我当然也永远不会成为知道泰德·威廉姆斯[①]（Ted Williams）一生平均打击率的男孩中的一员。

多年以后，当我重返NBC之后，我有一种奇怪的满足感，人力资源总监比尔·威廉·康纳蒂（Bill William Conaty）是默默支持我的人，他对一位同事说："关于贝丝，我要说的是，她是为了让工作变得更好，而不是为了她自己。"

不太可能，但并非不可能

我一边在头脑中盘算着自己的新方法，一边投身于杰克钟爱的运动之一，也是GE所有项目中最具争议的项目之一：哈德逊河多氯联苯（PCB）的斗争。

在20世纪40年代，GE开始使用多氯联苯作为电容器和变压器外壳中的电子绝缘液体，电容器和变压器是由位于纽约州奥尔巴尼以北的哈德逊河畔的哈德逊瀑布和爱德华堡的工厂生产的。在其后的三十年间，公司向河中倾倒了大约一百万磅的多氯联苯化学物——这在当时是合法的。但是后来的一系列实验研究表明，多氯联苯在实验动物身上引发了癌症，它可能会导致人类罹患癌症，以及可能诱发早产和发育问题。

GE发出了强烈谴责，联邦政府也于1976年禁止使用多氯联苯。甚至在此之前，纽约州已经下令要求对化学物质进行清除。就在那时，杰克临危受命，被派去与国家商谈解决方案。凭借其惊人的韧性和魅力，他设法达成了一项协议，将公司的责任限定在300万美元——对一个像GE这样的大型全球性公司而言，这是九牛一毛。

二十年后，当我到GE工作时，这项协议正陷入瓦解。1983年，美国环保署

[①] 泰德·威廉姆斯（1918年8月30日—2002年7月5日），美国职业棒球球员和经理。19次入选全明星，在1966年被选入棒球名人堂。——译者注

（EPA）宣布哈德逊河是一个超级基金污染场址——该机构最大的场址。1999年年底，美国环保署宣布GE阻止旧工厂渗漏的努力不够。疏浚河流将是真正使河流变清洁的唯一途径。GE将不得不为这项工程买单。清理费用初始预估为5亿美元。

杰克拒绝了。美国环保署的报告是基于糟糕的科学，他抱怨道，疏浚会使河床中的在自然过程中被分解的多氯联苯再次循环，从而使污染恶化。对杰克而言，整件事只是左派的一个绿色阴谋，而且，它的矛头指向的是商业。在GE内部，你永远不要做的一件事就是——在多氯联苯问题上与杰克意见相左。

我在大学主修的是生物学，我是一个热爱大自然的人，所以杰克对美国环保署的强烈仇视让我感到不安。但我的感受并不重要。我现在是多氯联苯军队的一员。这是个艰难的时刻，一些公关人员就是为了这些时刻而生的。你所做的就是要不停地攻击、反击；我发一条消息、你发一条消息。我意识到，如果通用电气想要有任何获胜的希望，就需要借助外界人士的力量，他要懂得如何打赢这场战争。因此我主动请缨去找这个人。

就在这时，我发现了加里·谢弗（Gary Sheffer），他曾在帕塔基（Pataki）州长治下为纽约环境部部长工作，之前曾为后来在迪斯尼担任公关负责人的泽尼亚·穆查（Zenia Mucha）工作过。穆查享有"充满激情的政治传播者"的美誉，她总是在战斗中获胜，加里是她的助手。我觉得我们找到了需要的人。

杰克为我们引荐了BBDO广告公司的菲尔·杜森伯里（Phil Dusenberry），他是一位传奇的广告人，参与过里根的总统竞选活动，并与杰克一起构思了GE迄今为止最好的品牌口号之一："GE带来美好生活。"（"We Bring Good Things to Life."）杰克批准了每一个菲尔和BBDO推出的广告，包括里根式的"美国的早晨"（Morning in America）广告宣传片，其中几只雄鹰飞过哈德逊河和纽约州北部。本质上这则广告传递的信息是："鹰鸟归，鱼儿悦"。

杰克总是讲这场战斗是关于科学的——GE倾倒的多氯联苯曾经是合法的。再者，它们无法被安全地清除。但是在他对多氯联苯运动进行微观管理时，我开始理解杰克在经过这么长时间的战斗后无法忍受退缩的想法。他必须赢。

龙出没

当我们挖掘我们所做事情的动机背后的情感原因时，我们倾向于避免负面情绪，例如担心、恐惧和愤怒。但这些情绪就像林间小径上的火焰，它们指出了潜藏在表面、趋势或机会之下的问题，而这些问题还没有被人发现。我们的恐惧，如果像未被开发的雨林中的外来物种一样得到承认和编目，就可以成为我们自己和我们组织的宝贵知识来源。

坦率地说，我被这场战争裹挟了。正如散文家约翰·加德纳（John Gardner）曾写到的那样："在漫长的道路上，年轻的领导者常常成为仆人，而不是成为可能的塑造者。"这就是发生在我身上的事。我不依不饶，并决心战斗到底。我甚至没有推动改变。我缺乏有关多氯联苯知识的科学经验，这种现实和GE平息了我内心的声音。

杰克在多氯联苯的斗争中扮演的角色和我扮演的角色教会了我重要的一课：改变的最大敌人之一就是"丧失能力的学习"（incapacitated learning），这是我从未来学家伊迪·韦纳（Edie Weiner）那里借用的一个词。她将其描述为："对我们已经知道的事情知道得太多，以至于我们是最后一个以不同方式看待未来的人。"这就如同到处背负着在一生的职业生涯中积累的思维包袱。

顽固不化的专业人士——没有人比杰克更顽固不化——背负着许多来之不易的思维包袱。然后有一天，突然间，一些奇怪的年轻人背着巴塔哥尼亚式的背包从他们身边跑过，冲向他们的未来。由于负载较轻，他们绝尘而去，将守旧者们留在尘埃中,重新审视自己沉重、昂贵的行囊。

不幸的事实是,我们大多数人都害怕失去我们所拥有的东西,而不是渴望赢得我们没有的东西。我们在一件事上做得越好,就越不想另起炉灶。更重要的是,我们倾向于与那些思维方式相近的人为伍,并强化我们的偏见。

改变你的思维方式并继续不断地学习需要付出很大努力。商界人士喜欢谈论搅动市场和搅动行业,但我们很少努力搅动自己。这太难了。

看起来,我正在多氯联苯的战斗中攻击杰克,但这不是我的本意。他相信他的斗争是正确的。他在商业史上的独特时期中成长为一位令人尊崇的首席执行官,其中斗志功不可没。杰克是出色的首席执行官——他那个时代的非凡人物。然而,那个时代正在走向终结。我发现杰克是一位不可思议的老师,因为他,我成为了一个更好的领导者。

让我举一个例子。快速行动和组织有序是我的强项。如果可以的话,我能够用双手和双脚同时拨打电话。事务越多,我就越干劲儿十足,我喜欢高效且有效地检查每个待办事项。"紧急"是我最喜欢的音轨。我喜欢能量和刺激并且善于与之并肩前行。

所以,想象一下,一天下午,当我正在和杰克通话时电话掉线了。

我打电话给杰克的助理罗珊娜,告诉她电话掉线了。她说:"不,没有掉线。是杰克把电话挂掉了。"

"什么?"

"他说他希望你知道面谈是什么感觉,"罗珊娜告诉我,"你太莽撞了。"

受到责备后,我走进杰克的办公室。

"你必须沉浸其中,"杰克嬉皮笑脸地说道,"花点时间去了解一下别人。了解他们来自哪儿,对他们来说什么是重要的。确保他们和你在一起。"

杰克的话我听得一清二楚。我对完成自己待办事项的热衷——伴随着我腼腆的性格——让我看起来似乎是一个鲁莽且冷漠的人。每次会议开始时,我都会直接投入进去。之后,当一切都在掌控之中时,我又会撤出来。往好里说,我的同事们不知道该怎么对待我——而且我没有给他们时间去搞明白。

有时，当我想到我必须面对的事情，以及要花多少时间去改变自己的方式时，我会感到畏缩。即便现在，我有时也会忘记杰克的建议。但我学会了不仅要坚持下去，还要享受它。留出时间与他人沟通与完成所有的事情是同样重要的。有时你必须慢下来才能快速前进。

一个时代的终结

一项重大任务为我与杰克共事的时光画上了句号：负责GE的首席执行官继任公关工作。

由于公司高管经常在部门之间调动，因此GE上下都沉迷于各个层级的继任，首席执行官的继任事宜更是让人们使出浑身解数。由于杰克看重的是业绩表现和竞争能力，他希望在几位候选人之间进行非常公开的竞争，人们内心非常清楚，失败者无疑会离开公司。他想让竞争对手比他们自己想象得更为努力，他想看清楚他们的性格。即使战斗至死，他们也必须以专业的精神对待彼此。

最终，有三个人获得了继任候选人的资格：身高6英尺4英寸（约1.93米）的杰夫·伊梅尔特（Jeff Immelt），他拥有哈佛大学MBA的文凭，曾是大学的橄榄球运动员；鲍勃·纳德利（Bob Nardelli），曾经负责GE电力系统，因其风格与杰克颇为相似，被人称为"小杰克"；吉姆·麦克纳尼（Jim McNerney），他在GE航空发动机公司取得了极佳的业绩，似乎最有可能参加政界的竞选。我在几年里都要负责这种公开示众，因为商业记者们会不停地打电话，期待得到比赛的赔率。杰克把手里的牌紧紧按在胸口，气氛紧张得令人难以承受。

接下来，正当杰克即将宣布他的继任者时，他看到了一项潜在的收购，这个项目能巩固他的"遗产"：霍尼韦尔（Honeywell）。杰克已经对霍尼韦尔研究分析了很长一段时间，当他得知联合技术公司（United Technologies）正在考虑与它进行合并时，他向霍尼韦尔的领导团队传真了一份手写的邀约。

杰克成功地挤掉了联合技术公司，与霍尼韦尔达成了价值450亿美元的交易意向。当他告诉我这笔交易时，他说："准备宣布我们已经提出的邀约。而且，我已经提议让GE董事会留下来帮助确保这项交易的最终落地。"这将是迄今为止GE规模最大的一次收购，也是一项非常艰巨的任务，特别是对一位新任首席执行官而言。

为了保守这个"军事机密"，杰克决定在感恩节的周末完成这个过程，那个时候，全美国的家庭都在享用美餐，欢聚一堂。在感恩节的前一天，杰克打电话给GE的董事会管理委员会，告诉他们自己计划在周五与全体董事会成员召开电话会议。

随后，在周日，他登上GE停在博卡拉顿的喷气式飞机，告诉一脸惊讶的飞行员飞往正在下雨的辛辛那提。杰克直到最后一刻才透露自己的行踪，即使是对飞行员他也一直保密。在辛辛那提，杰克告诉了吉姆·麦克纳尼一个坏消息：他不会当选为首席执行官。

然后，杰克告诉飞行员——仍然是在黑暗中——飞向更加阴雨密布的奥尔巴尼。在那里，杰克告诉鲍勃·纳德利：他也出局了。

现在，经过了他一生中最艰难的两次会面后——告知他的两个同事，也是他的朋友，他们在GE的职业生涯结束了——他飞往纽约，将好消息带给了杰夫·伊梅尔特。

杰夫被选为通用电气的下一任首席执行官。他通过开发新产品发展了医疗保健业务，他对客户的关注似乎正是GE所需要的。

宣布杰夫·伊梅尔特当选首席执行官的"杰克和杰夫"新闻发布会在NBC的8H工作室，也是"周六夜现场"（*Saturday Night Live*）的工作室举行。我们用纯正的GE风格，以全部的热情负责公关和媒体，将发布会打造成罗马教廷般的权力更迭。

当杰克的"剧本"险些接近其截止日期时，他的任期又延长了一年的时间。

当杰克于1981年年初成为董事长兼首席执行官时，GE的市值为130亿美元；当他在2001年退休时，它的价值约为4000亿美元。GE财务上的成功主要源于杰克收购了许多公司——尤其是金融服务公司，这使得GE的盈利持续保持上升趋势。他让公司一头扎进金融业务里。GE长期以来一直有一个金融服务部门——GE资本——帮助消费者和工业客户为他们在GE的采购融资。在杰克的推动下，金融服务逐渐扩展到其他领域，如抵押贷款、汽车和船舶贷款，到2001年，它拥有的资产高达3710亿美元，在巅峰时期占据了GE一半以上的利润。随后，杰克利用GE资本的资产负债表进行金融收购，这些收购很容易出售，从而帮助填补工业方面的盈利空白。有了这个工具，杰克能够在每季度、每一年都兑现他承诺的指标，而华尔街也以不断增长的市值褒奖着GE。

然而，虽然不断地收购和进行金融服务提高了GE的净利润和股价，但这些也要求公司在部分方面大幅度削减成本。为了应对杰克不断的紧缩政策，GE的管理人员削减了研发投入，避开了风险较高的新领域。这家以将灯泡、X光机和坚不可摧的塑料推向市场而闻名的公司近年来少有推出惊天动地的产品。

按照华尔街的观点，更令人不安的是，GE资本的增长基本上将GE变成了一家银行——《巴伦周刊》（Barron's）在1998年将其称为"变装的对冲基金"。GE的市盈率获得了四十倍的增长，而银行无法做到这一点。

收购霍尼韦尔的消息似乎动摇了华尔街对杰克牢固的信心。华尔街对这样一个大规模的收购持谨慎态度，并且对金融滚轮感到越来越厌倦。GE的股票开始下跌。但真正的"政变"来自欧洲。事实证明，欧洲人并不同意杰克的想法。在一次简短且安静的会议中，他们向杰克表明，GE与霍尼韦尔的合并并不会获得批准。随着GE的股票下跌，杰克在转角办公室的最后一天即将来临，GE的故事就像一个被刺破的气球。

在历经这些变化时，我的内心在问：我们是谁？GE真正代表着什么？GE有着悠久的历史，它早在杰克出现之前就存在了，这是一个世纪前种下的种子。有什么是必须改变的？我还不是百分之百的GE人，我没有把GE作为我的母语，我是一个移民。但正因为如此，我可以更客观地看待事物，甚至是以批判的眼光看待。

最终，2001年9月7日，杰夫·伊梅尔特成为GE历史上第九任董事长兼首席执行官，他将成为GE所需的新增长思维的化身。

这一权力更迭的事件，是全球商业领域报道的最广泛事件之一。在GE资本里，有一种说法叫"参天大树"，它似乎是真的。作为全球市值最高的公司，我们一路狂飙并确信我们始终会一往无前。我们已经为一切做好了准备，或者我们就是这样想的。

四天后，我们所熟知的那个世界就此终结。

挑战　进一步认识自己

妈妈，我可以吗？

我每个月都会为GE克劳顿管理学院学习中心的早期职业经理人授课。当他们说因为"公司"的不允许或他们老板的不允许而使他们无法施展拳脚时，我会向这些经理发出质疑。"是他们不允许，还是你因为害怕而不敢尝试？"我问道。

然后我给了他们一张许可单，要求他们对单子上的事情贯彻到底。"请允许自己尝试做一件可能让你遭受阻力的事情。"我鼓励他们与团队中的某些人分享这个许可单。如果他们是经理，我鼓励他们让团队成员填写空白许可单。

一位经理后来告诉我："我做到了！我们要求提交一份提案，它本来应该在上个月完成，这是我们新产品的第一个提案，因此它最终会成为所有要求的模板。第一版的草案很糟糕。我想与其他人沟通以使其变得更好，但我们的团队是孤立的——我们没有向别人寻求帮助。我召集了一个团队，包括法律、监管和工程这三个部门，起初我们并没有将他们考虑在内。我在没有得到许可的前提下就做了这件事！我们得到了很棒的回应，并且……我们成功了！"

有时只需在办公桌或手机上写下许可单，便可作为自己采取行动的提醒。我在会议室里放了一堆单子，当这些事情受阻时，会煞有介事地象征性地将它们交给同事。

许可单

1.＿＿＿＿＿＿＿＿＿＿＿＿＿＿＿＿＿＿＿

允许我自己：

＿＿＿＿＿＿＿＿＿＿＿＿＿＿＿＿＿＿＿
＿＿＿＿＿＿＿＿＿＿＿＿＿＿＿＿＿＿＿
＿＿＿＿＿＿＿＿＿＿＿＿＿＿＿＿＿＿＿

传阅

许可挑战

写出一系列让你害怕或拖延的事情。这些事情的范围可以从"与完全陌生的人交谈"到"在公共场合尖叫"。给自己写一张许可单。（这可能让你想起在高中时伪造母亲的签字，我当时太害怕了以至于没敢做。）决定你允许自己做的事项。每天随机选择一张许可单，然后执行任务。将行动公开，使自己承担起责任。让某人拍摄下你的尖叫，告诉同事或朋友你与一个完全陌生的人交谈了。挑战既可以简单，也可以宏大，你要自己设定。

创建一个月度目标清单

创建"我能做到这一点"的月度列表，让自己对退出舒适区的后果负责。列表的内容长短随意，但目标是在月底之前完成任务。可以填写以下内容：邀请同事喝咖啡、提出新想法、参加一门改进的课程或学习新技能。每月一次的清单会让你实践一些可行的事情，而不是等待着"有一天"去做大事。从小处开始，从现在开始，这个月你能做什么？

屠龙者挑战

每当你因工作泛起负面情绪时，记录下来。用一个笔记本记录日志，包括你的同事和朋友就其行业和工作所表达的恐惧和消极时刻的条目。条目内容不需要很长，也不需要非常详细。一个句子或短语就可以。在本周末，看一下你写下来的内容。观察和评论是否会带来更大的问题或趋势？你打算怎么办呢？

DIY工作重塑挑战

周一早上你要为你的职责添加一个新计划（令你感到兴奋的计划！）。花一个周末来构思主题以及你将如何处理这个计划。考虑在新的领域培养一些技能，例如：社交媒体、设计思维、新兴技术、编写代码、金融。你可以以什么方式开始开展计划？时事通讯、趋势报告、分享交流会都是开始的好方法。

找一个咨询顾问

如果你为我工作，并且在你的事业中的某个领域苦苦挣扎，我可能会告诉你去找一个咨询顾问。这样做不是为了找出你的问题，而是为了让你懂得如何成为更好的自己。一些顾问可以帮助你做出更好的演示，一些人可以帮助你增强信心，还有一些人仍然会专注于领导技能。许多公司会为员工提供辅导机会，包括课程和职业发展顾问。但是，当我觉得这很重要的时候，我也会自己付费参加这种培训。在聘请顾问时，要设定你希望实现的目标。为咨询任务设定目标和现实的时间框架。如果顾问是由所在公司付费的，那么要预先跟老板讨论培训成果。在培训开始之前，让老板和其他同事与咨询顾问交谈并提供建议，这样可能会有所帮助。如果你没有资金聘请顾问，就请值得信赖的同事对自己进行定期辅导：请他们帮助你变得更好并让自己担负起改变的责任。

无论是部门经理还是首席执行官，每个人都有需要改进的领域。在问题或弱点让你偏离轨道之前就未雨绸缪。记住，寻求专业帮助并不是控诉——它是为了向前迈出积极的一步，成为更好的自己。

PART 2

变革的推动力

发现关乎的是探索——以探究和好奇的精神
为自己和自身的文化注入活力，
将世界变成一个学习的课堂，
挖掘可以使变革成为可能的想法。

IMAGINE IT FORWARD

第三章

爱迪生的"海军陆战队"

▎混乱是对大胆者的奖赏

2001年9月7日，杰夫·伊梅尔特继任，成为GE历史上第九任董事长兼首席执行官。

数日后，2001年9月11日，周二，那是一个万里无云的早晨，我和公关传播部门的其他同事在我们办公室的电视机前就位，等待杰克在《今日秀》直播中的亮相，他将推出很快就登上畅销榜的自传《肺腑之言》（Straight from the Gut）一书。杰夫·伊梅尔特当时在西雅图的StairMaster酒店里。

时间刚过8点，就在这时，第一架飞机撞击了世贸中心大楼。这起事件明显表明是一场蓄谋已久的袭击，在一分钟之内，我们对未来的所有计划、设想和希冀土崩瓦解。

我们立即转向危机模式，正如大多数公司所做的那样：

确保员工是安全的[1]，与客户联系。对GE来说，袭击对我们的航空部门和融资部门造成了重大影响，这些部门为航空公司制造喷气发动机并为飞机融资。全

---

[1] 令人难过的是，有两名员工在这场袭击中遇难。——作者注

国的飞机停飞了好几天，关于航空公司的安全、保险负债和信用评级等一系列问题出现了。

在杰夫继任的四天时间里，我们就已经陷入了未知领域。在处于混乱的时候，你会很自然地感到应该沉潜待发。几乎所有的事情可能看起来都不受你的控制——但是并不包括你的想象力和采取行动的能力。你必须克制自己内心产生"这取决于其他人"的想法的冲动——你必须采取主动。

虽然我们试图在"9·11"事件中提供慰藉——我们将必要的流动设备转移到纽约的分诊医院，为爱迪生联合电气公司提供变压器，杰夫打电话给纽约市市长鲁迪·朱利安尼（Rudy Giuliani），承诺为一线救护人员提供1000万美元的GE拨款——我认为GE必须让全世界知道，虽然我们永远不会遗忘这次事件，但我们也已经为反击和重建做好了准备。人们迷茫无助，涣散疏离，我们必须照亮他们前进的方向。

对于任何类型的广告或营销，这是一个令人难以置信的棘手时刻。各家公司正在避免做任何看起来试图将悲剧转为从中获益的事情。但我确信人们会在无畏力量的表达中找到慰藉，因此我找到杰夫并告诉他，我们需要展示自己。因为没有时间制作广播和电视节目，平面广告是仅有的选择。虽然这是一个很大的风险，但我相信这值得去尝试。"我们需要一个印刷广告，将我们的员工和客户团结起来，并显示'我们很强大'，"我告诉杰夫，"人们非常恐慌。他们需要听到有人告诉他们一切会好起来。"

时年45岁的杰夫·伊梅尔特并不为大多数人所了解，他是在俄亥俄州长大的足球运动员，在哈佛大学获得MBA学位，他的父亲在GE做了一辈子的工程师，而他刚取代了本世纪的首席执行官。那时的杰夫并不优雅——他来回地踱着步子，衬衫上的一个扣子大敞着，每个人（出于某种原因，除了我）都有一个绰号——吉姆叫作吉米，比尔叫作比利，好像GE是一间更衣室。但他肯定是你遇到的最令你舒服的人。

投资者和华尔街的一半人都在质疑他是否能胜任这个职务。但我和其他所有与他曾经密切合作过的人都知道他既有计算六西格玛的强悍心理意志（杰克·韦尔奇从不会让对此一窍不通的人进入转角办公室），也会对"软技能"持欣赏态度——包括同理心、讲故事以及与人交往，特别是与客户交往的能力，他在早期的营销和销售生涯中似乎就已经习得了这些技能。他坚信沟通的力量，坚信故事是一种变革性的领导工具。

当我告诉他我想做一支广告——"某种标志性的东西"——他反问我是否愿意接受与之相关的后果。当我说，"是的"，他告诉我，"去吧"，就像一个足球教练批准了一次"万福玛利亚传球"。

我们的广告代理商BBDO是比杰夫更大的障碍。他们已经为GE服务了80多年，他们觉得过去的业绩让他们有权决定GE需要什么。他们不喜欢——好吧，直率地讲，他们憎恶我这个对他们不够恭敬的女人现在实际上是他们的老板。当我打电话给菲尔·杜森伯里（Phil Dusenberry）的团队，告诉他们，我们需要整合出一支展示力量和团结的平面广告时，他们用冷漠当武器。"别担心，明天我们会给你一些模型。"这位客户代表这样告诉我，最终他们却没能做出来。BBDO最终给了我一些想法，但很明显他们是在敷衍了事。

如今的我不是一个尖叫者——当我生气的时候，我会变得安静、冷漠、严厉，但当对方变成垃圾时，我爆发了。"人们很害怕，他们希望有一个能够让他们对未来抱有希望的理由。你给我的太公式化了，平庸至极。"

我最后告诉菲尔："把你们所有的设计全都发给我。"这是我的标准做法：管人们要他们没有展示给你的东西，他们没有问出的问题。他们发给我的文件大同小异：漂亮的图像和柔和的口号。我审视着这些作品，就在我越来越绝望的时候，我看到了一幅简洁的蚀刻铅笔素描画，我不禁看了它两遍。我的嘴角第一次扬起了一丝微笑。我想，这是希望，这是力量。

我抓着这幅画，几乎是小跑着去杰夫的办公室。我把那幅画往桌子上一拍。"就是它了，"我说，"这就是说出每个人的感受的方式。"

这张草图上画着自由女神，她有着方形下巴，意志坚定，袖子卷起，正走下她的基座，阔步迈向众人，仿佛是一个即将燃起美国人的勇气，战胜任何阻碍天定命运的人。画像下方写着一句简短的话："我们将卷起袖子。我们将同舟共济。我们将战胜困难。我们将永远铭记。"唯一提到公司的是在页面底部的一句话："信息发自"和GE的品牌标识。

从我们的内部广告团队到BBDO的客户经理，几乎公司里的每个人都讨厌这个想法。GE的一位业务负责人对我说，这让我们看起来像个愤怒的朋克："这是什么，约翰·韦恩夫人吗？"我们在BBDO的客户代表说，我们冒着用"卡通"蔑视美国痛苦的风险。即使是公司内部广告团队里我最亲密的朋友也表示，这让她感到紧张，因为它仅仅"不是我们"。

我们听取了每个人的意见。但最终，我们并没有放弃。杰夫表达了对我的信任，为此，他遭受了批评，其中包括来自业务部门领导们的一连串电话，直截了当地告诉他，他们认为这个广告发出了错误的信息。

在距离袭击发生后的第十天，整版广告出现在美国几乎所有的主流报纸上：《纽约时报》《华尔街日报》《纽约邮报》。而就在前一天晚上，我在半夜里惊醒，大汗淋漓，辗转难眠，脑子里想着每一种可能的后果——公开的反对，我被解雇。

我是一个焦虑的人。在某种程度上，我失控的想象力为每一种可能的结果做准备，而部分原因是我的焦虑不受自己控制。我已经学会将这种焦虑引入情景规划：为未来设想出最古怪、最疯狂的场景，这是我能够让自己感到非常舒适的一种方式。

每天我习惯在同事到达之前来到办公室，以便抢先开始一天的工作。这是我最喜欢的时刻之一，我会计划一天的工作，广泛地思考，解决在前一天晚上就占据我脑海的最大担忧。广告发布的那天，我更是早早地来到办公室，那时的地平线刚刚出现第一缕曙光。当我在办公室等待时，我几乎无法集中注意力。人们对广告的看法是什么？对GE的看法是什么？

不久之后，来自全国各地GE员工的电子邮件开始涌入我的邮箱，他们纷纷表达了自己的自豪之情。我们的广告几乎成为当天所有早间新闻节目的头条报道。

几天后，当杰夫和我去参观世贸遗址和纽约证券交易所时，我才真正意识到这则广告的影响是多么巨大。当我们盯着彻底被摧毁的世贸中心遗址时，双子塔冒出的烟雾和灰尘令我们感到窒息。

当我们走进纽约证券交易所的大厅时，看到那则广告贴在几乎所有交易亭的墙上。人们和杰夫击掌。实际上，他们欢呼了起来。

几天之内，我们在纽约随处可以见到我们的广告：布鲁克林理发店、上东区酒吧、新泽西州的三明治店。人们真的理解了。我们不是在兜售灯泡或喷气发动机，我们营销的是领导力、乐观精神和美国。

我对GE公司展出的领导力感到非常自豪。对GE公司，或任何一家在这个无休止的破坏时代里生存的公司而言，重大的时刻需要大胆的行动——为了正当的理由，倾身于未知世界，而不是远离它。

对发现的呼唤

当杰夫进入转角办公室的第一周结束时，GE的股价下跌了20%，公司的价值损失了近80亿美元。我有一种明显的感觉，我们脚下的地面正在转移，它远远超出了GE领导层的变化或"9·11"袭击。随着互联网泡沫开始破灭，工作中存在着我们无法控制的力量。崩溃既影响了新技术企业（Pets.com倒闭），也影响了成熟企业〔思科（Cisco）的股票下跌达87%〕。然后受挫的是巨型能源集团安然（Enron），它在2001年年底身陷丑闻危机从而宣布破产，随后世界领先的会计公司之一的安达信（Arthur Andersen）解散了。

所有这些失败加在一起导致了一种普遍的认知，即大公司是不可信任的鬼祟的机构。就在这个时候，"透明度"这个词开始出现在关于美国企业界的对话中并且鲜有好评。

在杰夫·伊梅尔特接任首席执行官的时候，GE是一家迥然不同的综合性企业集团，包括巨型电视和电影公司、美国第七大银行、大型保险业务（适用于人类和宠物），还有交通、医疗保健和能源方面的投资组合，以及生产家用电器和塑料等传统工业部件。GE的增长放缓，人们对保险业务的长期可行性和GE金融的主导地位表示怀疑，一些经济学家对GE如何在近十年内如此稳定地实现两位数的利

停止焦虑，开始计划

我笃信从比尔·盖茨那里听取的智慧："我们总是高估未来两年将发生的变化，而低估未来十年将发生的变化。不要让自己陷入无所作为的境地。"与此对应，我的"想象的力量"版本是"改变似乎是不可能的——直到它发生。在这一点上，它似乎一直是不可避免的"。

为了防止我们陷入无所作为的倾向，我发现提前计划，开发至少三到四个关于未来的情景是有所裨益的，这些场景包括一个非常乐观的，一个具有破坏性的和一个非常保守的。我发现，邀请外来者提供不同的观点，然后将其与公司内部专家的观点相结合，或进行挑战也是有所帮助的。红蓝团队的练习——两个团队持有相反的观点——被证明是有价值的，可以作为团队向不同方向深入拓展的一种方式。部分发现，部分辩论，这些练习可以发挥每个人的能动性和群策群力。

润增长的方式持质疑态度。

杰夫认为GE过于依赖收购其他公司来支持收入和利润的增长。他的任务是以我们的技术实力为基础夯实发展的。杰夫寻求投资者所称的"有机增长"，这意味着你不会购买收入，而是种植收入。他希望公司能够在技术上进行创纪录的投入，同时也要与全球市场建立更紧密的联系，特别是那些突然产生世界大量企业能量（和增长）的发展中国家。

这需要一种新型的领导力，它在面对不完整的数据时期望做出判断性的决策，鼓励原始思维，对速度的珍视更胜于对完美的珍视且支持变化。这需要十多年的耕耘才会有所收获，而目前尚未成形。我们知道我们必须在六西格玛的"全面"零缺陷管理原则之上进行开拓。六西格玛有很多优点，它使人们关注质量、减少分心。但六西格玛同时创造了一种崇尚流程的文化，在这个过程中，我们的员工在做出决策时失去了一些承担智能风险和个人判断的能力。

新的GE不仅仅要重视效率，还要珍视机遇。

我们的任务是艰巨的：我们要维系所有成就我们今天的专业知识，同时学习如何以不同的方式思考和行动，以确保我们获得新生。但是，你如何教导一个公司拥有想象力，以期创造只有少数人才能看得到的未来呢？

我将其描述为"优化今天，建设明天"。如果他们希望为子孙后代服务，那么他们必须学会如何同时做到这两点。优秀的领导者懂得，应对这种平衡行为中产生的紧张是他们的职责。

要想建设一个灵巧的组织，我们需要成为更好的探险家。我们需要将全世界作为课堂，从中学习并提炼可以创造未来的想法。这是我最终引入工作流程中的东西，我将其称为"发现"。

很难说这些想法在当时对GE的许多领导者来说是多么荒谬，甚至具有威胁。一直以来，我们所讲述并赞颂自己的故事几乎完全是一个优化者的故事——我们的语言集中于效率、去除缺陷和严谨的流程，我们的六西格玛"黑带"是GE中的忍者力量，通过流程的持续改进引领团队前进。"那不是GE的人"，我曾听到人们无数次这样说。我知道我们所寻求的变革的主要阻力来源于我们自己的身份。

GE披斗篷的改革者

当我开始对公司形象的定位和方向进行评估时，我想到聘请像麦肯锡这样的咨询公司来提供建议。但是，在陷入混乱的时刻，采取如此舒适和可预测的路线似乎是一种逃避。我有另一个想法。

2001年5月，我参加了一个会议，宝洁公司（Procter & Gamble）带来了一位名为克洛泰尔·拉帕耶（Clotaire Rapaille）的演讲者。拉帕耶博士是那种令人印象深刻的人，他是一个离经叛道的法国人，喜欢穿黑色天鹅绒披肩，也喜欢抛出关于奶酪活性这种不着边际的话题。

拉帕耶曾经是儿童精神病学家，他创立了名为世界原型发现组织（Archetype Discoveries Worldwide）的研究和品牌，帮助公司明确自身形象，并计划如何在未来改变它们。这正是GE在"9·11"之后迫切需要的东西。我们珍视的是什么？什么是神圣的？什么需要改变？为什么？

了解我们自身的品牌或业务的真正意义是非常重要的——尤其是面对动荡时。如果一家公司认为自己只是一家银行，那么它会采取一种行事方式，但如果它开始将自己视为财务顾问或服务提供商，那么它的行为就会有所变化。

拉帕耶的理念源于一种信念，即每一种文化都会在其成员身上形成一种独特而鲜明的情感逻辑——一种情感认同。根据拉帕耶的说法，我们第一次明白一个词所代表的含义——咖啡、母亲、爱后，我们铭记其意义，并在此过程中创造一条伴随我们一生的精神纽带。"每个词都有一条精神高速公路。"拉帕耶喜欢这样讲。拉帕耶博士称之为"文化代码"（Culture Code）。

这就是奶酪的作用。"在美国，"拉帕耶告诉人们，"奶酪的代码是'死亡'。"这是因为在美国，所有的奶酪都经过巴氏消毒，这意味着它在科学上是死亡的。而在法国，奶酪中充满了使其具有味道和气味的微生物。在法国，你从来不会把奶酪放在冰箱里，因为它还活着。优先级不同，情感逻辑不同。与安全相比，法国人更重视味觉，美国人则把安全放在味觉之前。"在这里，奶酪是安全的，为了清楚地展现这一点，我将它包在塑料薄膜里。那个塑料就像一个尸体袋子，冰箱就像太平间一样。"

拉帕耶工作的核心是一个基于大脑如何工作的三部分概念理论（或按他的说法是"三位一体"）。脑皮质（Cortex）是逻辑和理性、抽象思维和语言的所在地；边缘系统（Limbic）是大脑的情感中心；爬行动物脑（Reptilian）是由我们人类基本需求控制的区域：饮食、呼吸、繁殖、生存。大脑的这三个部分都发挥着强大的影响力。但在拉帕耶的世界里，"爬行动物脑总能获胜"。

我对聘请拉帕耶有一些保留——他很古怪，而且他的"科学"令人半信半疑，我可以想象杰夫对"天鹅绒斗篷"的反应不会那么积极。但是，直觉告诉我，在GE里需要尝试一些新的东西，他的理论凝聚着我对神经科学的热爱。此外，他与宝洁公司的合作似乎足以证明让他与杰夫会面的合理性。

然而，当会议在费尔菲尔德的行政会议室举行时，形势很快急转直下。参加会议的有拉帕耶、我、杰夫、鲍勃·怀特（现在成为了GE副董事长），以及拉帕耶的助理，他负责会议记录，一直保持沉默。鲍勃偶尔会说话，但这绝对是拉帕耶和杰夫之间的双人舞。不幸的是，这两个人没有共同语言——就像六西格玛遇到"新纪元"，美国队长遇见了大侦探克鲁索。拉帕耶似乎并没有认识到（或毫不关心）他们之间缺乏联系的事实，他将臭奶酪的逸事和盘托出。场面十分难堪。

最终杰夫走向白板，开始概述他的商业战略。

"我们将投资技术。"他说，用红色的马克笔写下这些字，"我们会更接近客户。我们将从内部发展壮大公司。"

尽管被激怒了，伊梅尔特仍然口齿流利，和蔼可亲。他开始在白板上书写数字，以表示公司内部的有机增长率和股东的收入增长率。他在成长目标上画了一个圈。"这是必须实现的。"说着，他放下了马克笔。

这时拉帕耶跳起来，用一支绿色的马克笔用大写字母写下：脑皮质、边缘系统、爬行动物脑。

又来了，我想，我试图克制自己。他概述了他的三位一体理论和文化代码原则。"这完全是关于我们无意识的思想，"他说，"我不明白你想用这些数字说明什么。"

"嗯，那是我的商业计划。"杰夫平静地回答。

"而且我告诉你，它并不存在数字里，"拉帕耶回答道，"爬行动物脑总能获胜。"

我感到恶心。我可以看到杰夫头上的心理活动泡泡：我刚刚告诉你，我将要做什么，这到底与爬行动物有什么关系？

我想，我被解雇了。

但拉帕耶随后说的事情改变了整个会议的主旨。"好吧，你在白板上写下的所有数字，人们要相信什么才能让这些目标实现呢？人们不会为了'数字'……为了什么百分之十从床上爬起来工作的。"在我们刚刚经历剧变之后，这是一个让杰夫产生深刻共鸣的问题。拉帕耶正在寻找GE的灵魂和存在的理由。

杰夫开始谈论公司，好像它是一个活着的生命体。"我们是一个巨大的实体，"他解释说，"由许多不同的企业组成——拥有优质客户的优秀企业。但我们不能只是继续走出去收购新业务。这必须改变。我们现在有一项重要的使命。我们有许多伟大的业务要从中成长。"他说："我们拥有你想要的一切——全球影响力、技术、多样性、优秀人才，我们拥有悠久的历史。我们有业绩。"

拉帕耶的眼睛睁大了，他那顽皮的微笑重新在嘴角绽放。"这种业绩表现，这种长寿，"他说，"这就是我们将找到驱动这家公司的基本事实——代码。"

现在他引起了杰夫的注意。不久，他们一起在白板上写字。杰夫会解释他试图用自己的策略做的事情，而拉帕耶会强迫他提出能让这些事情变得可行的情感需求。我知道这是一次很好的会面，因为它持续了至少九十分钟。杰夫是一个严格遵守日程安排的人——他不会让事情超时。但是，我们肯定，这次绝对超时了。

随后，当拉帕耶搭乘电梯离开后，我问杰夫他的想法。

"嗯，"他苦笑着说，"前几分钟很可怕，贝丝。你差点被解雇了。"很明显，他只是半开玩笑。"但是，我认为这是值得的。我们应该尝试这样的事情，无论它是什么。"杰夫用惯常说的话说，"试一试，贝丝。"

在"油和水相融"的会面中幸存下来后，我全身心投入到组织拉帕耶的访问活动中。这并不容易。拉帕耶的访问流程不是一次性的焦点小组，而是一场为期六个月的马拉松比赛。我们最需要其中一些人的参与，但是他们却推三阻四，这让整个过程更加艰难：我组建的发现团队负责调查并领导该项目。

拉帕耶流程的目标不仅仅是揭示GE的形象，而且是找到一种方式，以符合杰夫的新增长战略的方式向客户和我们自己的员工展示这种形象，这意味着要对一切进行评估——我们可能不得不改变"GE带来美好生活"的品牌口号。

说得委婉一点，拉帕耶的方法论是独一无二的。他分别让员工和客户们组队，让他们参加"铭记"或"感知"的课程。每个课程分为三个阶段，每个阶段持续一个小时，用以激发大脑的不同部分，从外部（逻辑）转移到内部（爬行动物脑）。总而言之，该过程涉及康涅狄格州、纽约、亚特兰大和克利夫兰的约400名GE员工和客户。

拉帕耶的巨大价值在于他将问题的选择作为催化剂和火花。"火花"是一个人，通常是一个外来者，他的独特视角——越不同越好——会促使团队以不同的方式思考。我们对一个外人描述自己，迫使我们成为研究自身的文化人类学家。提出好的和令人沮丧的问题会让你能够在一定距离以外观察自身。这个过程——发现——是一种与环境的对话，而环境越重要越"怪异"，你就越有可能获得成长。

在亚特兰大举办的第一次课程中，我的发现团队成员（包括六人，分别代表营销、宣传、人力资源、一个业务部门和BBDO）以互相对立的情绪来听课。最焦躁不安的是理查德，他是一个曾在杰克手下管理广告部门的英国人，十多年里一直监督"美好生活"运动。

在理查德眼中，我人微言轻，我所说的大部分内容都遭到他的质疑。现在我给GE带来了一个"疯子"。理查德的肢体语言——沉默寡言、双臂交叉在胸前——明显表明他对我们寻找代码之旅的看法。

当拉帕耶问到"GE"这两个字母对于我们这群人的意义是什么时，理查德咕哝道："嗯，让我们看看，也许是通用电气（General Electric），或者可能是巨型茄子（Giant Eggplant）？"但是当拉帕耶开始发表我们已经听得耳朵磨出茧子的奶酪观点时，理查德爆发了。"是的，我们知道该死的奶酪在法国还活着！"他说。

第二阶段的"感知"课程旨在让我们从逻辑回到我们的"边缘"大脑。拉帕耶推动我们发现对GE的情感印象。一些工作人员将GE描述为一个"野蛮""互相残杀"的地方。"牺牲"的概念——反映在"我不认识我的邻座""我生活在边缘"这样的评论中，"压力、压力、压力"，"持续冲突的状态"被列在"奖

引入"火花"

在早期，我对引入"火花"感到担忧，因为我认为自己理应能够找到答案，又或者担心他们的差异或他们的到来会使我的同事感到不舒服。但我意识到，虽然他们的差异会引起不适，但往往是必要的。因为他们不在公司工作，所以"火花"并不害怕向老板或办公室政治发出异议。令人惊讶的是，人们会注意到"火花"，特别是当他们引发自己思考或说出意料之外的话时。

励"的旁边："这是杀戮的快感。"

在让亚特兰大小组对GE的印象进行简要描述后，拉帕耶要求他们将这些印象转化为对公司的描述。他让我们自己写下来，以避免集体思考。在第一次课程中写下的所有印象中，一直萦绕在我脑海中的是一段关于公司坚韧精神的描述：

"……止于至善。他们倾向于在工作中获得成功，他们是忠于职守且极端的团队，他们知道如何生存，如何凭借足够的机敏获得成功，全情投入，百折不挠。"

与那些粗糙的故事一样，第三个部分，"爬行动物脑"，永远被证明是最激烈的。在这一部分里，人们按照指导躺在地板的垫子上，让他们的思绪回到关于GE的第一个印记。我的眼前是奇怪的景象：身着商务西装的男男女女躺在一间会议室里，通过"放松"获得他们对公司的内心感受。在情绪化的故事讲述之后，人们就像结痂疮疤下生长出来的新肤，虽然他们的变化如此之大，但我并不感到惊讶，在亚特兰大和其他地方举办的活动中，我在黑暗中听到了啜泣。

之后，一位年轻的GE会计师告诉小组，他对飞行的恐惧是如何通过在前往堪萨斯城看望女友的飞机上发现GE标志得以缓解的（"奇妙并且精彩"）。后来，一位客户对我们说，每当她在拧灯泡时，"GE会保护我免于死亡"。

随着"发现"课程的深入，我们自身以及我们和GE的关系开始发生变化。我们变得更加情绪化，更喜欢沉思。我们非常自豪地谈到了爱迪生和GE辉煌的事迹，甚至理查德也被同事的个人故事感染了。他最终参与了这个过程，并为我们的最终结论做了很多补充。在理查德离开GE后，他开始了自己的咨询生涯，以三位一体的发现为蓝本，帮助品牌找到它们的代码，或许这也是情理之中的。

在这个过程结束后，拉帕耶博士来到费尔菲尔德，交付了我们一直努力破译的代码。拉帕耶风风火火地走进了发现团队聚集的房间。我们迫不及待地想知道这个重大的发现：经过几个月的工作后，神谕来临了。

在没有笔记的情况下，他将联想、故事、激励和令士气低落的因素进行了综述。"你们是狮子，站在岩石上俯瞰着整个平原，你们位于食物链的顶端。你们是超凡的大白鲨，永远不会停滞不前。GE意味着'得到一切'（Get Everything）。获胜就是一切。如果你输了，你就完蛋了。恐惧是驱使自己追求卓越的一部分。你们享有相同的价值观：实现量化指标。人们必须自己找到自己的路。你们知道吗？今天我在找会议室时甚至没有人给我指路。"他补充道，"忠诚、卓越、具有挑战性、激动人心。忠诚，不惜一切代价攻占山头，与最优秀的人共事。止于至善——表现——成功。"

所有人都全神贯注地听着，他最后说道："那么，把这一切加起来会得到什么呢？GE的代码是什么？"

整个房间陷入了沉默，仿佛我们即将接受摩西本人的第十一条诫命。拉帕耶博士微笑着，享受着众人对他的注视。

"就是——"他说，"海军陆战队员。"他用十足的法国口音说出来这个字眼。

房间变得异常安静。

海军陆战队员？仅此而已？

就个人而言，我感到沮丧。我曾经期待过一些可行的东西，一些我本能地与之联系的东西，一些更为深层的东西。我有时候觉得他采取了省事的方法，我们被骗了。他说的这些我们都知道：庞大、过程驱动、美国人。这些加起来是什么？当然是军队。

"海军陆战队？"我用一种并非令人吃惊的、友好的口吻问他，"还有什么要补充的吗？我们可以使用的东西。"

"好吧，那个……"他说，"这就是你们的代码，就是这些。"

这是我第一次看到拉帕耶博士失去自信。我认为他的客户倾向于迁就行事浮夸的法国人。但我——以及所有的发现团队——一直期待着他带给我们一些深奥费解的东西，一些即刻发挥前后对照作用的东西。

我此时的工作是将结果呈报给杰夫。我们该怎么办呢？"我们是海军陆战队员，我们攻占山头。"在拉帕耶离开后，发现团队同意我们在两周后将结果呈报给杰夫，在此之前都不会公开谈论此事。我们担心人们——尤其是杰夫——会产生误解。因为，这听起来有点愚蠢。

尽管我感到失望，但是事实证明，这次"发现"过程具有重要且持久的影响。我们已成为人类学家，从一个全新的角度审视我们自己。

拉帕耶的礼物本身并不是代码，而是告诉我们"发现"的过程，抵达目的地的过程。

GE最重要的产品：进步

事实证明，这项努力的真正价值在于发现一些新事物，而不是恢复旧事物：创立了GE的托马斯·爱迪生。我们是美国最伟大的发明者。我们是爱迪生的海军陆战队员。

发现有助于我们重新关注我们的根。我们记得，爱迪生不仅仅是在销售灯泡，更是用令人惊叹的发明让想象改善生活，开启一个令人激动的未来。

我带着极大的热忱去理解爱迪生和这种洞见。所有人——客户、员工、投资者——需要再次受到启发。韦尔奇已成为GE的品牌——我使之成为可能。但从长远来看，它对GE没有助益。人们需要重新相信GE，特别是在韦尔奇已经离开的当下。

幸运的是，当我们正从发现之旅中阐明这些洞见时，我得到了一个令人瞩目的工具：2002年冬季奥运会。作为奥运会的广告赞助商，GE必须在广告宣传活动中展示自己。到2002年1月，我们还没能制作出用于盐湖城报道中播出的广告。

时间紧迫，加上我对BBDO的工作颇感沮丧，于是，有一天我给NBC内部广告团队（NBC Agency）的负责人约翰·米勒（John Miller）打电话。我向他表明了自己对BBDO作品的不满。"你们为NBC体育制作了很棒的奥运会广告。你们能为GE制作广告吗？"

"你说对了。我们很乐意。"我话音还没落，他就答应了。约翰在业界非常具有竞争力，而且能够取代一个大型创意机构的机会对他来说是一件美事。

我要求与Skip合作，Skip曾是NBC广告公司的专家级人物。在短短两周的时间内——这对媒体而言是令人难以置信的速度——Skip便制作好了我们的广告。

广告呈现了一个简单的概念——多年来GE广告和视频的短视频剪辑，包括20世纪60年代的著名标语："进步是我们最重要的产品。"在这些历史性镜头之间插入的是我们那些不那么迷人的产品的"迷人"镜头——喷气发动机、核磁共振成像仪、发电机。伴随着德国电子乐团ATC演绎的一支引人入胜的舞曲，一个柔和的女声叙述道："我们遍布全球的30万名员工对技术的创造和设计将带来一个拥有无限可能的未来。因为在GE，我们知道有两件事能让公司变得更好——创意和拥有创意的人。"为了有趣，我们策略性地放置了几张手中拿着灯泡的爱迪生朝镜头移动的图片。

"就是它了。"我说。我很喜欢这则广告，员工们也是。这则广告让他们感到自豪，甚至连《纽约时报》广告专栏作家斯图尔特·艾略特（Stuart Elliot）也赞扬其将GE刻画成了"反安然"的形象，并将其评为"黄金"广告。

通过成功的广告测试，以及我们在发现之旅中获得的见解，我觉得自己有胆量要求BBDO指定一个新的创意团队与我们合作。我觉得我们需要为正在阐释的信息注入更多的情感，表现一些宏大的东西。

我们需要一个愿景，一个战斗口号。

每个公司、组织、个人都有一个故事，传达了他们在世界上的目标。在商业世界里，讲述这个故事是我们做的最重要的事情之一。换句话说，如果你不能讲述它，你就无法营销它。无论是想法、产品还是项目，你都必须明确其重要性，预期结果是什么以及为什么它与现实有关。这与我们卖的东西无关，而是我们卖这个东西的原因。

我们认为，在组织内外传播GE发展最简单、最好的方式是通过一个新的口号，一个表达我们愿望的声明，它可以在GE内部形成激励并与外部共享。我们多年来一直使用"GE带来美好生活"，它是那个时代的最佳标语——最好的之一，但它已经变得陈旧。

研究告诉我们，人们听到"GE带来美好生活"会想到GE"点亮"了生活。他们更多地通过使用GE的消费品来识别这种形象，但无法将家电和灯泡的制造与复杂的喷气发动机或核磁共振成像仪的制造联系起来。他们通过GE的过去认同我们的口号。为了取得成功，我们需要客户和同事们通过我们的现在认同我们。我们现在需要陈述我们当下的目标。

在BBDO的新创意总监迈克尔·帕迪（Michael Patti）的带领下，我们将基于发现之旅中获得的洞见塑造成符合我们期望结果的叙事。没有一个时刻是孤立的，没有人会在淋浴时大喊"我找到了！"。但最终迈克尔和我们的团队设计出了一个目标声明，旨在从实质和形式上吸引定义GE的工程师们。

声明的美妙之处在于，它以一种方程式的形式被告知，用工程师的简洁语言展现在黑板上。它被称为"GE方程"，以引人注目和明智的方式精确地表述着我们的战略。它以这句话结尾："只有你想不到的，没有我们做不到的。"

我爱它，团队也是。

该等式并非严格的数学公式。我们使用"哇"代替安全或速度的表述，以迎合我们的员工和工程师的情感。花时间与工程师或科学家们在一起，你会发现，令一个典型的工程师真正感动的是解决了无法解决的问题，建造了无法建造的事物，并让同事们目瞪口呆，钦佩不已，他们要说："哇，我没想到这实现了。"

当策划出GE方程式后，我们就前往主要的业务部门和培训中心寻求反馈。反馈的过程并不总是顺利的。斯克内克塔迪的一位工程师指出:"在数学上不可能把想象力当被除数,风险当除数。"克利夫兰的一位推销员说:"你真的认为在和客户吃午餐时讨论'汗水的平方'会有助于销售吗?"克罗顿维尔的一位高管在一次会议中甚至直接站了起来并威胁要退出。

然而,希望的萌芽表明我们选择了正确的道路。GE航空部门的首席执行官戴夫·卡尔霍恩(Dave Calhoun)的反馈尤其令我感到振奋,他非常不愿意接受任何软性和模糊的变化。事实上,戴夫当时代表着GE的典型领导者。

"我被它打动了。"(他喜欢它!)戴夫支持大脑"边缘系统"诉求的需要,并且将它变成了自己的前进方式。今天,新一代的航空领导者们在一个"边缘系统"的杰作中定义了他们的目标:"伴您翱翔,平安回家。"

在获得反馈后,我们回到了白板前,将其变成了标语。我们将目标缩减为三个词——"工作中的想象力"(Imagination at Work)。

这三个词有很多用途。首先,它们标志着GE从刚刚过去的金融化、硬汉形象转变为坚持不懈的创新者形象的一次突破,将我们的发明者兼创始人的原型与我们突破未来的潜力联系起来。

其次,它们在过去、现在和未来之间建立起了一座桥梁。要焕发新生,不能只是切断与过去的联系。相反,我们需要重新审视过去,不要将它们视为束缚,而是要利用所有新的可能力量。

最后,它向GE珍视的事物致敬——我们的动力和辛勤工作,爱迪生所说的99%的汗水以及我们现在所说的"汗水的平方"。我们宣告了自己对未来想象和发明的愿望。

我们的新方程和标语说明了我们希望创造一种更具创业精神、更具想象力的文化。但是,我们怎样才能确保这些抽象的想法能够转化为具体的行为变化呢?我向人力资源部门求助,并在这个过程中建构了一种长期的伙伴关系,我提出"可以做什么"的问题使得这个目标陈述更具可操作性。我们怎样才能更好地培训和评估领导者?我们专注于五个核心特征,将其称为GE的增长价值观:以外部市场为导向,通过客户的眼睛衡量绩效;作为一个头脑清晰的思想家,能够筛选复杂的信息，并专注于关键的优先事项和战略行动步骤；富有想象力和勇气，打造一种允许其他人可以承担风险和进行实验的环境；通过包容性采取行动，建立多元化的团队和合作伙伴关系，以及在公司内外展开合作；将深厚的专业知识作为推动变革的资源。

作为年度绩效考核的一部分，公司中的前五千人将按照这些特征中的每一项进行打分。为了明确此举确实是为了公司的增长和发展，而不是之前等级和业绩考核的迭代（在此之后，理论上每年处于末位10%的GE执行者将被淘汰），我们规定每个人都至少有一项被评为红色的值（如同红绿灯，表示"停止，这需要工作"），还有一项被评为绿色的值（表示"坚持下去，这很好"）。这样做所要传达的信息是：发展公司以及发展领导力是一项正在进行的工作，我们每个人都需要发展。

当然，光有标语是不够的。人们经常使用标语作为聪明的陈述，但从不会走得更远。我们需要开发培养它们的方式，而不仅仅是说出来。对我们而言，"工作中的想象力"成为了我们的灵感，而爱迪生试金石则帮助我们重新构建了如何理解我们的公司以及未来可以实现的目标。人们需要这种联系，以给予他们实际发展的希望和信心。我们期待人们采取什么样的合理行动？期待的合理演化量是多少？如何迅速地发展？

这些是我即将面临考验的问题。我最近也收到了关于我的表现的反馈。与许多大公司一样，GE有一个复杂而正式的评估高管的流程。对于我的360°评估，GE的一位人力资源负责人对与我共事的三十个人进行了谈话。反馈结果很好，但也很刺激："贝丝有一种非常独立、我行我素的风格，有时这让她更难以与团队成员和同伴融为一体……她决策过程的速度可能导致人们感到被遗忘或不受重视。他们觉得贝丝敏锐、快速的反应和她的肢体语言可能传达出一种不屑一顾的态度。"

我开始无情地审问自己。这种印象从何而来？我什么时候这样做过？我该如何解决？团队正与我建立密切的联系，不是吗？但我并没有像我需要的那样高效。由于我正在努力将自己推出舒适区，这将是一个新的发现——关于我自己以及我需要如何做，以继续成功前行并成为一个有价值的队友。

第四章
想象力的突破：营销新方式

▎采用市场思维

杰夫设定的增长目标雄心勃勃，要求GE每年单从内部运营中就要创造逾90亿美元的新收入。正如当时的商业媒体所评论的那样，这等同于将亿贝（eBay）、捷蓝（JetBlue）、米高梅（MGM）和星巴克业务的总和相加。世界上没有人更擅长制造传统的职业经理人，但是在通往实现这些量化指标的道路上，没有优化或削减成本的办法。

"听着，贝丝，"杰夫说，"我们拥有很好的技术，但是它需要变得更好，我们有一个庞大的销售队伍，但我们没有一支能为他们指明方向并从新的来源中获得新收入的团队。我们没有营销。"

他顿了顿。

"我想在这家公司里重新恢复营销。"他说，"我希望你能成为我们新的首席营销官。"

这简直是意外之喜，这是一次重要的晋升。我对杰夫报以一个灿烂的笑容，我感到受宠若惊，但我尽量表现得平静并说："我认为这正是我们所需要的，杰夫。而且你希望我能打头阵，对此我深感荣幸。"

那是2003年年初，当杰夫委任我负责这项新的任务时，首席营销官的职位已经空缺了20年。在任期内，我不仅要让营销在GE重整旗鼓，更要助力启动新的收入增长。事实证明，我还必须弄清楚如何使营销成为创新引擎，从而激发企业文化的转型。在创意力量的推动下，我们迫切需要增长，得到所需要的，从而让GE涉足全新的陌生领域，并利用我们的直觉和想象力将我们的发现变成数十亿美元的业务。

《广告时代》（Advertising Age）对此做出了讽刺性的评论，将我称为营销主管中的"稀有品种"，因为我从未有过任何营销经历。但我不能责怪别人对这个观点的质疑，即一个新手营销人员是复兴爱迪生精神的关键所在。当时，GE的营销已经成为现今许多公司仍然采用的范本，特别是那些不直接向消费者进行产品销售的企业：效仿它推出新产品的方式已经得到开发，它包括——如果真的存在——广告、贸易展览、销售抵押和宣传活动。最糟糕的是，被淘汰的销售人员才去做营销。但杰夫看到了以更积极主动的方式借力营销的潜力和需求，这或许和他在进入销售领域之前曾从事过营销工作有关。

我并非这个职务最顺理成章的选择。虽然我在品牌公关和广告方面经验丰富——而且我是从NBC晋升过来的，在NBC时的所有工作都与营销有关——但是我没有接受过任何基础的培训。我没有MBA学位，并非在GE的文化中成长起来，也从未学习过商务课程。在我对如何重塑GE的营销部门，以及该部门将如何激发30万人产生重大行为变化进行思考之前，我必须学习营销。营销人员的职责是什么？我给自己90天的时间来学习一般要用整个职业生涯才能学会的理论。我不知道有什么是自己应该知道的。但我发现作为一个外行将是我最大的优势。

我采取了自己的标志性举动：投身于发现，我希望这个过程成为我们将在GE建立的新市场的基础。

我阅读大学的营销教材，尤其是西北大学现代营销之父菲利普·科特勒（Philip Kotler）所撰写的教材，我开始熟练掌握传统的"四P"营销概念：产品（Product）、促销（Promotion）、地点（Place）和价格（Price）。在质疑假说并改变现状之前，你需要了解最基础的理论。这是底线。

我还联系了猎头公司，向他们询问哪些人是优秀的营销人员以及理由，我加入了像M50这类聚集了首席营销官的委员会。我会研究他们所分享的案例，和他们进行电话沟通并询问更多的细节，利用接触便利的条件向他们提问："你是如何衡量营销成功的标准的？"我发现这是最难的问题，每个人都有不同的指标和对营销不同的定义。

宝洁公司首席营销官吉姆·斯坦格尔（Jim Stengel）毫不吝惜地腾出时间，将组织架构图和宝洁公司著名营销学院的课程对我口传心授，并将自己的建议倾囊相授。如果你能够获得一位世界级的实践者指导这个旅程，你便获得了熟练掌握这一学科的捷径。采取开放的心态，将自己定位为一名学徒，师从一名"大师级工匠"。在这个领域中寻觅精华，从每个人那里汲取关键的智慧，然后找到一种方法使其内化。

有几次，我拉上GE业务部门的首席营销官去见宝洁的营销团队。其中一次，我们研究了墨西哥女性护理产品团队的成功案例，该团队通过向产品中添加洋甘菊香味从而增加了营收。我的那些男同事甚至连看一下产品都觉得尴尬，更不用说去闻它那散发着"花园般清新"的香气了。我们距离研发喷气发动机还有很长的路要走。

虽然这些消费产品案例与GE的工作并非完全相关，但它们为我们提供了共享经验，并让我们有了乐观的理由。这些案例打开了我们的思路。它是基于发现的方法所获得的最重要的礼物之一。

在我接手首席营销官职位大约六个月后，杰夫·伊梅尔特在电话里让我去一趟他的会议室。我以为他要谈论的是一个待审核项目。事实并非如此。他说："我需要你更加自信。"这令我始料未及！他告诉我，他希望我不仅要发出声音，还要提出我自己的意见，并且要保持坚定的信念。我太优柔寡断了。

"我知道你有多优秀，但我听不到你的声音。"

显然，这必须改变！

作为首席营销官，我对自己的期望会更高，因此，如果不能知道一切问题的答案就会更加感到不自在。思维方式的转变可能要花费几年的时间——如果不是一生——才能得以掌握。因此，我创造了一系列个人挑战——小而慎重的步伐——以推动自己迈向自信。每向前迈出一步、每一个小小的胜利都为我的自信增添了一笔小的财富。

- 我确保自己在参加杰夫的会议时发表了非常清晰的论点，我不会在没有补充观点和表明态度的情况下离开。
- 我会明确陈述"这就是我的想法"来代替我常用的"一方面……另一方面……"的措辞。
- 我不再说"这或许是愚蠢的，但是……"或"我不是这方面的专家，但是……"，我非常清楚，正是由于自己缺乏信心，才会经常垂头丧气或对自己的评论反复斟酌。
- 我告诉自己，你可以做到这一点。每次小小的胜利之后我都会祝贺自己并告诉自己：看，你能做到这一点！

在我加快脚步的同时，GE也迎头而上。我们在每个业务部门都设置了首席营销官的职位。这项举措并不受欢迎，因为很少有业务领导者认为他们需要营销人员，更不用说具有行政权力的营销人员。他们的反驳是："这是针对消费产品的。我们是一家B2B（公司对公司业务）公司。"

随后，由于缺乏技能和人才，我们创建了一个培训计划，每年雇用超过100名获得营销MBA学位的毕业生，并将他们安置在遍布世界各地的企业和地区的战略营销和销售岗位上。他们的MBA工具包是介绍营销用途的好方法。但是，当我回顾过去时，我认为我们应该依靠未来营销人员的灵活性和"解决问题的能力"，而不是他们花哨的工具包来进行更为大力的推动。

从我担任首席营销官的那一刻开始，这就是我的口号：从一开始就将营销纳入业务流程的一部分，而不仅仅是业务末端才做的推介活动。虽然杰夫准备在研发和新技术——喷气发动机、核磁共振成像仪和机车上投入创纪录的资金，但我们开始明白，不能满足需求的技术不会实现好的销售业绩。它会变得十分昂贵，因为我们为它设计了过多我们认为是必要的功能，而对客户是否真正在意这些功能缺乏了解。的确如此，你最后一次使用智能手机或微波炉上的所有功能是什么时候？

不幸的是，我们所有人都对已发生的事情习以为常，而没有考虑客户的需求。GE医疗集团的工程师拒绝设计一个带有更宽孔径的核磁共振成像仪或CT扫描仪——围绕这个圆环孔，旋转着惊人的高达1.5特斯拉的磁体。当时市场的趋势很明显：人们的块头越来越大，腰身越来越宽。有些人发觉拍摄核磁共振图像的体验非常不舒服。更糟糕的是，他们根本躺不进去。但是GE的工程师们拒绝接受这一点：他们认为将圆环孔做得更大会降低磁体的磁力，从而无法产生完美的图像。他们的想法是，如果不能提高图像质量，为什么要改变呢？因此，他们拒绝接受市场洞察力，而是专注于完善一台仅对工程师，也许是对个别放射线学者而言完美的扫描仪器。最终，他们失去了市场份额，因为竞争对手推出了更宽孔径的核磁共振成像仪，满足了放射科医生、医学影像中心和患者的巨大需求。

我们的新营销团队的工作是通过用户的眼睛来寻找市场中的差距，观察未发生的并想象可能会发生的，创造以前不存在的东西，满足未被满足的需求，有时甚至是满足未表达出的需求。

正如我开始明白的那样，市场营销就是要认真对待这个名字——在市场中生活并将外部引入。这意味着让公司变得更加开放。你必须离开办公室，扔下电子表格，走进市场。这一切都始于一种思维方式，我将其称为以发现为助力的"市场思维"。

成功地采用市场思维的秘诀在于从其他人的角度看问题，采取行动和感受事物。诱发游荡意识的一种简单方法是我称之为"精神放牧"的练习。这是"发现"的寻找阶段，我们可以用愉悦的方式试图偏离我们的舒适区，去接触人际网络之外的新体验、新工具和新人。我们要求人们更有创意、更具创新性、产生新想法……但我们经常忘记新的产出需要新的投入。这就像要求奶牛产奶但不让它先吃草一样。

我开始用我感兴趣的每一个概念来抨击我的团队，有时甚至会让他们产生挫败感［我的一位同事后来形容我是动画电影《向上》（*Up*）中不断分散注意力的狗，它会冲着一个闪亮的物体不停吠叫，直到出现下一个快速获得它注意力的物体］。当然，这样做可能很招人烦，但你永远不知道哪种互动会促进创新。为了获得未来的优势并汲取新的东西，你必须愿意"变得古怪"。正是"古怪"

这个在大多数工作场所令人唯恐避之不及的一个词引领我去往韩国地下舞蹈比赛中寻找消费趋势；与以色列军方成员一起侦察一架F-15战斗机，以了解它们如何影响该国的初创企业文化；以及作为少数年龄超过30岁的人士之一，登上一艘满载1000名30岁以下初创企业的创始人的游轮。我经常与艺术家、诗人、边缘科学家、设计师、神学家、音乐家，以及其他一些看似与我的业务毫无关联的人会面，但他们确实对我们和他人如何看待自己提供了新的观点。

随着时间的推移，我开始意识到我的角色——以及营销的角色——首先是变革的倡导者。推动营销要从理论转向应用。

想象力的突破

"领导层需要明白产生新收入的新点子现在应该成为他们工作的一部分。这是如何做到这一点的想法。"杰夫在一个早晨这样说，并递给我一篇商业杂志的文章，里面报道了一家工业公司试图创建企业孵化器以将创意发展成新业务的尝试。"你看看能不能用这个想法做些什么。它应该由营销部门带头。"他的语气好像正在南方合作社（Southern States）供应商店订购番茄幼苗。

这将成为我们多年来培养起来的即兴重复动作：杰夫给我他的"一个想法的种子，这也许是一个坏主意"，然后快速地用"你看看能不能用这个想法做些什么"把我赶出办公室，然后我的头脑里有一百万个问题嗡嗡作响，但奇怪的是，我渴望开启自己的发现之旅。

我招募了一些新的获得营销MBA学位的毕业生，我们对孵化模型进行了研究〔该文章中报道的公司——丹纳赫公司（Danaher Corporation）——是我们的蓝图〕，然后制订了一个粗略的计划，通过重新设想现有产品或开发新产品来增加新的收入。我听取了业务部门首席营销官们的意见，他们既兴奋又紧张："我们怎么做到这一点？有预算吗？"

我们将孵化创举称为"想象力的突破"，并将产生更多可用产品或服务理念的粗略体系概述呈报给杰夫。当我向杰夫阐释这个项目时，他向前探出身子，急不可耐地抓走我手上的文件。（这将成为我们的例行公事。）杰夫会把一切草草记下。当他介入的时候，任何事都还没有全部完成，我称他为"迭代器"。对那些在GE擅长"清单效率"的人来说，这可能是令人沮丧的。他们希望被告知要做什么，然后向目标进发，他们会设想如果他们执行了一项任务，这项任务就是已经完成了——而不是那些会被修改完善好多次的东西。当你播种新事物时，所做的一切就是迭代和细化。有时会令人抓狂，但是很有必要。我学会了对与我合作的团队说："我们将会对此进行多次迭代。做好准备，不要期待会出现完美。"我们经常会浪费太多时间等待所有的意见和数据，准备最漂亮的演示文稿，但我们真正需要做的就是打破这个想法并摆弄它。正如我在以后的工作中明白的那样，向客户提供一些不完美的东西实际上是一种更有效的工作方式。

位于这个过程另一端的是我们的职责：每个GE业务分支都必须提出两到三个关于新业务线、产品应用、地理区域或客户群的想法。他们必须在五年内创造至少1亿美元的新收入。每个团队都有六周的时间准备他们的想法。预备——各就各位——跑。

几周后，在GE召集业务领导开季度会议的时候，我阐释了这个概念，杰夫告诉他们，他对于"想象力的突破"或者人们所熟知的IB[①]想法是认真的。"我希望市场营销能够领导这个项目，明白了吗？"他补充道。房间里鸦雀无声。之后，各种抱怨向我袭来——"营销？……我们不确定是否有时间或资源做这个……毫无意义。"

当第一批IB想法返回时（准时——GE的执行能力从来毋庸置疑），很明显它们既缺乏想象力也没有突破性。人们把闲置数月，甚至是几年的旧计划重新搬了出来——"旧产品"加上"附加特征"。但这是一个开始。因此，我们选择了一些有潜力的想法，杰夫向分公司的首席执行官及其首席营销官们发送了一份说明："这是我喜欢的IB想法列表。再进行另外一种尝试，将更新后的清单返给贝丝。顺

---

① IB：International Baccalaureate，为全球学生开设从幼儿园到大学预科的课程，为3-19岁的学生提供智力、情感、个人发展、社会技能等方面的教育，使其获得学习、工作以及生存于世的各项能力。

便说一句，我希望你们能为这些突破买单，所以告诉我，你将如何做到这一点。"

"我们要为这些买单？"这种疑问代表着普遍的抗议。现在营销引起了他们的关注。显然，许多人选择了看似有趣的想法，但这些想法或许可有可无，因为他们认为"杰夫叔叔"会买单。在这次练习中，我学到了关于业务创新的重要教训：人们必须为此投入。他们必须具备"利益共享，风险共担"的意识。有意思的是，当他们这样做时，更好的想法会被挑选出来。

我们从大约35个想法中着手——对我们这样规模的公司来说，这个数字微不足道，这些想法涵盖了从可以让消费者在其他地方使用商店信用卡的消费金融领域的双功能金融卡，到GE运输系统集团的混合动力机车。其中一个最简便、最快捷的想法来自GE能源公司：计划在两年内通过细分中东现有市场，寻找需要发电设备的新客户，并为现有客户提供更多产品来实现2亿美元的收益。我用这个想法作为号角，以表明优秀的营销可以做什么，即使它不是格外的"突破"。这种方式可以获得快速的财务回报，显示营销的影响力，并有希望得到"许可"以寻求更长远的想法。这种方式可以赢得早期的胜利。

当然，一些早期的想法可能毫无新意，这当然是无法避免的。家电组提出了一个不必要的且复杂的"双量程电表"的建议，但是如果不拆除墙壁是无法安装在现代厨房中的；塑料公司提出的点子是，制作一个可以"自我粉碎"的DVD，当这种DVD暴露在空气中几天后会自行化为粉末，当听到这个想法时，环球影业公司的首席执行官实际上吐了口口水。它使顾客感到恐慌——它似乎有害健康，而在我们推出这个产品之前，由于奈飞（Netflix）的出现，就已经使产品被淘汰了。

但完美不是重点。"想象力的突破"的流程旨在撼动松散的产生收入的商业创意，同时它也是一种在全公司传播我的"引入外部"，是以顾客为中心的营销理念的载体。它间接地教会公司如何去发现——强迫执行团队在创意寻宝游戏的基础上搜寻他们的业务和市场。

该计划执行一年后，我们确定并审核通过了80个IB想法。在市场营销的带动下，企业开始进入新的市场，创造更多带来新收入的想法并寻找新的待解决的需求，例如无法获得传统银行服务的"无银行账户"的顾客。杰夫每个月会花费数小时与我和团队一起审核这些项目，让业务首席执行官和首席营销官们分别负责投资和推动领导者建立一种新的、面向市场寻找需求的思维方式。

杰夫和我平均每个月都会审核8个"想象力突破"的想法，8个项目经理坐在大型会议桌旁。每一个想法的背后都会有一张照片或一个实物模型，以此来展示这个人的项目内容——比如一辆新的机车发动机，或者一座海水淡化厂。使用幻灯片是违规的，但这并没有持续多久。现在，我仍然试图消灭幻灯片——终极商业安全毯。人们会因自己精心打磨的演示文档以及里面配有包含"增长曲线"——总是显示三到五年后的指数增长的商业计划而感到内心安全。但在现实中这几乎是不可能实现的。杰夫会从他面前的每一位经理那里拿走一页简介，然后在房间里边踱步边问："最大的技术障碍是什么？什么是最大的外部障碍？你能准时完成吗？你能在这个项目上投入多少资源？"他希望能够进行更深入的讨论，但他也回到了幻灯片的致命传统中。

杰夫每月会花一天的时间去挖掘有机收入增长和营销流程，这向组织传达了一个明确的信息，即发现、创意生成和营销的新重要性。尽管如此，一开始还是存在巨大的阻力，因为一些想法不可避免会失败，而且在大多数情况下，管理者们都不希望自己的名字与失败的项目联系起来。

这就是为什么我们要找到保护新想法及想法提出者的方法，它是如此至关重要。在杰夫的全力支持下，IB成为我所称的"受保护的想法集合"，它们是获得充分资助的商业投注，其预算不会因为一个季度紧张就被削减，要给予它们冒险并成长为有价值事物的空间。我们必须让人们相信，如果一个想法失败是没有关系的，不会因此影响晋升考核和收入。我向他们明确地保证了这一点，但人们必须得从内心上相信。他们的老板和分支机构首席财务官们经常是另一套说辞。他们或许面临很大的压力。

我告诉杰夫、业务领导们以及任何愿意倾听的人，他们需要告诉员工自己会支持他们做出尝试的努力。如果他们失败了，不要责罚。如果不能保证这一点，人们就会缺乏安全感，无法允许自己去完成梦想。我们必须保护人们免受不容忍失败者的根深蒂固的企业文化的影响。

我们鼓励GE最优秀的人才推动这项工作，并在接下来的三年内投入50亿美元以对IB想法提供充分的资助。我向GE的投资者们介绍了我们的进展，他们似乎对渺小的早期想法以及得到回报所需的时间感到不知所措。他们习惯于大规模、即时满足的收购。此外，他们只是无法理解为什么这种努力会由营销主导。传统主义者将营销视作广告部门，而不是增长和变革背后的关键驱动因素。

随着时间的推移，IB想法预计将带来250亿美元的额外收入增长，截至2005年，有25个IB想法正在产生回报。一个由脐带血构建的、新的生命科学平台在10年后成长为一个蓬勃发展的细胞疗法业务平台；一个空中出租车的概念在十几年后助推了由小型发动机驱动的本田喷气机的问世；针对居住在父母地下室的千禧一代打造的一条新的电器生产线——Café品牌。

我最喜欢的一个想法是在混乱的手术室中提供麻醉的简化方法。健康营销团队发现了一个严重的问题：警报导致的疲劳，即在嘈杂的环境中，包括影响医生和护士注意力的哔哔作响的监视器和杂乱的医疗设备会导致危及生命的医疗事故。这是由驱动过程的技术，而非驱动技术的过程产生的系统故障。

当我们进行深入研究以解决这个问题时，团队了解到，我们的客户——麻醉师——无法告诉你，他们在紧急时刻中究竟做了什么。当团队考虑这一点时，他们问道：“还有哪些人同样会处于这种生死攸关的境地，同时要操控各种输入和监控设备？"他们的观察有着惊人的益处：飞机的驾驶舱与手术室非常相似。因此，他们邀请飞行员观察手术过程并帮助GE确定问题。事实证明这很容易，因为几十年前，航空业就面临着几乎完全相同的问题。20世纪80年代的航空业与21世纪初的手术室所处境地是一样的，需要协调复杂的系统和相互矛盾的要求。正如驾驶舱设计师们最终将仪表和警报器进行了加固并按重要性排序，从而演变为今天飞机上安装的三个屏幕一样，飞行员们帮助我们的医疗团队设计出了非常成功的2007 GE Aisys麻醉机，它有三个独立的屏幕，分别用于生理监测、麻醉机管理和麻醉信息。

我们学到了一个重要的经验。正如一位设计师向我描述的那样，我们不得不"走出罐子"。换句话说，我们需要一种"引入外部"的方法来产生洞察力以改进产品或流程。你无法从罐子里面看到这个罐子的标签，你需要一个不同的视角。

杰夫称赞IB想法的惊人之处在于，他在迫使GE根深蒂固的领导者采取认真态度方面花了很大的力气。"没有人可以不参与。没有人能够说'我要袖手旁观，等着它结束'。"杰夫说。

当我们借助"想象力的突破"迈进的同时，我说服杰夫将一定比例的执行绩效和薪酬与增长收入和市场份额的能力相挂钩，特别是从新能源获得新收入的能力。我们添加了如"净推荐值"等客户反馈指标，同时对其他人进行了试验。现在，业务领导们必须凭借更加难以衡量的技能提升自己的竞争力：发现、战略和客户心理。

我所有的这些工作都需要我成为"新生事物"的主要带动者和塑造者。我们的团队跟踪了IB想法，以找到团队失败和胜利的模式。这是一次在营销和创新方面极大的锻炼，我们在这个过程中押下小赌注，而且往往是失败的，然后重新开始。

下一步是围绕这个想法创建一个正式的流程和代码。2006年，人力资源聘请了达特茅斯学院塔克商学院（杰夫的母校）的战略与创新教授韦杰·戈文达拉扬（Vijay Govindarajan）担任GE克罗顿维尔教育中心的首位驻校教授。VG将成为我的营销生命线，为我领导的项目赋予新的权威声音。VG向我们介绍了一款简单的工具，它具有经典的"商学院"风格。事实证明这个工具非常关键，我建议所有有抱负的创新者都要学会使用它。VG教我们将增长投资看作三个框架的组合：核心的、相邻的和新生的。"三框架法"——或者我所称的3D预算编制——都与战略规划相关，这是一种在继续保护既定业务线的同时，在边缘、未知和非舒适领域进行创新的方法。

框架1	框架2	框架3
核心的	相邻的	新生的
现在	下一步	未来
赢得现在或近期（18个月）	近期（3~5年以上）	长期（5~10年以上）
增量创新仍然很重要！	进军新市场的现有技术/产品或为现有客户推出的新产品	创造未来：做市，破坏性的供应
资源分配高达70%	分配的资源占15%~20%	分配的资源占10%以上
利润指标	市场份额指标	可行性指标

STAR 系统

在你向别人展示一个想法的回报之前，是需要时间来对它进行培育的。我开始相信，提出想法，并在它们做好准备之前捍卫想法，这是我作为变革者义务的一部分。这是一个记忆框架，我称之为"STAR"，我发现它有助于让想法保持鲜活并闪烁着可能性的光芒。

庇护它（Shelter it）：一个想法的萌发仿佛一棵幼苗，有时甚至是你还无法准确表达的东西。也许它是在你散步时或在火车上迸发出的灵感，或者建立在工作中别人所说内容的基础上。培育它，给予它空气；忽略它，看它是否会再次出现并点拨你。

讲述它（Tell it）：我们倾向于保守新想法的秘密，担心这个想法会被别人窃取或让自己看起来很傻。具有讽刺意味的是，你越是更多地谈论你的想法，它就会越发清晰。向人们寻求帮助，使这个想法变得更加清晰。

问自己（Ask yourself）：我对这个想法有多少信心？用时间来考验你的激情和承诺。我是否对这个想法有足够强烈的感觉，以至我愿意花时间去改进它并测试它的可行性？当我展示它时，我能够应对他人可能对此做出的批评吗？我是否对它有如此强烈的感觉，以至我希望它在无论是否有我参与的情况下都能够实现？

循环往复（Repeat）：要有抗压能力，不要放弃。和更多的人分享这个想法，找到更多的方式来实现它。有时候时间可能是错的，公司可能是错的，老板可能是错的。坚持到底。

3D预算编制

为创新进行预算编制可以使组织变得更加灵活，并为企业增长做好准备。"三框架法"对我而言经受住了时间考验，我仍然会重复使用它，我发现它是一个有助于我考虑与团队如何进行预算编制的框架——始终确保我们有10%的预算和时间来探索新事物。

当我在说"资源"这个词时，我指的并不仅仅是项目资金或资本的支出，还包括人力资源。我用了一段时间才明白，人们需要不同的技术和能力来进行核心与新生领域的创新，并且衡量需要据此做出的相应调整——一个甚至还没有可行客户的想法是很难衡量的！但遗憾的是，善意的公司会这样做。

时间也是一种被忽视的资源。我确保在任何既定的工作周中至少留出10%的时间来探索新事物。例如，我会用周五下午进行"发现"活动，无论是与新领域的专家会面还是阅读新的主题。我每个月会创建一次"周五实地旅行"，让我的营销团队去参观一家新兴公司甚至展览或艺术装置。

在我的私人生活中，我在发现中花费的时间占比要高得多。我将搜寻新产品、场地、展览和经验作为一种生活方式。我挑战自己在这方面做出的一个改变是依据"我喜欢做的事情""我必须做的事情"以及"我讨厌做的事情"这三个部分。它将3D预算颠倒了过来，我试图拥有更多我喜欢的事物（方框1）——比如阅读和探索，同时找到创造性的方式将我讨厌的东西外包出去（方框3）——比如洗衣服！

但即使在我们获得牵引力的同时，公司内外的"鲨鱼"也开始环伺。一方面，人们严重怀疑像GE这样一家大而缓慢的公司可以使自己变得敏捷、迅速和具有创意。我们需要一个清晰明确的、不折不扣的成功，它可以通过一个在GE中永远是最为重要的传统指标来验证：数十亿美元市场的巨额利润。

第五章

绿色创想

"你会让我们看起来像个白痴！"约翰从后排喊道。

此时的我正站在GE克罗顿维尔高管教育校区的莱西姆会议室前，这里正召开我们的季度企业执行委员会会议（CEC），该会议聚集了来自GE的45位顶级业务和职能领导者。我记得自己当时在想，即使对一家以其直截了当的反馈而自豪的公司而言，一个分支机构负责人针对首席营销官说出这些话也未免过于伤人了。

我正借助刚刚完成的商业广告展示了一个覆盖全公司范围的全新方案，广告中有一头正在跳舞的名叫艾莉的大象。但不仅仅是那只旋转的大象让我们的高管对他们的形象感到担忧（虽然大象是一个问题）。更确切地说，是该方案的本质：将我们自己从一个环境哥斯拉——在我们的批评者眼中，我们是笨拙的资本主义野兽，所经之处身后留下一片废墟——重新塑造成为一个拥抱自然的珍妮·古道尔[①]式的企业。我当天并没有这样直白地陈述，但是当我的讲话渐渐展开时，我看到了台下高管们因困惑不解而感到愤懑的表情，显然他们听出了我话里的弦外之音。创新不仅是生成、分析、选择和宣传想法，它还要让整个"客户"

[①] 珍妮·古道尔（Jane Goodall），是世界上拥有极高声誉的动物学家，致力于野生动物的研究、教育和保护。——译者注

社群——就我眼前的这种情况而言，就是公司的高管和员工们——采取新的行动和实践。这是一个漫长的过程。而且，令人痛苦的是，"想象力的突破"计划只是一个开始。真正让全公司接纳并采用，需要数年的时间。但是，付出的努力越多，胆量越大，我们就能前进得越快。

九个月前，杰夫带着他的"四分之一想法"的观察来找我。他告诉我，在客户会议、业务回顾、销售晚宴后的衣架旁，以及行业会议的电梯中，客户——特别是能源和铁路部门的客户——都会主动找他交谈，共同对一件事情表露出不同形式的、含混的恐惧：他们想要为环境做正确的事，首先因为这是正确的做法，但同样也是由于面临欧盟和美国提高监管标准的压力。他们担心，在转向昂贵技术的同时可能会面临财务危机。

他们需要帮助。

"我们应该对我们的技术和环境做些什么呢？"杰夫问道，"去看一下。"

当然，并非所有能源和铁路部门的高管都对杰夫说同样的话。事实远非如此。正是他们的话语结合在一起制造了一种模式，别人识别到了这种模式，从而看出了某种端倪。在高管们的焦虑和恐惧中，杰夫意识到了一种对环境感到紧张的模式，这种模式在任何电子表格中是看不到的——微弱的信号或重复的异常现象，它们在日常业务图景的噪声中表示为"嗯，这很有意思"。

我的朋友，马萨诸塞理工学院媒体实验室主任伊藤穰一（Joi Ito）用蘑菇狩猎作为比喻来解释模式识别——他也将此称为"周边视觉"（peripheral vision）——的作用原理。它需要在没有吸收的情况下沉浸——对整个环境的觉察，同时抵制任何一种让你专注于某种事物的吸引力。当你去寻找蘑菇时，如果你过于专注，你就找不到任何蘑菇。因为当你开启任务导向思维后，你会过滤掉微弱的信号和森林灌木丛美味真菌的视觉暗示，它们几乎但不全都是隐藏在角落和缝隙中；然而，当你不再聚精会神后，你的模式识别会突然开启，这时你会看到到处都是蘑菇。

未来学家费斯·帕帕考恩（Faith Popcorn）将她的方法称为"用抄网打捞文

化"（Brailling the Culture），我喜欢这个说法，因为它让你想到以不同的方式使用你的感官来识别你还没有看到的模式。当杰夫让我查看他收到的信号时，我的工作就是一台感官制作机器——检查发现到的早期信号，更深入地收集更多信息，并观察这种模式是否显露出更多的迹象。如果确实如此，GE可以用这些信息做些什么呢？

为了建立我们对一项环境倡议（或反对）的方案，我召集了一个小型工作组来调查环境监管对企业的影响，并就我们能做什么给出建议。我的第一个问题是："除了这几个行业，还有更多公司采纳这种做法吗？是否有更多的关联点？当你将它们进行关联时，它们创造了什么样的图景和机会？"

在那时，我们已经获得了三个趋势。英国石油公司（British Petroleum）已抛弃其原有名并更名为BP（或"超越石油公司"），丰田也传达了关于维护一个更清洁环境的信息，而且，现在我们自己的客户也表达了普遍的不安。

我们在2004年花了整整一年的时间，来弄清楚如何将技术与环境和经济成果联系起来，从零售到铁路，并且令人信服地完成了。GE电力公司的首席营销官大卫·斯朗普（David Slump）与我组建了一支阴阳团队。"你们从船上跳下去潜到水底，我们会从救生员的塔楼上对水池进行调查。"我告诉他。大卫的电力公司团队对细节展开深入研究——他们深谙我们产品的技术现实、客户需求以及我们在能源生成领域的竞争对手正在做什么——并且就欧洲人如何使用可再生能源（如风力涡轮机）等问题整合了一份详细的报告。我的营销团队走入更为广阔的天地，调查即将显现的趋势，比较与发电领域无关的问题，比如，如何将丰田普锐斯汽车的成功应用于发电领域的产品。

我们的营销团队还着手研究环境的宏观趋势：对于这些作为，消费者是怎么说的？其他行业是否在绿色技术方面处于领先地位？GE的行业正在做出哪些努力？关于碳排放和环境的科学是什么？全球变暖是真的吗？我们的科学家对此有何看法？我们可以实实在在地做些什么呢？

GE水处理事业部的一位同事告诉我："这些很好，但是你没有足够的专业知识来了解我的行业或我的客户需要什么。"话说得没错！横向看世界意味着要考虑我们直接专业知识以外的想法。但也正因为如此，我们可以看到深层领域专家们无法预见的机会。永远不要低估以不同视角和不同视野看待事物所带来的价值。你需要同时拥有：孕育于深厚专业知识的想法，然后是某人提出的质疑——这个想法还适用于哪个领域？

当我们完成第一波研究时，很明显，我们发现了一个主题，这个主题出现在我们不同的业务中——能源、铁路、水处理、飞机发动机，超过了单独的任何一项业务。机会是真实的，但对减排、能源效率、用水量，以及我通常所说的稀缺经济学的广泛关注却含糊不清。GE可以做些什么还是不清楚。

我担心纯粹的信息传递运动会与BP在品牌重塑方面所做的雷同。此外，我害怕如果我们参与其中，人们会指责我们是在"漂绿"自己的所作所为。毕竟，我们有一个令人头疼的环境遗留问题。我们在哈德逊河多氯联苯问题上的立场引发了愤怒，并促使绿色和平组织以及"巴比肯尼迪的河神"（Bobby Kennedy's Riverkeeper）等非政府组织成功举行了筹款活动。我也知道在调整我们对环境问题上的立场方面存在很多利害关系——此举有可能使我们的内部支持者感到困惑并可能会激怒他们，也可能会使我们成为环保主义者更大的目标。

"你为什么要插手这件事？"一位销售负责人问大卫，"你会惹恼我们的客户！"

为了避免内斗的发生，我创建了一个名为"发现2015"（Discovery 2015）的东西，这是我们与三十大公用事业客户共同参与关于未来的"畅想大会"。行业中一些顶尖人物——像杜克能源公司（Duke Energy）的吉姆·罗杰斯（Jim Rogers）和加州理工学院的大卫·拉特利奇（David Rutledge）等科学家齐聚克罗顿维尔，听取哥伦比亚大学的杰夫·萨克斯（Jeff Sachs）发表的关于全球变暖的演讲。除了30位客户外，我们还要求GE顶级管理层、销售和研发领导参加这个会议。我们对技术高谈阔论、畅谈梦想，尤其是诸如风能等可再生能源的时机。大多数公用事业都受当地监管机构的约束，这些监管机构必定赞成价格上涨，因此成本问题变得至关重要。杰夫还提出了在温室气体公共政策方面采取行动的想法，整场讨论气氛热烈，我们同时也放飞了梦想。

这次环境"畅想大会"对GE而言代表着一个关键的转折点，因为它有助于表明我们可以在改善管理的实践之外走得更远，并对业务创新孜孜以求。以这种方式向组织表明，一个人如果冒风险是安全的，那你甚至可以让客户时不时感到不舒适，这是没有问题的。

在最基本的层面上，变革是一种对话。组织所拥有的对话越活跃、越多样、越生动，甚至有时会令人不安，你就越有可能找到一个善于学习、创造、创新和变革的具有适应力的组织。

从这个意义上说，我们的"畅想大会"表明，管理层会因为过度依赖科学方法，要求创新者在一个想法被"真正理解"之前对其进行"论证"，从而对创新造成阻碍。想要实现创新，你必须学会坦然面对一定程度的"可能"。

为此，我们在"畅想大会"上让我们的能源客户看见了2015年未来的一角。我们选择了一个时间框架——我们非常谨慎地选择了10年这个期限——这个时间点因为距离足够近所以具有可行性，但也足够遥远，因此可以让首席执行官们"尽情畅想"，且不会因为和他人分享自己的洞见而受到竞争的威胁。"您希望GE投资哪些技术？"我们问道，"如果您有10亿美元的GE资金用于投资，您会把它投在哪个领域？"我们提供了希望投资的新技术的选项，例如清洁煤、风能、太阳能和地热能。

我们在房间四周张贴了笔记，以便让讨论变得更加便利。每当讨论升温并需要向前推进时，杰夫就会以他惯常的方式出来解围。一些公用事业的首席执行官只是不相信GE能够兑现承诺的好处，比如减排；其他人则担心成本。"如果我们比持续存在的法规走得更远，会发生什么？谁会为此买单呢？"一位首席执行官说。正是得到了这种反馈，我们需要将更多的资金和资源明智地投入到太阳能或"清洁煤"等解决方案中。

虽然GE的高管们认真听取了意见，但最终我们还是会按照自己的选择进行投资。"我喜欢这些客户。我从他们那里获得了很重要的洞察，但我永远不会让他们为我们制订战略。"杰夫说。但是，通过与更多客户交谈，我们看到模式浮出了水面，我们看到了它们相似的方面，以及我们如何开发产品以达到相应的标准。

对于客户的生活和需求进行深入调查具有至关重要的意义，因为GE的致命弱点在于，它通常把产品设计放在第一位，然后再去搞清楚如何说服客户购买自己的产品。新计划则是要问："让我们先弄清楚，他们想为哪些需求掏腰包。"

在我们开发生态业务方案的过程中，我和我的团队同时与非政府组织、政府领导人和学者交谈——我们多年来一直与之对抗的这些人。我们询问他们的观点，即认为GE可以做些什么才能带来改变。这是他们中的一些人第一次听到我们提出问题，而不是直接进入主题，并告诉他们我们的观点是多么正确。

他们的第一反应是怀疑。皮尤全球气候变化基金会（Pew Foundation on Global Climate Change）负责人艾琳·克劳森（Eileen Claussen）说："对于和你们的这次对话，我已经等了很长时间。而且我从未想到这一天会真的到来。"

"这种改变如何被感知？"我问她，"我们如何让它变得具有可信性？你期望GE做什么，艾琳？"我们的努力收效甚微，无法打破她的怀疑。我发现她对我们缺乏信任，这是可以理解的，但她的这种态度令我恼火。终于，在她位于华盛顿的办公室召开的一次会议上，我脱口而出："我们到底要怎样做才能让你和你的同事接受我们所说的是事实？"

艾琳阅历甚广，她曾先后在美国环保署、国防部、博思艾伦咨询公司就职，而且素来以坦率闻名。"让我们考虑另一种方式，从另一个行业的角度：《武器控制条约》是建立在信任的基础上的，对吗？它们必须是，但我保证，每个国家都会受到一个军备控制观察员小组的验证。虽然信任，但也要进行验证。"（艾琳后来成为我们"绿色创想"咨询委员会中的常任委员。）

我点了头，"验证。"我说。

"是的。"

在这种情况下，很明显，无论我们做了什么，要说服持怀疑态度的客户和第三方观察员都需要由值得信赖的一名外部人士、一个裁判来衡量，并且他的评判不会受到质疑。这对我们的成功绝对至关重要。我们需要一个外部力量说："GE已经减少了Y的温室气体，并在过去的12个月里为客户节省了X美元。"如果让人们相信这些话，我们需要一张记分卡。

我与环保人士、政府领导人和其他具有前瞻性思维的工业公司进行了沟通，其间反复出现了一个名字：绿色秩序（Green Order）。我们委托纽约战略公司评估我们创新的环境绩效，并根据详细的经济和环境记分卡对其进行评级。要想获得资质，成为这个新计划的一部分，我们必须推出一项产品，显示它可以同时为地球和GE的营收带来可观且显而易见的好处。

由于绿色秩序公司备受行业尊重，且拥有广泛的社会关系，他们还帮助我们将那些对我们感到担忧的非政府组织和环保人士进行整理分类。在绿色秩序公司的陪同下，我们花了几个月时间与20多个小组讨论，听取他们的隐忧并试验我们的想法。我们成立了一个由非政府组织、客户和风险投资家组成的咨询委员会，其职责是验证我们的行动，并就研发投资向我们提供建议。

我们开始相信这一新举措可能会改变GE。因此我们开始使用绿色秩序公司安德鲁·夏皮罗（Andrew Shapiro）帮我们设计的记分卡，并用它审核我们的产品。我们惊喜地发现，正在筹划中的50亿美元的产品销售已经与我们的标准相符合——这些产品包括超过美国环保署标准的混合动力柴油电力机车和节能海水淡化计划。我们已经在不知不觉中成为了绿色经济领导者。

但杰夫非常清楚：这不仅仅是一个让自我感觉良好的项目，我们必须取得积极的经济成果才能实现这个项目的成功。杰夫不停地说："不仅仅是生态，还要保证经济效益。"

我们围坐在杰夫的大型会议桌旁讨论我们的行动。我的观点看起来像是"漂绿"的极端主义者，而GE首席法律顾问本·海涅曼（Ben Heineman）则处于另一个极端。杰夫、GE首席通讯官加里·谢菲尔（Gary Sheffer）和司法部环境执法部门前负责人史蒂夫·拉姆齐（Steve Ramsey）的态度在两者之间。

"你不明白这里的法律先例，贝丝。"本说，"史蒂夫和我在这件事里浸淫多年了。我们有充分的理由说明自己对抗的是糟糕的科学，你不能把这一点抛开。GE看起来会很荒谬。"史蒂夫选择了"坚持"的方式，选择了对我这个显然已被所有科学击溃的营销负责人进行说教。加里用不同的形式反复表明："我们突然改变了主意，非政府组织会怎样想？"

"世界正朝着这个方向发展，我们有机会成为行业领导者。"我回答道。

"为什么我们要做一个关于成为绿色企业的声明？"史蒂夫说，"我们开创了许多不环保的技术。不幸的是，大多数制造业都不是环保的！"

"但事实证明，我们的很多所作所为以及我们创造的许多技术都已经是绿色的了。"我反驳道，"我们有一些具体的、真实的东西可以作为构建的依据！为什么我们不用它来增加销量和提升影响力呢？"

"我们不能将我们的客户置于风险之中，引入绿色和平组织这样的非政府组织和让更多的监管介入，这会让他们成为更大的靶子。"本说。

"我们的客户现在已经被盯上了，"我说，"他们知道如果毫无作为，那只会变得更糟。他们显然在寻求我们的帮助。"

杰夫听了许久。"像欧盟那样严格的标准可能对GE有利。我们已经证明我们拥有可以满足并超过排放标准的技术，我们做得到。我们的客户需要我们这样做。但无论他们，还是我们都不能因此而破产。营销团队在这里提出的建议可以兼顾客户和我们的利益。就这样做。"

换句话说，绿色必须是为环境和客户做正确的事。这是我们的承诺。它必须既是有益于生态的，也是符合经济利益的。

随后，本脱口而出："绿色等于'通过'。"

这是我们理念的完美体现。我们的目标是利用GE所有业务部门的集体力量来提供新产品，以解决重大的生态挑战——减少排放、提高燃油效率——同时改善客户的盈亏。从铁路到航空，再到发电领域的客户们纷纷表示，他们希望采取正确的行动，使用更有利于环境且符合更严格标准的技术——但这同时也不会使他们的预算崩溃。

团队加入了，或许不是所有人，但我们正在前进。我们现在需要的只是一个名字、一个故事和一个发布计划。这个过程——担子——落到了我的肩上。我们无法只靠一些无聊的素材推出这些，如"GE 生态文件夹"。BBDO正在推动GE Plus，带有一个绿色的加号。但我想要更多令人眼前一亮的东西。

我们最终为这个项目确定的名称是"绿色创想"（Ecomagination）。它也许并不完美。我推动了这个新词的使用，因为我认为它可以让我们出人意料并引人注目，而且还可以强调我们的想象力正在发挥作用。尽管它不完美，这个既可爱也非常严肃的名称奏效了，因为它包含了我们想要表达的一切。它表示我们的使命是提供两种形态的生态产品，首先这些产品能够提供经济效益——同时利用我们的想象力，我们最无限的资源为我们有限的能源资源寻找更新、更好的解决方案。我们对客户的核心定位也很简单："投资地球的未来，达到并超越行业清洁能源标准，但不会因此破产。"

我记得杰夫说，"你需要把它呈现给CEC"——我们的公司执行委员会。于是我又被带回到了这一章开头时的激烈争吵中。

站在克罗顿维尔会场前的感觉令人不寒而栗。这里的座位被设计成阶梯式，但非常紧密，如同一个角斗士赛场。在后面的墙上，有人挂了一张俗气的狼性文化激励海报，上面写着"唯有强者才能生存"。杰夫一边把我拉过来，一边说："我想我们捕捉到了机会。我喜欢贝丝和团队在这里所做的事情，因此我要求她展示出来。"然后他补充说："这可能会有点争议。我们要对某些事情做出判断。"

会议开始变得尴尬，气氛更为糟糕。我首先介绍了"绿色创想"的内容以及绿色业务的神话和现实——比如"它太昂贵了"与"它可以赚钱"的对比——然后进入了我们的大促销闪电战，最引人注目的是大象艾莉伴着《雨中曲》跳舞的广告，以及与向日葵融合在一起的美丽风力涡轮机的图像。

有些人对此感到厌恶。鉴于长期困扰我们的哈德逊河问题，一些GE高管认为我们会为这样的定位而感到尴尬。其他人则认为我们没有相应的技术来履行绩效承诺。许多人不希望我们超越客户；他们担心这些声明会刺激引发更多的联邦监管，或者更糟糕的是，令我们的客户不愿意购买我们的产品。他们特别讨厌这个名字。"哦，天哪这太荒谬了。"一个人说，很快引来了众多人的附和。

我必须承认，我在克罗顿维尔所做的关于"绿色创想"的陈述所引发的反应确实令我泄气。但我为此付出了太多。我内心明白，这是一次重要的努力。它正在借助人们迫切希望我们能够肩负的使命。我们找到了一种方法，它可以使目标明确并带来盈利。我一直是"绿色创想"策划背后的热情推动者。在这一时刻，杰夫本来很容易改变主意，用很多资格赛来打消我的热情，并因为我在一条客户没有准备好的道路上走得太远、太快而追究我的责任。他本可以用自己听取了一个糟糕的建议为借口向大家道歉并让我做替罪羊，但他没有。他看到了潜力。

相反，他成为了"绿色创想"的拥趸。每一年，他都会有几次看着领导团队说："嘿，我现在有一个非常好的主意。我听取了你们所有人的意见，但这就是我们的目标。加入吧。我们会按照自己的想法干。""绿色创想"就是其中之一。

当你知道自己会面临被客户和投资者批评的风险时，你需要拿出承诺和勇气。最优秀的领导者在施展力量时会表现出谦逊的态度，反之亦然。他们会关注自己必须以身作则的地方以及他们自身需要做出的变化。在我们推出"绿色创想"之后不久，杰夫便从GE最复杂的环境遗留问题——与美国环保署的激烈争斗——中退出了，并同意GE花费最初的4.6亿美元疏浚哈德逊河。

杰夫还与迫使他回避环境问题的客户进行了反抗。当我们公布"绿色创想"时，得克萨斯州能源公司（TXU）的老板约翰·怀尔德（John Wilder）亲自打电话告诉杰夫，他对我们的计划感到非常不安——他担心会引起不必要的政府监管——他将终止他在GE 1亿美元的业务。

你知道吗，杰夫勇敢地要求我们推动"绿色创想"向前发展，因为他认为这既有利于环境，也有利于商业。杰夫从未告诉过我有关得克萨斯州能源公司业务的损失，几年后我才知道这件事。这就是优秀领导者的所作所为——他们在激进变革的时刻中将冲击波和焦虑默默地消化掉。

对我们所有人——特别是对我——而言，幸运的是，销售额上涨了。我们在2005年开启了"绿色创想"，其中包括第一批的17种产品，我们在此计划推出后的第一年里，从太阳能和风能等可再生能源产品中确定了100亿美元的收入。到2006年年中，我们的业务中有32种产品获得了"绿色创想"认证，其中包括GEnx喷气发动机，它与传统发动机相比，节省了22%的燃油，每年为航空公司的每架飞机节省超过35万美元；我们的210吨、4400马力混合动力柴油/电动进化型机车与传统列车相比，燃料消耗减少了15%，污染减少了40%；还有我们的Harmony洗衣机，与老式洗衣机相比，节省了75%的能耗。

我们与客户一起创立了"生态寻宝"（ecoTreasure Hunts），以帮助他们更好地减少使用能源，以及水的使用和排放。"寻宝"的想法致力于在公司内部找到可以减少排放、能源和水资源并节省资金的、尚未开发的节约领域。在GE，我们为自己制订了减少工厂二氧化碳排放的严格目标，并减少了能源和水的消耗，在此过程中，我们的员工接受了挑战并帮助我们超越了目标。"生态寻宝"令我们与客户分享蓝图变得容易——如同温迪快餐店（Wendy's）的特许经营权，它反过来帮助他们变得更加环保并加强了与GE的合作关系。这里的经验是，有很多方法可以让员工和客户一起提供具有意义和经济效益的解决方案；我们的"游戏化"设计为这个项目增添了扭力，并且因为所包含的实例丰富，它逐渐发展为一款让销售团队可以与潜在客户一起使用的简单应用。

无论是在运营方面，还是在品牌和声誉方面，"绿色创想"都使公司获得了巨大的提升。根据Interbrand独立品牌咨询集团的一项研究，GE的品牌价值一度上升了35%，这在很大程度上是因为GE开始在绿色能源的问题上言出必行。2005年，GE的"绿色创想"销售额达到了100亿美元。到2017年，我们的年度"绿色创想"总收入每年超过350亿美元。

当然，"绿色创想"的成功需要投入巨大的承诺和热情。了解顾客的恐惧并将其转化为产品——将生态担忧转变为"绿色创想"——这并非易事。告诉我们最大的工业客户要赶在监管之前行动，是在某种意义上告诉他们接受这一点：排放肮脏的废物会让他们无法在未雨绸缪中占领先机。

除此之外，投资于更新、更清洁的技术会带来持续的压力，这些技术需要时间和投资，用于对产生现金和营业利润的现有技术进行开发和扩大规模。在"绿色创想"实施的整个过程中，随着GE通过一系列收购增加了其石油、天然气和能源领域的业务规模，其使命也将受到考验——最值得注意的是，2016年，GE以150亿美元收购了法国发电公司阿尔斯通（Alstom）。虽然阿尔斯通拥有良好的可再生能源基础（主要是风能、水电和智能电网），但也采用了燃煤技术。鉴于亚洲经济增长的步伐，这意味着对于现有的发电方式仍存在需求，其可以为GE（和其投资者）提供所需的近期利润。因此，"绿色创想"扩大了其工业力量，被应用于条件更为复杂的用途，如火炬气捕捉、可再生混合动力和天然气钻井现场的水资源再利用。一些客户，如挪威国家石油公司（Statoil），成为我们早期的开发合作伙伴，这证明了尽管令人担心，但是具有前瞻性的客户几乎总是存在的。但对碳基技术而言，变革的步伐甚至比早期采用者想象的还要快。

在规避选择的风险时，杰夫自豪地支持了"绿色创想"。他在传统技术的基础上进行积累，并投入新的技术。他为"绿色创想"提供了空间，与我们的团队和外部顾问进行辩论（特别是关于太阳能的问题，在讨论中我甚至变成一个令人讨厌的狂热分子。但是这个问题很难有所突破，因为太阳能看起来似乎还很遥远，即使已经有挑战者推出了新的模型。"GE将如何赚到钱"始终是问题的起点和终点）。每年我们会召集全国十大公用事业首席执行官举办会议，每次我们都注意到由于效率而导致的能源使用量的下降；能源技术正在变得更加低碳，呈现出分布式、数字化和民主化的特征；可再生能源的扩展速度变得更快。一些公用事业已经将能够利用这些变化的新部门剥离出去，其他一些则无法动摇他们的监管者或投资者，或者他们在想象力的差距中迷失了方向。

通过"绿色创想"，我们开创了一个更清洁、更与当下相关的未来。我对此确信不疑并感到骄傲。我们在很多方面取得了成功。然而，令人沮丧的是，尽管创造未来的潜力是深远的，但我们的影响也只限于此。这是变革者的两难选择。从GE的角度看，尽管有强大的动力，但是"绿色创想"的影响力在经过了层层复杂的关卡和对变革的否认后——经历了整个GE、我们所有的客户、整个生态系统、跨金融市场——也只能触及到目前仅有的这个范围。有的业务经理和投资者认为"绿色创想"只是营销而对此不屑一顾。时间会证明他们是正确的：是的，这就是营销。"绿色创想"代表着一个实例，新营销在市场中可以做得很好——以市场为生、创造新的商业战略、及早应对变革、帮愿意为新未来而努力的人们建立联盟、实现新的增长。

因为明天会到来，变革者必须分享他们的愿景并大声宣布他们的愿望，甚至在他们构建它、完成它、赢得它之前，他们不能对此感到畏惧。这就是你如何抓住"头脑占有率"的方式。在获得市场占有率之前，你首先需要"头脑占有率"。你需要销售愿景、制订计划，并邀请其他人帮助构建计划。这就是如何驾驭变革的方式。

这个过程并不是一帆风顺，而是险象环生的。正如几年后杰夫在一篇报纸报道中讲的那样："我们所有人中只有两个人认为这件事是个好主意。"就我而言，我很幸运杰夫是另外的那个人。

挑战　为发现腾出空间

见三为实

当你尝试对某一种模式进行识别时，可能很难确定哪些信号是自己应该关注的。这里有一个方便的经验法则，我将它称为"出现三次"（Go On Three）。这个想法来自报纸的"趋势"报道［即"所有人都戴着领结！"（Everyone's Wearing Bowties！）］，其规则是一个事件不足为奇，两个类似的事件形成一个巧合，三个就是趋势。许多未来学家也使用类似的方法。阿尔文·托夫勒（Alvin Toffler）的著作《未来的冲击》（*Future Shock*），就是在20世纪70年代以其大胆（和准确）的预测引起了人们的关注。据说他采用了一种方法，按照主题在房间里把剪报摞起来，不断增高的报纸堆就成为他发现新趋势的指标。在基本层面，模式会以预感或假设为雏形，每个数据点用于加强洞察。

我经常建议人们以简单的方式进行练习：例如，在早上选择不同的上班路线，观察会出现什么新事物；阅读关于其他行业的报道，看看能发现哪些相通之处；在机场报摊翻阅各种杂志，买一些你以前从未读过的杂志〔《背包客》（*Backpacker*）会让你大吃一惊！〕。你做了哪些观察？你想到了哪些问题？

预见未来

以下是一些"想象的力量"场景规划策略，我用它们来更好地"预见"或预测未来。你可以与自己的团队或公司一起试用：

·反对：假设一种与惯例相反的情况。好的另一面是差，差的另一面是好。例如，如果脂肪对你有好处，而糖对你就没有好处。我们产生的所有电力都是由太阳供电的。

·最糟糕的情况：最糟糕的情况是什么？从那里开始复查工作，看看会出现什么样的想法来预防或解决这个问题。

·平行：将自己置于另一个位置。把自己想成竞争对手、客户或者同事。你可以从这个视角产生什么想法？

·时移：如果没有时间考虑解决方案怎么办？如果它要用5年的时间或者10年的时间才能解决怎么办？你寻求的解决方案会有什么变化？

·控制转变：想象一下，治理、技术或自然的转变会带来权力的转变。在优步（Uber）与当地出租车管理部门的竞争中，技术发挥了这个作用。

·破坏路障：如果路障不存在，你将如何解决问题？或者你是否可以轻松移除它？

·幻影问题：如果这个问题根本不存在怎么办？如果钱不是挑战怎么办？或者，如果老板没有阻碍你，如果竞争对手没有更好的产品，你将采取什么不同的行动？

·"并非理所当然"：如果你认为理所当然的事物消失了，会发生什么？

·奇怪的相关事物：有什么有趣的或不太可能的东西可以结合起来创造新的

东西？

· 错误的问题：如果问题不是你所想的怎么办？例如，问题不在于我们没有足够的技术、熟练的劳动力，我们只是缺乏匹配的技能。

想象是无边无际的。你的想象足够深远吗？雅虎（Yahoo！）开发了一个缩小参数的搜索。谷歌（Google）有一个宏伟的愿景，即搜索整个互联网。

制约的力量

制约因素助长了创造力。有时预算较少或者截止日期更紧张——特别是在早期阶段，这些能够迫使你打磨自己的想法。把对你的制约看作创造力的源泉，而不是作为一种需要克服的暂时困难。

下次，当你想说"我们没有足够的资金做……"，或"我的经理永远不会为这个问题开绿灯"，或"我们永远不会在这样短的时间内完成"时，停止这样的想法。这样的想法只会让你的想象变得沉寂。你要让想象放声歌唱。你要这样问：

我能用多快的时间提出一个好主意？

我们到底需要多少预算才能进入下一阶段？

还有谁做过这方面的工作，以便我可以从中学习或借鉴？

如果你在管理团队，将预算和项目要求转变为挑战。奖励那些在最多的约束中产生最佳创意的人。你能否更快地建立一套衡量创新效率或创新成果的标准——想得越多，结果越好，这样效率就更高吗？

引入外部"灵感"

· 以简洁明了的方式确定需要帮助的一个问题或问题领域。

· 你是如何看待外部"灵感"有助于解决问题的？

· 确定你的"灵感"，理想情况下，其应该是一个外来者。我发现工业会议、商业出版物和大学是寻找"灵感"的好地方。但你也可以在自己组织内的其他团队或部门里寻找专家。

· 邀请他们使用相关案例研究解决你所在的小组里的问题。大多数人都会乐意受邀发表自己的观点。它不一定是正式的演示文稿。邀请他们参加团队午餐。

· 留出时间促进讨论并寻求反馈。问问你的团队：这个新观点是否改变了你原有的观点？

· 帮助你的"灵感"，和他们解决在阐释中自然产生的信息丢失的问题。例如，在向B2B公司发表讲话时，不要让他们提供一系列的消费产品事例。

· 向小组介绍你的"灵感"时，要这样解释："他来这里会引入一个全新的视角。你可能会对他的评论感到不舒服，但不要离开。"留出时间进行讨论和辩论。

· 你可能需要充当促进者。帮助解读"灵感"不同寻常的观点，将它们转化为团队的工作流程。

最后，如果你不能引入一个演讲者作为你的"灵感"，你可以通过向团队分发书籍或文章来引导新的观点。概述你选择这些材料的原因，以及你为什么认为它可能会对你的团队形成挑战或帮助他们以不同方式思考的原因。

猎奇

· 问自己，你发现哪些趋势令人困惑，甚至有点令人不安。从大标题趋势转向小标题趋势，这些趋势看似奇怪而并没有威胁性。从看似新奇的东西开始，挑选一些纯粹为了好玩而做的事情。

· 当你观察并思考任何令人不安的趋势或言论时，把它们记录下来。不要妄下结论。只需保留一个你遇到的新奇事物的列表作为记录。经常检视它。看看你的观察是否改变了你的观点。

· 寻找不寻常的或奇怪的经历：挑战自己，去参加一个活动或展览，阅读一本看似奇怪或不同寻常的书。向熟悉的人打听他们最近看到了什么最为奇特的事物。

PART 3

变革的张力

创新不是保证或共识。
事实上，它经常鼓励对抗。

IMAGINE IT FORWARD

第六章
反对者和数字攻击

▌死亡之谷

在GE，成长中的高管经常被调到新的、陌生的、不舒适的环境中。事实上，如果你在感觉舒适的时候没有被调离，那么你可以非常肯定自己在任何地方都无法快速前进。进入首席营销官角色的两年时间里，"绿色创想"显示出了真正的动力，杰夫对我的信任得到了验证，现在是我做决策的时候了。

那是2005年的11月初，NBC环球公司（NBC Universal）的长期首席执行官兼GE副董事长鲍勃·赖特（Bob Wright）定期访问费尔菲尔德总部。我在NBC的最后一段时间里为鲍勃工作过，所以，我们可以算是老朋友。

鲍勃在宽敞、安静的行政楼层上见我。他的办公室里挂满了他与NBC名人的合影。与好莱坞的人相比，鲍勃更接地气（换一个好听的说法，虽然他在长岛长大，但他不像那里人）。鲍勃非常聪明，但有点情绪化，他从不羞于表达自己的想法，即使这些想法并不总是很明确。

我们坐在鲍勃办公室的两把安乐椅上。他把自己的想法一股脑地说了出来："贝丝，你觉得回到NBC怎么样？我们需要有像你这样……嗯……具有创造力的人。"

第六章 反对者和数字攻击

我很惊讶，但也在意料之中。鲍勃需要新的销售和营销模式，并开始对数字媒体感到坐立不安。他刚刚收购了环球公司，这让他获得了增加收入的方法，但他看到NBC缺乏活力，没有接触到不断变化的媒体格局。新定位的有线电视竞争对手继续蚕食广告销售收入，而这以前几乎是被电视网垄断的。新一代营销人员越来越意识到数字网站正为他们带来新的观众，所以他们要求与观众建立更加密切且数据丰富的联系。这是一个混乱的时刻。

鲍勃跟杰夫和GE人力资源主管比尔·康纳蒂（Bill Conaty）提到了我的名字。在他的副董事长职位上，他看到了我的成功，包括如何改变GE的品牌定位和让"绿色创想"被顽固的员工们所接纳。总体上，媒体界，尤其是NBC，都受到了YouTube（世界上最大的视频网站）上的"弹钢琴的猫"和Myspace上长着青春痘的少男少女用户群的围攻。

因为对新的初创公司所持的不屑和傲慢态度，媒体中很少有人了解这些孩子会如何迅速而残酷地转变媒体格局。我的任务是让NBC接受一个它不想承认的现实。这是引发一场持续冲突的原因，虽然在那个时候，我还不知道这场冲突最终会演变成多么卑劣的戏码。

如今，我知道这是无法避免的。对于不断变化的市场，在发现阶段（或研发实验室）中产生的重要新想法，以及新产品或服务的商业化中，都存在着见解上的巨大鸿沟。风险资本家称之为"死亡之谷"。对我而言，"死亡之谷"是不稳定的转变，在这种转变中，愿景与现实、理念与行动之间的紧张关系必须得到调和。更不用说还要面对这一切乱七八糟且经常相互冲突的人格和议程。如果一个想法没有一个忠诚的团队引导，即使这个想法很有趣，但也会无果而终。这就是这么多想法迈向死亡的原因。这其中要应对政治、要克服短视思维、需要解决能力上的差距、分配预算、建立联盟，以及开展许多艰难的对话。

我们需要的是社会建筑师的技能，一个致力于在心理安全区域进行合作的人，这个区域可以允许我所说的"激动不安的探究"。"激动不安的探究"是一种实践，它通过激烈的交流和辩论将想法转变为行动步骤。

如果"发现"是关于捕捉与公司墙外的世界进行的具有"异域情调"的对

话,"激动不安的探究"则是关于内部人员之间伤感情的但必不可少的对话。我们大多数人都反对冲突,但是在尝试推动变革时却无法绕过它。一方面,冲突是危险的,它会破坏关系;另一方面,根据哈佛大学肯尼迪政府学院公共领导中心的创始主任罗纳德·海菲茨(Ronald Heifetz)的说法,"冲突是创造力和创新的主要推动力"。

从本质上讲,创新是一首关于冲突和解决的十二音交响曲。失去对音符和音乐的控制将陷入混乱。学习如何指挥这首乐曲,你可以创造出卓越的事物。

NBC不是唯一认识到数字攻击将不仅限于YouTube上那些可爱小猫视频的大型媒体。2005年7月,默多克的新闻集团(News Corporation)以5.8亿美元收购了Myspace,这引发了媒体界其他公司的疯狂争夺,以确保自己也拥有庞大的网络资产。

Myspace令人感觉像是发生了一场地震。许多一流唱片艺术乐队,如快转眼球乐队(R.E.M.)和九寸钉乐队(Nine Inch Nails)通过在网站上播放唱片来打碟,P&G和索尼影业(Sony Pictures)等广告商会在上面发布广告。媒体对此的回应是一种可以想到的紧迫和恐惧;我们有一半人奉行鸵鸟政策,其余的人则像无头苍蝇一样四处寻找网络公司以加入这场游戏。我们进入数字抽奖活动的入场方式是iVillage,对此,我将在下一章中进行介绍。它被证明是一场棘手的混乱。

在此期间,我得到的一个经验是拥有一个好主意本身是不够的。让NBC数字化是正确的做法。但是,一个好主意要想成为一次成功的创新,以创造收入和带来重生,更难的部分是人:你如何动员人们支持变革并采纳它?让想法得到回应的过程中不存在笑脸版本。你必须搅动池子里的水。

传统的自上而下的领导风格——这是答案,现在开始执行——将不再起作用。通常,领导变革的人是不知道答案的,他只需要新的方向。你如何让人们朝着看不见的机会而努力?

我从一开始就知道任职NBC将是一项非常艰巨、棘手的任务。我之前曾在NBC工作过的事实只会使这一情况加剧,因为我的同事们会认为我和当初一样。他们对我在GE取得的成就几乎一无所知。

像亚伯一样（或如何处理冲突）

如果每个人都对同一个想法的探讨持赞同态度，或许你并没有足够用力地拓展边界，或许你还没有找到足够的不同观点。优秀的领导者认识到，紧张是不可避免的，他们不仅要学会驾驭它，还要用它来激发创造力。

1. 学会接受冲突可以使你的想法或产品变得更好。也许你的问题恰恰在于过程中缺少足够的冲突。

2. 认识到潜在的冲突并确认它。我会要求私下与人会面，并仅在必要时在小组中解决问题。

3. 如实地陈述自己所见到的问题。然后，让对方也采取同样做法。

4. 给冲突命名。可以是一个有趣或令人难忘的事物，以此来缓解紧张。

5. 要求个人或团队解决冲突的同时避免经常出现个人矛盾。持续进行谈话，直到问题得到解决。

或者像亚伯一样。正如多丽丝·卡恩斯·古德温（Doris Kearns Goodwin）在传记《林肯与劲敌幕僚》（*Team of Rivals*）中告诉我们的那样，亚伯拉罕·林肯邀请他在总统竞选中的那些最大的竞争对手成为他政府中的最高级别幕僚。从一开始，这就引发了大量的混乱，并导致了因自负而产生的巨大冲突。但是，当这些内阁成员看到自己的声音被认真听取后，他们在表达意见时就会感到非常自在，并畅所欲言。对林肯来说，开展艰难的对话和管理冲突本身就是一种治理方式。

我此前在NBC工作时结识了杰夫·朱克尔（Jeff Zucker），当时我从公关部门中一步步得到提拔，而朱克尔则是《今日秀》节目中充满活力、极具竞争力的年轻神童。这个来自迈阿密的身高5英尺6英寸（约165厘米）的哈佛大学毕业生，在高中时曾经凭着"有着大创意的小个子男人"的口号当选为学生会主席。

1988年，朱克尔从哈佛校报《哈佛深红报》（The Harvard Crimson）的负责人直接成为了NBC首尔奥运会的研究员。从那时起，他开始制作《今日秀》，并迅速蹿红，在26岁时又重新对节目进行改版，使它在此后16年的时间里一直稳居晨间新闻收视率的冠军。他之所以获得成功，是因为他愿意充分利用时机。人们称他为"擅长弄权的马基雅维利"。然而，人们不会长期低估他，他两次成功地战胜了结肠癌。他是一个坚韧不拔的幸存者。

朱克尔的脸很容易因为不满而涨得通红，你最终会对他这种动不动就发脾气的行为见怪不怪。他和我之间存在着分歧。比如，我有一次约他出来，想谈谈他的媒体合同。事后，朱克尔一定会打电话告诉我，他对安迪·莱克说了我的坏话。"你知道我跟安迪谈过了，他说你过界了。"朱克尔对我说着，他的声音尖厉刺耳，而且气喘吁吁，"你其实没那么重要。你要知道这就是安迪对你的看法。"尽管如此，我们在工作层面上真的很友好。我们会在莱克召集的员工会议上坐在一起，然后互相传递笔记。

当我回到NBC时，朱克尔的位置变得更加复杂。在雄踞了10年黄金时段的霸主地位之后，NBC的收视率下滑至最低——排在第四名，位于福克斯（Fox）之后。精彩电视台（Bravo）播出的《粉雄救兵》（Queer Eye for the Straight Guy）正渐渐走下坡路，凯蒂·柯丽克（Katie Couric）对《今日秀》感到不满（她将于5月离职加入CBS新闻），而在经历了2005年的悲惨境遇之后，2006年的收视率并没有好转。更糟糕的是，当GE在2006年1月公布收益时，NBC环球公司是唯一一家利润缩水的分支机构。

作为一个陷入困境的人，我对朱克尔感到同情。在成为电视集团的负责人之前，他曾领导NBC电视网和娱乐部并对电视网的震荡负有责任。许多人在背后窃窃私语，媒体也流传着风言风语，对他为什么没被解雇反而得到了提升感到迷惑不解。杰夫·伊梅尔特完全支持他，杰夫理解电视是周期性的。但这是GE，而朱克尔必须完成他的数字目标。

局面混乱不堪。

当NBC连续第二个季度成为唯一一个利润下降的GE分支机构时，朱克尔和我开始在稀缺资源上进行争夺战。在一次会议上，我们讨论了如何整合我们的某些销售工作，从而将iVillage和nbc.com数字平台提供给电视广告商。然而，电视销售领导者认为数字化是一种分散精力的做法，而且相比需要付出的工作量来说，挣的钱太少了。"你希望我用模拟业务的美元来换取数字业务的便士吗？！"朱克尔突然大声喊道。

房间陷入了一种令人不安的沉默。我可以说他已经等了好几周才能提供这条线，以此削减数字团队人员的规模。

很快，无论走到哪里，从媒体到行业会议再到GE的业务回顾，"模拟美元/数字便士"成了朱克尔的口头禅。我的数字团队感到很沮丧。当一位领导在整个机构面前贬低你，并喋喋不休地说"当你保证能带给我5亿美元时再来找我"时，这种行为的后果会破坏我们尝试新事物的努力。这是一种难以置信的短视。你必须相信那些便士真的会变成美元。他们的确相信了，但是，是在10年之后。如今，在线视频流媒体服务的市值已达到1000亿美元，甚至更多。

作为一个外来者，建立一个网络，讲述我们的故事一直是我在GE时的优势。当我回到NBC时，我也参与了很多宣传工作。这份工作既和NBC有关，也同样要展示我的个人魅力。我接受了很多采访，成了很多文章的主角，这种文章里经常会配有我的照片，镜头中的我是迷人的，头发会在风中飘舞。

我的目标是确保人们知道我们对NBC数字业务的态度是认真的。就像我在GE所做的一样，我试图成为这种信息在现实中的代言人，成为一位福音传教士。但我走得太远了。NBC是一个自负的决斗场。我本可以通过放低姿态使自己免于很多压力。与其在媒体上宣传数字化为何如此伟大，我不如用更多的时间在NBC内部就这个问题一争高低。"零售"政治是组织内部发生真正变革的原因，你必须建立"本地的多数派"。在许多方面，企业都不是从顶层开始运转的，尤其是现在。

我确信NBC需要拥抱数字化的未来。但是我没能成功地把我的愿景兜售给摇摆不定的选民。

我与朱克尔的关系最终因我试图削减"他的"一个部门预算而归于破裂。朱克尔在某些方面非常支持我,比如,成立两个创作工作室,一个可以创建BuzzFeed风格的数字短片,另一个可以为广告商创作内容。但是,当我试图在NBC广告部进行革新时,他变得越来越不安,而NBC广告部一直由约翰·米勒(John Miller)负责。NBC广告部是一支拥有250人的团队,负责所有NBC的直播宣传。他们制作了《*Must-See TV*》栏目,而且朱克尔喜欢米勒。

虽然NBC广告部很优秀,但它很臃肿。我曾多次尝试与米勒讨论裁员问题,他从不理会。严格说来,实际上我是他的上司,即便如此,他毕竟有来自转角办公室的保护伞。

因此我别无选择,只能去找朱克尔。我告诉他,与其他代理商相比,NBC广告部的成本很高,而且,鉴于我曾在GE工作过,在那里,节俭是被认可的,我对他说,精益生产会带来更多的创新。这不仅仅是钱的问题——这个小组需要进行重组。每次当我申述理由时,朱克尔都挥手示意我不要再说下去。"不要给米勒找麻烦——他是个偶像。"他说,"把注意力放在其他事情上。"最后,我无法继续将这支舞跳下去,我的坚持变成了请求。"听着,朱克尔,"我说,"在这一点上我真的需要你的支持。"

朱克尔腾地站了起来,他的脸变红了。他踩着我坐的安乐椅,揪着我的衣领连拖带拽地把我推到了办公室的门口。"从这里滚开!我受不了你了!"他孩子气般地吼叫着,然后"砰"的一声关上门。这就像是一部糟糕电影中的场景。我真希望我可以像荧幕里詹妮弗·劳伦斯(Jennifer Lawrence)或桑德拉·布洛克(Sandra Bullock)那样维护自己的权益。但是我太震惊了,以致惊慌失措。

我回到办公室,关上门,因为沮丧大哭了起来。我在30 Rock大厦的第52层楼拥有一间华丽的转角办公室,它可以俯瞰整个曼哈顿和哈德逊河。我仿佛身处云端,但现在感觉好似沉到了深渊。

对我来说，这是一个真实的时刻。我意识到我需要学会更好地处理与同事的冲突。你必须在办公室使用减压阀来释放压力。你无法避免它。事实上，在压力过大之前，你必须不断使冲突浮出水面。压力是在进行创新时获得准许的代价。我很久以前就应该和杰夫·朱克尔对话，告诉他，他的行为是不可接受的。我应该事先表明自己的立场——我才是NBC广告部的负责人。我不需要他的许可来管理该机构。我曾经做出过让步，希望能维护表面的和气，但正如我逐渐意识到的那样，绥靖是创新的对立面。

随着时间的推移，我与杰夫·朱克尔的关系并没有缓和，对iVillage的收购变成了iVillage梦魇。但是，商业上的失败不是导致我们关系破裂的真正原因。相反，它的恶化源于人类最自然的情感——对被排挤的恐惧。

随着鲍勃·赖特已经接近"非官方"的退休年龄，媒体开始对继任的人选议论纷纷。不久，有些新闻报道开始说朱克尔的晋升并没有让他像看起来的那样稳操胜券。他们说，因为有杰夫·伊梅尔特的支持，我是一匹不太可能的"黑马"。"她就是那个与他竞争的人，"一位匿名的消息人士告诉《纽约邮报》，"这就是GE的工作方式，它们通常会让两个人互相攻击。"

想象一下朱克尔在那一刻的态度：NBC下滑的利润和收视率，骑在他脖子上，让他透不过气的GE，以及当他失败时从费尔菲尔德安插过来的GE的眼线。对他而言，我是一个威胁。除了在公开场合，有多少人会在私下抨击一个不停追着他们发牢骚的人呢？

2006年9月15日，《纽约邮报》第六页随笔专栏中的一篇文章令我瞠目结舌。

康姆斯托克——她曾一度在广播网领导公关业务，并在GE负责营销——据说正在利用自己的才华和魅力通过互联网建立一个帝国。"她是致命的，"一位内部人士说，"她可以取你的肾脏，而你却对此毫无察觉。"

这是终极的驾车枪袭式攻击。有人要修理我并削减我的野心。当时的我正在帕罗奥图市出差，在与NBC的同事通话时，我试着用开玩笑的语气调侃这件事，说我很荣幸被认为是一个企业里的武士。但我的内心已经被击垮了。

我打电话给一位当时在万博宣伟（Weber Shandwick）公关部做负责人的

朋友，并拜托他通过在《纽约邮报》的关系查出说这个话的人的来历。他迅速回了电话："我得到了一些坏消息。我无法找出这个人是谁，但他是你们内部的人。"

我成了敌人。这个人是鲍勃·赖特的公关主管吗？朱克尔团队的一个人？朱克尔本人？

2007年2月，不出所料，杰夫·朱克尔接替了赖特。他的讲话表达了一些正确的观点，比如变革比以往任何时候来得都要快，比如数字媒体代表着未来，但我已经开始防范了。很快，我收到了地盘之争仍然未了的证据。4月，《纽约邮报》的一篇报道称，有6个"与NBC关系密切的"信息源表示我正在"失去信誉"。其中一个人说："人们开始质疑，相较于她的业绩表现，为什么她会被赋予如此多的职责？"

我感到非常孤单。当这篇文章刊发时，我正和朱克尔一起参加一个GE的领导层会议——在基洼岛上一起打高尔夫球。因为我不打高尔夫球，所以我在海滩上溜达了好几个小时，脑海里翻来覆去地琢磨，我觉得自己被公开地羞辱和背叛了，而且我觉得自己正处于失控的状态。

领导层不适合那些肾脏虚弱的人。你不能在使用激烈言辞攻击对手的同时仍然做一个高效的领导者。

只有在绝对必要的时候，我才会和朱克尔交谈，而且内容仅限于我们对数字和成本削减的分歧。我后来意识到，真正的解决方案是寻求更真诚、更开放、更有情感的交流，以便更好地提供反馈，只有这样的交流才不会被对方视为是一种批评。但是，当时的我还不明白这种对话的力量有多强大，或者成功掌握进行这种对话的工具有多么必要。我还有很多需要学习的东西。

我曾经和一个名叫加文（Gavin）的人一起工作过，他真的让我感到恼火。他经常和我交谈，在决定解决复杂问题的方法之前，如果这个问题超出了他的领域，他不会去寻求别人的意见，并且他通常要求在所有事情中自己说了算。我会因为和他一起开会而感到忧心忡忡，担心我们不会取得很大进展。有一天，我尝试了一种新的策略。我问自己：我能从加文那里学到什么？我决定将他视为老师，向他学习不同的工作方式，而不是对他将很多功劳占为己有而感到愤愤不平。我问自己：我能从他那里学到如何更聪明地工作，而不仅仅是做更多的工作吗？这种新视角的培育让我有所神益，最终我与他建立了一种不完美但具有功能性的关系。他没有改变，但我改变了。在我的生命中仍然会有人令我恼怒，我不会把他们视为对手，而是学会改变我的思维方式，把他们当作潜在的老师。

与一群商界领袖在波士顿参加会议时，他对我们说："你的敌人是你最好的老师。我发了脾气，是的，但是内心的愤怒，没有。我学会了先从人性的层面看。我和你一样。"

全部投入？

随着《纽约邮报》第六页专栏的攻击升级，我与朱克尔的斗争变得越来越激烈，我对忠诚度这个问题思考了很多，觉得自己被甩进了狼群——更糟糕的是，这是杰夫·伊梅尔特亲手所为。

正在这时，史蒂夫·乔布斯（Steve Jobs）打来了电话。

2005年年底，NBC与苹果公司签署了一项iTunes试用协议，根据该协议，和其他公司一样（价格是由苹果公司制订的），我们以每部电视节目1.99美元的价格将其出售给苹果。当我开始去NBC工作时，我们已经拿到了250万美元，其中三分之一的收入来自《办公室》（The Office）。

作为NBC新的数字主管，我一直在与苹果公司开展合作，将更多的数字内容推送到iTunes上。随着合作关系的深入发展，我开始结识他们的团队。我与史蒂夫的得力助手，iTunes副总裁埃迪·库（Eddy Cue）进行了会面。埃迪后来找到我，想让我作为iTunes的总经理为他工作。我还通过我的营销人际网结识了他们的广告主管艾莉森·约翰逊（Allison Johnson）和他们的首席营销官菲尔·席勒（Phil Schiller）。

史蒂夫在11月给我打电话，希望我能接受苹果公司的工作机会。这个邀请来得如此突然，以至我想不出该说什么，只觉得如果有人放弃这么好的机会，那他就是天大的傻瓜。我随后前往库比蒂诺，与苹果的一些人会面，最终与史蒂夫本人见面。

我被带到史蒂夫办公室旁边的白色会议室里。史蒂夫不知从哪里冒了出来，穿着黑色高领毛衣和牛仔裤。他的个头比我预想的要矮。我们的会议持续了一个小时。我们谈了很多关于GE的广告活动，关于他非常喜欢的"绿色创想"以及NBC和数字内容。他没有谈论任何具体的职位或iTunes管理之外的内容。我意识到自己正在被考察。这一切都非常像"绝地武士"。

几天后，他给我发来了短信。"我是史蒂夫·乔布斯。我只是想告诉你，我是多么想让你在苹果公司为我们工作。我们即将完成一些非常重要的计划。这些是你还没有看到的。"他在短信里说，"如果你有任何疑问，我很高兴直接与你交谈。"

我感到荣幸和兴奋，但同时又觉得不安。我能离开NBC吗？在2006年，苹果公司尚未推出iPhone，还没有成为之后那样的巨头。作为一个计划成瘾的人，我专注于找出所有能让我拒绝苹果公司的理由。

环境似乎非常具有控制力，我一直试图摆脱GE／NBC的环境。艾莉森告诉我，虽然史蒂夫在工作中很难相处，但她在那里从事的是最好的工作。如果你想进行实验并做得更好，她说："苹果就是这种地方。"这番话引起了我的共鸣。

然而，我依然对数字和视频融合的结果感到兴奋。我相信内容会有更多的机会。我想成为一个讲故事的人。

虽然我犹豫了很久，但最后我还是拒绝了史蒂夫。

两个月后，当史蒂夫再次给我打电话时，我感到很惊讶。"我明白为什么你没有接受iTunes的这个职务了。我明白了，这对你来说还不够重要。但我还想让你考虑一下另一个职务。你什么时候能来看我？"当我告诉他我计划在两周后去往旧金山时，他建议我们"去散散步"。

首先，他谈到了他对能源消费、垃圾填埋问题与计算机浪费、包装和运输方面的关注，然后他让我告诉他更多关于我们在"绿色创想"方面所做的事情。他对我们在GE所做的广告特别感兴趣。关于我们那头跳舞的大象和意象，我讲了很多。他认为我们的努力具有想象力并"大胆"。

"我希望你来苹果公司工作。所以这就是我的想法，你会直接为我工作。我需要有一个人帮助我们更好地处理环境。我们没有实现既定的目标，但我致力于在绿色领域做得更好。并且我认为将来你还可以在别的地方施展自己的才能。"

整个周末，我都在家里思考该如何选择，差点把我的丈夫克里斯逼疯。克里斯是一个很好的问题解决者。他轻松、平和的态度正是我在过度思考时所需要的。他简化了我复杂的思考层次。他擅长倾听。有一次，当我开玩笑地称克里斯为"我的治疗师"时，一位女士好奇地问我，"真的吗？你和你的治疗师结婚了？"当然不是，他是由一名记者转型的商业运营商，是一个非常擅长稳步推进事情发展的人。我们花了几个小时在厨房的餐桌上仔细斟酌苹果公司的提议，对我们是否可以搬到加利福尼亚进行盘算。然后我熬夜制作工作表，有条不紊地列出我在NBC和苹果公司的角色的利弊。

到目前为止，我每天都会从康涅狄格州的家里花费很长的通勤时间到纽约市，我此前在GE工作时，住在这个州很方便。说实话，我们并不喜欢康涅狄格州。它虽然美丽，但给人一种冷漠感，其中有些是我自己的原因，因为我基本上专注于工作和家庭，没有更多的精力做别的。除了女儿朋友的母亲，我几乎没有熟人。"我简直不敢相信你的邻居都没有给你馅饼欢迎你的到来。"我母亲曾经这样说。我确信如果我得到一个馅饼，那也是冷冻的。（我知道母亲善于与人相处，她会在半年的时间里就结识镇上的每个人。）我看到还是青少年的凯蒂努力适应新城镇的新学校，那里的人际关系对任何年龄的人而言都不轻松，那时我就会感到愧疚。我担心背井离乡的梅雷迪思，她刚上高中。梅雷迪思告诉我们，如果我们搬家，她会变成"哥特"。我现在仍然会嘲笑她，好像穿黑色衣服、画浓厚的眼线是她眼中可能发生的最糟糕的事情。

虽然两个月以来，我与朱克尔和iVillage团队的关系都很糟糕，但我还是对接受一个如此模糊不清的职位感到紧张。我被自己在NBC的角色搞得焦头烂额，但在那里我拥有一个头衔以及不会被问责的责任，而且我希望成为内容创作而不是技术开发的一部分——也许运营一个有线网络或消费者数字公司。

我在周一给史蒂夫回电。"史蒂夫，你给了我很多思考。这令我兴奋，"我说，"但我不能接受这份工作。我现在不能让我的小女儿搬家。我们离乡背井搬到康涅狄格州时，对我的大女儿而言已经很艰难了。我发誓不会再这样做了。"

我觉得史蒂夫很惊讶，但他非常善解人意。"你必须先照顾好你的家人。我对此表示理解，"他说，"抱歉。但是我理解。"

在我拒绝史蒂夫后不久，朱克尔问我，苹果公司对iTunes的定价是否应该更划算。"我们真的应该为《办公室》做更多的事情，想想它有多火。"他说，"是我们在制造iTunes，而不是iTunes制造我们。"因此，在合同离2007年年底续签前还有约半年的时间里，所有人都知道我们想要达成一个新的交易。它迅速升级为一场战争，杰夫·朱克尔和埃迪·库互相发送苛刻的电子邮件，乔布斯介入以平息风波。

苹果公司拒绝从其一刀切的价格中做出让步。很快，朱克尔非常生气并让NBC公关部去告诉《纽约时报》我们没有续签合同。乔布斯变得顽固不化，NBC和苹果公司之间爆发了公开战争并持续了近一年的时间。直到2008年9月，NBC和苹果公司才宣布NBC内容将重新进入iTunes商店。

后来，我觉得拒绝史蒂夫可能是我错失的最大机会之一。这不是钱的问题，虽然事实证明，我本来能够从苹果的股票期权中赚很多的钱。最让我烦恼的是错失了被测试、得到成长和变得更好的机会。然而，在我的内心深处，我也担心自己可能无法在那种环境中茁壮成长。我的成长和创新能力可能有太多的束缚。

我还与其他公司接触过几次，谈论空缺的职位。我从不认为发现新的潜在选择并了解自己在当前公司之外的价值是不忠诚的行为。通常我会带着新的承诺重新返回我的使命中，尤其是在团队中。

第七章

前进中的失败

在我开始到NBC工作不到一个月的时候,我的业务发展负责人马克(Mark)告诉我,一位投资银行家打来电话说女性社区网站iVillage正在出售。虽然它一直在我们的关注范围内,但我起初对该网站并没有任何想法。但是,我越是关注它,就越觉得这个社区和内容对我们来说可能具有战略价值,特别是,如果我们能用自己的女性角度资源,例如精彩电视台,尤其是《今日秀》来运作它的话。

当然,iVillage并不完美。马克称其为"高端老屋"。虽然它的销路不错,但它仍然只是一家Web 1.0公司,一个被美化的在线杂志而已。最大的好处是马克所说的"环球影视公司的节目安排满足了社区的热情"——也就是说,我们可以让我们的内容与热情的观众进行互动,他们可以在笔记本电脑和刚开始在市场上出现的智能手机的平台上观看这些节目。

iVillage的首席执行官是道格·麦考密克(Doug McCormick),他是一位经验丰富的销售人员,通过重点打造令网民感兴趣的社区板块来对网站进行包装。它并非一种时髦的、类似YouTube那样的资产,但它拥有一个了不起的女性社区。我们就是否应该收购iVillage进行了激烈的辩论。我记得自己当时在康涅狄格州的韦斯特波特,我坐在汽车里与鲍勃·赖特、NBC首席技术官达伦·费海尔(Darren Feher)以及我们团队的其他成员进行了电话会议。我们处于交易的最后阶段，试图得到递价。当时已经有传言说其他媒体公司也有收购iVillage的意向。达伦刚刚审视了iVillage的技术，觉得乏善可陈。"技术后端很糟糕。"他说。鲍勃问我的想法。我说观众才是我们想要的，而且他们的广告销售会助力我们的数字团队。然后我把话筒递给达伦，询问技术是否可以修复。"这具有挑战性，当然，我们可以解决任何问题。"他满怀信心地说。

停顿片刻后，鲍勃说："让我们继续推进吧。"

在我们达成协议后，杰夫·伊梅尔特打电话给我，当时我们正处于申请正式竞标的关键时刻。现在的价格是6亿美元，远高于我们的预期，但现在每个人都加入了——甚至是达伦。我们多次重新制订财务计划，以便获得GE为其投资所需的投资回报率条款。这是一种近乎狂热的非理性亢奋。

"这么说，你是喜欢这笔交易的？"杰夫问我，"鲍勃对此确实感到兴奋。"

"我喜欢这个战略。即使只是迈出了一小步，它也会利用社区引领我们走向未来。"我刚刚在目前的岗位上工作了六周，说实话，我还没有足够的专业知识来做出决策。但是我已经训练自己要在这样的时刻里展示出一种异常平静的形象。直到几年后，我才学会了要相信自己的疑虑，并坦率地向他人表达出来。

最后我们达成了这笔交易。当时传闻竞争即将结束，因此价格持续上涨。在鲍勃看来，默多克的新闻集团对Myspace的收购是对他的一种奚落，因此他变成了一头雄狮，参与最后的厮杀。我们都紧随其后，为他呐喊助威。

我将此次收购称为数字战略的基石，但很快就出现了第一道裂缝：iVillage的管理团队在收购之后没几天就离开了。我记得曾对麦考密克感到特别恼火，他领导了如此激烈的竞标，临了却迫不及待地退出。他拿走了大约2500万美元，为什么如此着急离开呢？

在目睹了iVillage的大部分领导层跳槽后，我们最紧迫的职责是整合团队。我们很快选定了精彩电视台网络负责人劳伦·扎拉兹尼克（Lauren Zalaznick）担任整合团队的领导和总经理，她曾为NBC节目编排主管杰夫·加斯宾（Jeff Gaspin）工作。在NBC收购了精彩电视台之后，劳伦以《粉雄救兵》等节目为基础，在掌管精彩电视台时做出了令人称奇的表现。根据过去的业绩，我认为她可以成为iVillage的首席执行官。

劳伦在精彩电视台的辉煌之处在于她将电视网打造成了一种娱乐精品店，为小众但时髦且富裕的观众提供服务，这些人正是广告商的目标人群。劳伦古怪、富有创意、常常调侃说自己可以轻车熟路地应对的官僚作风。

我努力促成加斯宾和扎拉兹尼克的加入。在整合早期，他们都感到很兴奋。劳伦喜欢她的新工作，因为她在我们的新资产上拥有优先权。NBC的很多人也很乐意帮忙。"走进好莱坞"（Access Hollywood）的互动导演也要求加入，NBC新闻的杰夫·格拉尼克（Jeff Gralnick）建议播放健康和科学记者罗伯特·巴泽尔（Robert Bazell）制作的流媒体视频，然后在《今日秀》上进行推广。

在最初的两个月里，整合团队全神贯注。但是，当劳伦和加斯宾以及其他部门负责人开始深入研究iVillage的整合时，人们开始产生疑问，为什么要把钱和精力花费在外部的女性平台上，他们宁愿通过精彩电视台、《今日秀》和NBC电视台创建自己的平台。明明拥有自己的数字团队，为什么他们不受待见呢？

在会议上，当我抛出一个想法，如连接精彩电视台和iVillage社区，或为《今日秀》创建iVillage女性健康系列节目时，劳伦和加斯宾暗示我，NBC的其他部门拒绝合作。"我的团队已经制作了相关的东西"或者"《今日秀》已经开始着手考虑类似的内容"，人们这样告诉劳伦。

人们不再专注于这样一个事实，即iVillage拥有一个活跃的女性社区和强劲的销售，我们可以利用这些实现更好的目标。相反，他们只专注于它的所有缺点。劳伦会抱怨ivillage上占星术的内容数量。iVillage的受众是美国的核心地带，而不是她渴望触及的时尚人群。技术也很糟糕——比我们想象的要糟糕得多。

面对快速的变化，人们往往会退回到自己的孤岛中并保护自己的地盘。问题是，我将如何攻克这些壁垒和领地？如何让公司支持新生事物呢？

我原本可以让鲍勃·赖特本人更多地参与进来，但这似乎并不合适。自从离开GE以来，我已经成长了很多——我不应该用"因为老板是这么说的"当挡箭牌。我被聘请来就是为了处理眼前这种情况的。因此我摒弃了旧有的习惯，试图单打独斗。之后的我发现这种想法很有诱惑力，但也很愚蠢。

创新是一种社会活动。一个人的想法是从另一个人的想法出发的。而第三个人会用消费者的眼光重新构建它。它永远不是单一的或线性的。为了创造一个创新的团队环境，领导这项工作的人需要企业家玛格丽特·赫弗楠（Margaret Heffernan）所说的"社会资本"。社会资本是连接团队成员、安全感和信任感的黏合剂，让人们可以问出疯狂的问题，而且不会因为给出了不那么疯狂的回答而感到尴尬，并通过不断的迭代日臻卓越。但社会资本必须要经历创造、积累和储存。这意味着要投入到一场实践中，这种实践与另外一种世界是水火不容的，即不会通过人们完成量化目标的程度来加以评判。所以就要求你的员工抽出更多的时间闲聊，这在另外一种世界里听起来是很荒谬的。

这正是杰克·韦尔奇教给我的，他指导我要更多地"沉溺"于办公室生活的轻松随意中。一些公司禁止员工在办公桌前吃东西，我们则鼓励他们在餐厅共同进餐和聊天。一些领导会为整个团队安排吃冰淇淋的休息时间，以鼓励人们谈论工作以外的事情。

这种做法的关键在于，团队成员们在一起度过的时间越多，他们就会创造出越多的社会资本和诚信，而且他们也会更具创新性、冒险性和创造力。

建立一个创新型团队就是要建立彼此的信任，而不仅仅是招聘一个明星主管。每个人都可以平等地交谈，没有人主宰谈话。团队成员在社交和情感层面能够了解其他人的需求，做到善解人意。（也许并不奇怪，最成功的团队往往具备多样性，包括女性和更多元化的思想者。）

当劳伦在精彩电视台获得成功之后，我不应该让她成为明星主管，而是应该花更多的时间培养iVillage团队，为成员们打造一种可以推心置腹地争论和进行思想交流的环境，以使iVillage发展得更好。创新不是彬彬有礼，分歧、冲突是不可避免的。但你必须敢于发表不同的意见。

不幸的是，在iVillage时，这里并没有我们在NBC时所拥有的氛围。来开会的人就像是打开公用冰箱，只拿不放，拿完就走，再回到自己的生活。很明显，劳伦的掌舵不能带来我所需要的改变。我们从来没有发生过大冲突，但是，支持在

邀请批评者

大多数人都不喜欢冲突——比如我。有时候，我会默默地生闷气（或者愤怒地翻个白眼），而不是将批评性的评价视为一种信号。但是，了解在什么时候以及如何与你的批评者建立合作是变革管理中的重要一步。

抽出时间与你最大的批评者接触——邀请他们。也许他们持有有效的观点，可以有助你改善自己的计划或优化自己的项目。通过吸纳他们的意见，你可以找到新的盟友。

· 要承认你和你的批评者在意见上存在分歧，但同时也要留同存异。例如，你们是否都同意该项目是有价值的？你们的分歧是否只是存在于策略上？

· 让批评者担任主角。告诉他或她，你需要在这个过程中听到分歧的声音。你需要他质疑团队，只要他不会搞破坏。

· 创建基本规则。这是我喜欢的一个"不，但是……"批评者必须提供解决方案或搭建通向另一个想法的桥梁——他们不能只是说"不"。在专门讨论"异议"的定期会议上留出时间，让每个人，包括批评者们，都能对关键要素做出明确的反驳。

注意：有些人只是消极悲观。他们不想提供解决方案，也不想追求变得更好。你可以决定不让他们成为项目的一部分，因为除了带来负能量，他们并没有尝试做出别的贡献。

一点点地消磨。到处都是假笑，到处都是对变革的抗拒。

我正在体验NBC最令人不愉快的行为之一："阳奉阴违。"在GE，人们会因当面骂你白痴而为自己的勇气感到自豪。媒体人则抵触这种正面冲突。人们会说自己正要做原本根本没打算做的事情。他们笑着说他们支持这笔交易。但是，当将iVillage整合到他们的品牌中时，他们会退回去保护自己的领地。

为了向前发展，我决定，我们需要一个外来者来管理iVillage，一个拥有数字和女性品牌背景的人。这个人要足够强硬并且有足够的局外人的眼光来应对NBC对变革的抵制。我们的猎头推荐了德比·法恩（Debi Fine），她担任过雅芳（Avon）旗下Mark这个千禧化妆品品牌的总裁，该品牌撼动了整个行业。我打电话给雅芳首席执行官钟彬娴（Andrea Jung），我作为GE的董事会成员与她结识。钟彬娴说，没有德比就不会有Mark。然后她说出了一句富有魔力的话："我会再次雇用她。"

这对我来说已经足够了。

几周后，我们人力资源部的一名员工与雅芳的前任人力资源负责人徒步远行，后者对德比有着不同的看法——她很优秀，但这就是关于德比的全部。对团队领导而言，这是一个令人担忧的属性，特别是对正陷入困境迫切需要建立起团队资产而言。人力资源部希望我找别人。但是我坚持不懈：德比有着坚强的意志并且具有攻击性，我说，这正是对抗NBC封建部落所需要的。

很快我就明白我应该考虑人力资源部的建议。在我们与德比签订合同时，她说希望NBC能为她提供一辆车，方便她在新泽西州的家和纽约市往返。她习惯让一家具有规模的公司为自己提供便利的设施。但iVillage是一家凌乱的公司，还不具规模。

接下来是对iVillage办公室的重新装修。或者，我应该说，对她的办公室的装修。

该机构位于纽约服装区的办公室有一种开放式的小隔间风格，这不禁让人想起"血汗工厂"这个词。我批准了用于改善办公室条件的资金，因为我认为这很重要，团队会认为我们正给他们投资。

几周后，当我出现在iVillage时，发现德比的办公室布置精美，里面配有白色的沙发、新桌子和新地毯，我难以掩饰自己的惊讶。钱都花在了她的办公室装潢和行政区的新地毯上了，而这个区域之外是其他员工的办公区，那里铺着老旧、染色的地毯，两者界限分明。

我们需要的是领导者、召集者和桥梁架构者。我雇用的是这种人吗？

值得称赞的是，德比在追求收入和市场营销方面无所畏惧。我们升级了网站、发起了广告活动、投资了社区。德比与销售员保持着良好的关系，他们开始强力拉拢沃尔玛这样的大客户并推高定价。我们交给德比的商业计划过于乐观。她很快就提醒我们要注意这一点，但她并没有以此为借口减缓对增长的追求。我很赞赏她能对一个不切实际的计划直言不讳，我也开始意识到伴随收购可能会带来的难题：收入预测和交易的"协同效应合并"往往是不切实际的，所以才会让执行团队拿着比计划更轻的货物袋离开。

但是当德比需要拓展自己的能力边界时，她与她的首席运营官埃兹拉（Ezra）发生了争吵，后者在建立数字媒体公司方面有着强大的背景。更糟糕的是，德比带来了自己的数字"大师"，他不时以一个无形的声音出现在她的手机里，就像《霹雳娇娃》（Charlie's Angels）中的查理一样。

"你对我们新的评论工具计划有什么建议吗？"我在一次会议期间在扬声器上问他。

话筒那端先是传来沉重的呼吸，然后一个声音说："当心界面。"

iVillage没有成长为由所有人共同养育的、新来的孩子，而是变成了每个人都唯恐避之不及的"乡下白痴"。而且我还没有足够的政治头脑来吸引NBC的人们展开跨平台工作拯救它。

我软磨硬泡，再次重申了将精彩电视台与iVillage整合的想法。有一天，劳伦转过身带着一些不满对我说："你就是不想放弃，对吗？"坚韧在很大程度上为我提供了管理工具。但作为一名运营经理，我需要不同的策略。

随之而来的是一场电视节目风波。

到目前为止，我们迫切希望NBC内有一个人，可以是任何人，能与iVillage

开展合作。2006年11月，NBC电视台小组邀请我们做一个名为《iVillage现场》（*iVillage Live*）的每日直播脱口秀节目。该节目将由位于迈阿密的NBC电视台WTVJ在奥兰多的环球影城制作，然后在NBC各电视台播放并提供给分支机构。这个节目的定位是一档全新的生活类节目，将经过组织的线上社区与现场观众融合在一起。观众们可以登录并提出问题、发表评论，或者在互联网上观看直播。

我很高兴有机会展示iVillage的能量。

NBC有线电视分销总裁大卫·扎斯拉夫（David Zaslav）试图让我重新考虑这个提议。我没有理会他的警告，认为他只是不想让我们成功。当涉及iVillage时，我很难不成为一个小偏执狂。

"电视台的这些机构并不怎么样，"他说，"不要把iVillage品牌给他们。你需要保护特许经营权。他们会搞砸的。"

我告诉大卫我们真的不能拒绝任何一个机会。另外，我身边的每个人都为此感到兴奋。我们相信我们会创造一个开天辟地的东西。

我们为2006年12月的首映全力以赴，这个节目声势浩大地推出了。我记得当我坐下来观看第一集时，既兴奋又紧张。但在接下来短短的几分钟内，我意识到，它简直是……烂透了。电视台聘请的三个菜鸟主持人毫无魅力，他们看起来很不自然。整个节目就像《罗杰斯与凯茜·李脱口秀》（*Live! with Regis and Kelly*）的社区访问版，同样有直播间的观众和在线社区，但是在提问环节并没有人打电话进去。环球影城附近过山车的声音不断淹没主持人的喋喋不休。我们成为了一个笑柄。

更糟糕的是，它并不具有创新性。

精彩电视台在节目首播三周后停止了重播这部剧集，（正确地）声称它对该品牌没有任何助益。我们很快重新配置了这个节目，将它转移到了芝加哥，重新命名为"*In the Loop with iVillage*"，并聘请了稍微有些名气的主持人重新推出。但这样做的结果似乎只是招致了媒体批评者更加野蛮的攻击。这个节目在重新推出后仅持续了几个月便无果而终，没有人对此感到惊讶。

回顾过去，如果我们能成功地将iVillage与《今日秀》（或任何NBC资源）结合在一起的话，我们就能围绕《今日秀》建立一个社区，既有活跃的观众，也有他们的见解，可以让观众、制作方和销售人员皆大欢喜。我们很容易想到当时应该在脸书（Facebook）上试水。当然，Facebook彼时刚刚在一个哈佛孩子的房间里萌生，但我们确实看到了它未来潜在的可能性。如果我们能够走出自己的道路，它就能被我们驾驭。事实上，就像在成熟公司中常见的那样，iVillage在它可以进行挑战之前就受到了伤害。它在暮色中跟跟跄跄，踽踽而行，看起来像是一个失败者。

随着电视节目的尝试化为泡影，NBC想将iVillage从曼哈顿迁往新泽西州恩格尔伍德克利夫斯。该州正利用重大税收抵免政策吸引数字公司。我努力抗争——这是一个可怕的决定，一个会在微妙的时刻破坏特许经营权的决定。但鲍勃不同意，"财务原因很明确。你的人会喜欢它的"。

当2007年秋季来临，iVillage开始搬迁时，一半的员工已经辞职了。此举将iVillage的心撕裂了。新的办公室（终于）非常漂亮，但却空空荡荡。当我们走进大厅时，空旷的房间里会发出脚步的回响。iVillage没有停止前行，但只是如同行尸走肉般无目标地曳足而行。

在iVillage工作的几年里，我发现除了花哨的工作空间和照明效果，还有更好的方法可以帮助在团队成员间创造高质量的环境。哈佛商学院（Harvard Business School）教授艾米·埃德蒙森（Amy Edmondson）创造了"心理安全"（psychological safety）这一术语来描述我们所需要的环境，人们在这种环境中有足够的信心去寻求新的做事方式。埃德蒙森发现表现最好的球队反而会犯更多的错误。或者更确切地说，他们承认自己犯了更多错误，因为他们有足够的安全感去试错。而这一切是iVillage所不具备的。

第八章
变"不确定"为"确定"

▍做对事情

2005年12月中旬,《周六夜现场》中的卡司成员安迪·萨姆伯格（Andy Samberg）和克里斯·帕内尔（Chris Parnell）以及两位新的《周六夜现场》编剧拍摄了一支名为《慵懒周日》（*Lazy Sunday*）的零预算说唱恶搞视频，从而催生了现代互联网。萨姆伯格和帕内尔饰演两位不太像匪徒的饶舌歌手，他们在去看早场电影《纳尼亚传奇：狮子、女巫和魔衣橱》（*The Chronicles of Narnia: The Lion, the Witch and the Wardrobe*）的路上赞美着谷歌地图和木兰蛋糕店（Magnolia Bakery）的杯子蛋糕，并将Pibb苏打水和红藤扭扭糖混合在一起（"令人疯狂的美味！"）。

这支视频在当时丝毫不被认为是专业视频：他们用在克里斯列表网站（Craigslist）上购买的二手电脑录制了这首歌，并用一部借来的摄像机拍摄了视频。快速剪辑的短片仿佛在尖叫："任何人都能做这个。"视频的创作者们起初怀疑是否有平台愿意播放它。但在《周六夜现场》于2005年12月17日播出前的一小时，节目制作人洛恩·迈克尔斯（Lorne Michaels）对此竖起大拇指，"慵懒周日"播出了。

第八章 变"不确定"为"确定"

在一周时间里，"慵懒周日"在互联网上引爆了口碑。

在YouTube上播出后的第一周，这部短片的点击率就超过了两百万次。在几周之内，它获得了500万次的访问。这不是互联网上的第一个病毒视频。但这是第一个主流爆款视频。对于NBC的问题是，我们没有拿到一分钱。

很明显，如果我们搞不清楚数字世界，我们最终会步柯达的后尘。

在早些年代，YouTube留下了巨大的阴影。我将把用户生成的内容视为社区运行的一个真正的优势。我会问节目制作人："你为什么不放上一个片段并让用户去编辑它呢？"但人们太害怕会像"弹钢琴的猫"那样被消费，从而不敢去尝试。

即使是YouTube最早的迭代也预示着一种显著的转变，受众从盯着电视并等待下一部情景喜剧的被动观众变成了通过YouTube的视觉万花筒主动点击视频的用户，他们会发表评论并分享那些激发他们敬畏（或愤怒）的内容。人们在媒体上留下印记并打上了个人鲜明的标签。NBC需要入场。

NBC环球公司为数字创意工作室投入了一些资金，引入了年轻的"数码原住民"，以弄清楚如何创造这种体验。工作室在起步时的预算相当可观，高达数百万美元。当我接手NBC的工作时，该组织流露出的傲慢（"看看那些业余的家伙！"）和恐惧（"商业模式在哪里？知识产权和权利该怎么办？"）交织在一起，共同削减了工作室的预算。但它的热情丝毫未减。

看到这个被忽视的空白区域，我看到了创新的机会。工作室拥有六个电影制片人和导演以及来自数字和广告代理商的二十几岁的年轻人，他们只需要一个任务和一个相信他们的人。因此我征用了这个团队。

不久之后，我被吸收进iVillage项目，数字工作室乐队最终解散了。但是，虽然我们那些能力极强的"没用的"数字团队并没有带来任何一鸣惊人的胜利——他们确实创造了那个时代的一些病毒视频爆款，如"微波大猩猩"和"复活节兔子恨你"。将这样的创举视为失败是错误的。我们这样做是因为我们习惯好大喜功，不屑做小事并厌恶失败。但是这样做是对自己不利的。

变革不是一个单一的行为或倡议。它是一种不断发展的动态过程，你可以在这个过程中通过一系列引起摩擦的催化剂来促进和营造环境。这就是为什么你需要"灵感"，它可以是人、项目或者观点。

变革推动者就像早期投资者。你会押下许多小的赌注和一些大的赌注，相信它们中的一个或多个会引爆，并引导你前进。你将从这一不断演变的战略实验组合中的每一次失败里吸取教训。我将这类更大的实验称之为"挑战者"：创造一个由企业资助的竞争者，在母舰之外独立运作，或者（正如你将在下一章中看到的那样）组建一个内部数字营销团队来与现有部门竞争。他们是现状的高风险挑战者。当然，旧秩序的捍卫者不可避免地要扼杀他们，但挑战者是让公司产生质的飞跃的原因。凭借我在GE推出"绿色创想"和"想象力的突破"的多年经验，我知道红、蓝队练习的优势，当你设立两个对立的团队来处理同一个项目时，可以为这个过程注入更多的想法和竞争优势。在GE，我们在"想象力的突破"中使用红、蓝队作为一种用相反观点考量新商业冒险的方式——梳理出紧张、争论和反驳。在"绿色创想"中，我们让一组负责证明气候变化的研究人员（红队）与一支反驳气候变化的团队（蓝队）进行对抗。最后，红队基于科学得出的证据非常令人信服，蓝队投降了。

正如布莱斯·霍夫曼（Bryce Hoffman）在他的《红队》（*Red Teaming*）一书中描述的那样，红、蓝队的思维方式源于军队，如今在企业界发挥着更大的作用。在其中的一种形式中，一个团队试图在组织的安全系统中找到漏洞；第二种形式涉及了一种被称为决策中的"可替代性分析"的方法，一个团队要尝试找到事实来反驳现有的假设，以便超越我们人性的倾向，避免选择性地看待信息并以此作为一种支持或确认现有的偏见方式。

为了让我们摆脱"慵懒周日"造成的瘫痪，我觉得我们需要在NBC找一个红队，一个可以挑战既定做事方式的外来者。

2006年7月，维亚康姆集团（Viacom）联系了NBC有线电视分销负责人大卫·扎斯拉夫，建议和NBC共同组建一个"宽带联营体"。该计划基本上是关于共享内容的有围墙的枢纽。我们的每个基于电视网的网站（nbc.com，bravo.com，MTV.com）仍然会拥有自己的视频内容，但所有这些内容都将在NewCo联营体中整合并得到广告支持，持股人将分享回报。最终的讨论发展到将福克斯吸纳进来。这个红队的代号是"毛虫计划"。

然而，由于这些媒体合作伙伴痴迷于保护各自的地盘、赚钱的方式，以及确保没有一方会从另一方获利，实质上红队从未起步。

在随后的11月，一场始料未及的事件让整个媒体界陷入疯狂。谷歌以15亿美元的价格收购了YouTube，这完全改变了格局（并且激怒了杰夫·朱克尔，他认为YouTube的价值是建立在《周六夜现场》视频基础上的）。在谷歌的支持下，我们担心的数字攻击突然变得非常真实。

在谷歌收购YouTube的推动下，NBC和福克斯重新回到了白板前并提出成立一个新的风险企业——NewCo #2，且现在以新的动力为基础，由我的副手、NBC首席数字官乔治·科里亚夫科夫（George Kliavkoff，被称为乔治·K）和我们的数字团队领导。福克斯方面将由他们的业务发展和战略执行副总裁麦克·朗（Mike Lang）领导，乔治将担任临时首席执行官。

我们希望NewCo #2能成为优质视频内容的在线资源。这将使福克斯和NBC与观众建立一种双向的数字关系，并在观众中创造真正的社区，他们可以在任何地方在线欣赏我们的内容。

我们为此深感兴奋。但是我担心"母舰"会打击我们。当我们在曼哈顿W酒店举行的盛大启动会议上召集启动团队——从NBC和福克斯遴选出的一百名工作人员——时，我最糟糕的噩梦成真了。会议分裂成一场混乱的地盘战，旨在确保每支队伍寸土必争。

麦克·朗、乔治·K和我目睹了W会议上的混乱，以及媒体对此的反应，我们认为我们需要一位出色的首席执行官来完成这项工作。我在iVillage的经历让我吸取了一些初创数字公司对领导力要求方面的沉痛教训。我们知道，我们必须为NewCo聘请一名外来者担任首席执行官，一位不会先入为主、没有盟友和地盘的人。同时，我们引进的这个人要擅长建立一支朝着共同目标努力的先驱团队，那里不会有母公司僵化的流程和传统的思维方式，这也是非常重要的。

Hulu

史宾沙管理顾问公司（Spencer Stuart）的吉姆·希群（Jim Citrin）向我们介绍了一些令人印象深刻的高管，如特玛捷公司（Ticketmaster）前任首席执行官约翰·普莱曾茨（John Pleasants）和Travelocity首席执行官米歇尔·佩鲁索（Michelle Peluso）。但我们一直会反复提起一个名字：杰森·基拉尔（Jason Kilar）。在转向其他角色之前，杰森已经在亚马逊工作了九个年头，同时从头开始构建DVD服务。

令我们感兴趣的是，杰森是在杰夫·贝佐斯（Jeff Bezos）的创新管理理论影响下成长起来的。作为亚马逊的高管，杰森在冲突管理方面达到了禅宗般的境界。在杰夫·贝佐斯看来，工作场所的和谐被高估了，冲突是不可阻挡地引领创新的"香料"。亚马逊的高管们被灌输了贝佐斯的管理理念，例如第13条：敢于建言，服从大局。"领导者必须要能够不卑不亢地质疑他们无法苟同的决策，哪怕这样做让人心烦意乱，精疲力尽。领导者要信念坚定，矢志不移。他们不会为了保持一团和气而屈就妥协。一旦做出决定，他们就会全身心地致力于实现目标。"

如果你要创新，并向卓越迈进，你必须能够对同事的想法给予坦诚的反馈——准备好面对他们的反击。努力维持表面的和谐是危险的：它会压制诚实的批评声音，允许人们对糟糕的主意提出礼貌的赞美。

真正的创新者可能是难以相处的：他们不需要同行的社会认可来推进颠覆性的想法。在这一点上，我相信贝佐斯显然是正确的，因为我本人知道这是令人不舒服的。研究表明，创造性的紧张可以促进更强有力的观念生成，提高团队解决问题的能力。建设性的异议和辩论鼓励人们重新审视假设并为创造性思维提供土壤。用实用主义哲学家约翰·杜威（John Dewey）的话说："冲突是思想的搅局者。它激发我们的观察和记忆。它鼓动发明。它令我们大为惊骇，不再做温顺服从的绵羊，并使我们转向观察和巧妙的谋划中。"

最重要的一点是：你必须早上起来为你的信仰而奋斗。你必须创造一种氛围，让你的员工也可以为他们的信仰奋斗。

这正是我们所有人都立马喜欢上杰森的原因。问题是，他并没有像我们那样对这份工作感到兴奋。离开亚马逊后，他与妻子和两个小孩一起在世界各地进行了为期一年的旅行，他在19个国家游历时发表的博客表示了他的下一步行动。他有充分的理由担心，一仆二主的现实会扼杀我们试图创造的业务。他怀疑自己是否能得到他所需要的独立性。此外，他真的不喜欢合同中的某些条款。

"听着，杰森，"我告诉他，"你有理由对我们的适应能力和速度保持怀疑。但我们一心想要让你获得成功。我们需要开展这项工作。我们需要像你这样的人，而不是一个媒体专家来领导它。"

杰森在电话那头叹了口气，说："我需要有代表我的人快速决策的自由。我需要快速地破旧立新。我需要以股票形式支付员工薪酬，因为人们只有看到好处才会甘心承担风险。"

"我完全理解。这是关于新事物的创造，以及让它获得成功。"我说，"要有信心，杰森。"

我们之间的主要分歧是新企业的股权。就像所有曾有初创企业经历的人一样，杰森知道股权赠予和期权会使员工与NewCo的利益保持一致：如果他们留下并且成功，就会赚大钱。但这对GE来说是一种可恶的想法。杰夫曾经差点就签署了一项收购初创公司并让其保持独立运营的协议，而杰克在最后一刻将其否决并说："我们在GE只有一种货币——GE股票。"

我发现，当我使用必不可少的工具时，如非GE股权，这些类型的法令需要很长时间才能消亡。问题在于，给予多少股权以及杰森在这个问题上有多少自由。我的挑战是让NBC/GE系统习惯NewCo员工有不同的"货币"这一现实。这是一场艰苦的斗争。当我指出这是一家股份各占50%的合资企业，而新团队需要持有该企业的股票时，我们的人力资源主管马克担心新公司的员工可能会比NBC同级别的人更富有。当我提醒马克要看到他们是冒着巨大风险加入初创公司的时候，他又拿出"一种货币"的说法。

令我高兴（令其他许多人懊恼）的是，杰森最终获得了大部分他想要的：提供股权的资格和以近乎完全独立的方式经营新公司的权力。

杰森在圣莫尼卡总部上任的前一天,他带着几个来自NBC和福克斯的顾问前往北京,将他们介绍给来自西雅图的二十八岁好友埃里克·冯(Eric Feng)。杰森和埃里克从未合作过,但是杰森曾在有着一年历史的在线视频创业公司魔击体(Mojiti)尝试过埃里克的软件,而且很喜欢它。杰森确信埃里克会成为完美的首席技术官,创造他想要的技术。福克斯和NBC的人认为埃里克太过稚嫩,不适合这个大项目(甚至埃里克也承认自己并不知道首席技术官到底是做什么的)。不过杰森还是坚持了自己的决定。

杰森关于建立一个敏捷、活跃和叛逆梦之队的说法是"十一罗汉的方式"。他聘请了来自亚马逊的朋友和哈佛商学院的同学以及他认识并信任的人,他们花了18个小时的时间,以一种近乎不要命的方式进行讨论、撰写代码,让NewCo网站在90天内上线。你不能把资历与个性、能力或化学作用混为一谈。当你的目标是打破现状时,你必须让团队知道你是他们的后盾。

我在iVillage的经历使我相信,变革中固有的冲突和紧张不可避免地会被人等同于令人讨厌的内讧。然而,杰森的方法使人们参与并且快乐。他让他们专注于重要的事情。他与母公司进行了战斗。我在办公室看到的是一个紧密的团队,成员们似乎很高兴能在那里工作。杰森把自己安置在主项目室附近的一间小办公室里,将白板贴在墙上。他和他的启动团队发表了一份任务声明,将他们团结在一起。这是一道由节俭、精英主义和股份(他们都拥有股权)定义的使命宣言。杰森和他的伙伴们这样写道:

> 我们致力于建设和创新……我们从一张白纸开始,我们是一支扁平化、才华横溢的团队,我们提供好市多(Costco)零食,特别是M&M豆。我们要使建造者和创新者能够尽可能轻松地开展工作,并将其视为我们全部的事业。我们致力于此,并服务彼此。

一位人力资源经理写信给我,说他"听到了一些对杰森过于独断专行的议论"。杰森在没有签署保密协议的情况下就与他人签约,在团队没有获得批准的前提下,就制订股权计划并删除了聘用通知中的IP语言。我们的人希望他像企业家一样行事,但他们不知道这意味着什么——紧张情绪高涨。

无论是外表还是精力,杰森在当时都算是一位年轻的高管。在我最初访问圣莫尼卡的NewCo总部期间,他表现得像个孩子,兴奋地向我展示他的新房间。福克斯租用的办公室非常适合一流媒体公司——设有一间时髦的转角办公室,里面为他配备了高端的Steelcase家具,这与杰森初创公司的气质没有一丝契合。"你能相信这儿有多大和多么浪费吗?我们不需要这么多的空间。我们要把它转租出去。"他告诉我。至于那些花哨的家具,全部消失,取而代之的是一些从好市多购买的办公桌和一台共享打印机;至于食物,他举起了一大塑料桶的椒盐卷饼——当然是好市多。

"来这儿。"杰森边说边拉着我的胳膊走进办公室,里面只有一张折叠桌,周围是一群二十几岁的孩子。"看看这个,我从南加州大学和加州大学洛杉矶分校聘用了十几名实习生,他们正在对《周六夜现场》的所有片段进行数字化处理。你的律师们给我许可的速度太慢了,所以我只能先开始做了。我确信当我们完成数字化时我们也就获得使用许可了。如果我们只是一味等待法律部的人,将会一事无成。"

他对我们聘请了普华永道会计事务所(Price Waterhouse Cooper)帮助制定战略的举措感到困惑。"一个初创团队需要咨询顾问做什么?他们一个月赚的钱比我一年内给团队发的薪水还要多。取消!"他很干脆地对我说。杰森摒弃了一切。

杰森正做着真正需要做的事情:他超越了基于自己需求之上的个人权限。在所有杰森制造的貌似混乱的环境中,愿景——方向——始终存在:我们将创造电视的未来。

看到杰森在权限的边界上跳舞,不断突破他人认定的界限,这简直令人大开眼界。当你想要改变处理事情的既定方式时,超越自己权限范围的需求可能是一个积极的特质。秘诀是你要知道边界在哪里。一些对你的努力采取抵制态度的人会告诉你，你"做得太过了"。其他人，和抵抗者一样，会鼓励你"放手一搏"，因为这会让你更有可能被解雇。这个问题的关键在于要学习如何突破界限，而不是被视为不可接受的颠覆分子。

随后，媒体将NewCo的前几个月描述为充斥着疯狂想法的混乱，那里的白板上画满了各种关于可能的疯狂概念。

杰森继续打破界限。"消费者行为是最难改变的事情之一，"他说，"新技术与现有技术相比，必须有实质上的优化，才会让你感到震惊，从而产生行为上的改变。"杰森对用户体验的疯狂痴迷令NewCo成功创建了一种服务，一个客户称之为"脑洞大开"。

然而，在当时，杰森的疯狂迷恋似乎有点任性并且不受许多人的限制。我记得自己接到过NBC的首席技术官达伦（Darren）的电话，他在电话中很绝望，说希望得到我的帮助，说服杰森使用达伦团队已经打造出的数字视频播放器。他们为这个播放器投入了500万美元（即便在当时也是一大笔钱！），并为这个产品感到骄傲。他们确信它可以帮助杰森缩短上线期限。

但杰森的回应是明确的：不。对他来说，他的小玩意儿太多了。他说这个播放器看起来像"夜晚的东京"。他想要一款连自己的母亲都能上手的服务器。"我的团队可以打造出一些适合我们需求的东西，"杰森说，"视频播放器必须是一种极好的体验。NBC的不是。"很明显，我们不能——事实上，也不应该——迫使杰森做任何事情。我认为如果NewCo是NBC的全资子公司，我们可能会强迫他使用那个笨拙的播放器，或者我们可能会为此开十次会，并且花费几周的时间决定该怎么办。

杰森通过不断的推动，破坏违背了NBC的每一条"规则"——从他拒绝使用视频播放器到他坚持要将比较老的节目转码成HD格式到敢于冒大不韪，告诉NBC的老板们不仅要限制广告数量，也要赋予观众选择看哪些内容的权利。对此，我们的高管全部都拒绝了。你不能把老节目数字化，你不能放开数字版权，你不能要求制作者提供特殊内容。每一次，杰森都绕过他们。

几年后，他的许多想法成为行业最佳实践。这非常重要，它提示我们是外来

第八章 变"不确定"为"确定" 131

者、规则破坏者,具有破坏性的、有才华的人才是文化一直以来赖以信任的基石,在此之上催生出重塑并焕发新的生机。另一方面,奇怪的是,我相信"看门人"的存在是积极的。对破坏者来说,制作伟大作品的制约和障碍是必要的,就如同创造出一首伟大诗歌的诗人。最有创意的想法往往是由束缚和稀缺引发的。

杰森试图将服务称为"奶油","因为它升到了顶峰",这招致了NewCo顾问们的抱怨。值得庆幸的是,杰森的新任首席技术官埃里克·冯有一个更好的建议。他说,为什么不称它为"Hulu"?在中文里,它的意思是"容器"。

当然,杰森没有停止"投弹"。他希望开放一个仅限受邀请用户的测试版网站,这样他就可以在真正上线之前继续进行迭代。他的团队建立的搜索引擎会显示整个互联网上的所有广播视频的结果,而不仅仅是福克斯和NBC的资源。这两个想法都引起了电视台人士的愤怒。展示测试版网站就像让人们观看剪辑前的电影一样。此外,还要将竞争对手的视频内容和我们自己的内容放在一起? 杰夫·朱克尔和福克斯首席运营官皮特·切宁(Peter Chernin)对这个想法感到愤怒。但杰森像往常一样强硬,毫不妥协。

杰森与福克斯和NBC的高层之间的摩擦说明了像Hulu这样的挑战者面临的固有困难之一:高层领导者在"授权"结构中的作用。我们成立了Hulu董事会,切宁和朱克尔作为联合主席。我和乔治·K以及麦克·朗一起担任董事会成员。我们的工作是监督和为杰森的尝试授权。但这些尝试——包括吸纳竞争对手的内容——往往与母公司的地盘利益背道而驰。 NBC和福克斯曾承诺各自投入2500万美元资助Hulu,这给母公司制造了紧张局势。

杰森对赚钱表现出的厌恶更是加剧了紧张局势,至少在开始时如此。他痴迷于通过请求真实评论和跟踪用户操作来为用户创建持续的反馈循环。他的焦点专注于用户体验,而非收入。直到后来,他才计划推出广告。这与我在NBC的经历形成鲜明对比,在那里,我会与朱克尔争论可以在电视上播放的广告数量。在与朱克尔和我们的财务策略师的会议中,我们查看了另一个令人沮丧的广告收入月份,朱克尔问道:"如果我们在ER中再投放一支广告,我们可以多赚多少?"

挑战者品牌

　　Hulu的使命宣言——其"文化文件"——就像一本手册，解释了作为挑战者的品牌为什么以及如何有效地创造促进创新的条件：小团队，自主，自由，与母公司的做法隔绝，坚持不懈地专注于解决消费者问题，鼓励实验（对失败和耻辱没有任何关联），以及对创造性不服从的尊崇。

　　与传统公司相比，成功的挑战者不仅要更加敏捷，他们也认同杰森·基拉尔的愤慨和目的。要改变一个行业，你必须对这个行业的未来发展充满热忱的信念——也就是说，你必须明确业务或团队的信念以及它试图带来的变化。对消费者而言，你总是在争取和推动某些事情——一般而言，这是反对市场领导者自我满足的既定做法。

　　Hulu的使命宣言包括"世界给予平庸部门的配额长期以来已经过多了……我们的目标是要大幅改善和改变媒体传播、发现和消费的方式"。

　　Hulu之所以能够茁壮成长，是因为它在享受母公司丰富的资源的同时又与其固有文化相隔绝。我通过扮演类似"绝地大师"的角色，进行政治斗争，呼吁恩惠，并谨慎地应对公司的现有秩序，从而帮助实现了这一目标。

　　对挑战者而言，他们需要有人扮演"绝地大师"的角色，因为他们没有老品牌的任何优势。他们的预算较小、时间更少。他们无法逃脱渐进式的改进。挑战者必须承担巨大的风险，因为他们知道必须制造出某种东西——产品、服务，无论什么——这些东西要更好、更有说服力、更容易使用且更令人兴奋,只有这样用户才能被迫改变自己的行为——比如,"从现在开始,我要在互联网上看电视"。

我认为创建挑战者品牌是将创业精神引入组织的有效方式。我们并没有"管理"杰森,我们正在观看一个聪明且不可预测的车库企业家的行动。对我而言,他展示了创建一个独立空间并让它与现有公司合作的真正价值。母公司或"母舰"的作用是培育创新和做出艰难选择,以及给予企业家许可、空间和自由,让他们从大型实体公司那里只拿走有价值的东西,并快速建立下一个行动。挑战者品牌只创造价值,因为他们的领导者知道如何挑战。

我烦躁地扭动身体,ER是我们收视率最高的节目。我的感觉观众已经被淹没在了广告中。"我们难道不能找到别的广告定价方式吗?比如更好的定位?如果我们根据广告对观众的吸引程度向广告客户收取不同的费用会怎样?"我说。

但是杰夫摆了摆手。不过,最后我认为只重视利润而轻视用户体验是导致广播电视网不堪一击的因素之一,杰森本能地知道这一点。

当我看到杰森挣扎、战斗,而且赢得胜利时,我开始将我对挑战者,特别是新品牌的想法正式化,并将其作为推动快速变革的最有效机制之一。

Hulu终于在2007年10月推出测试版,然后在几个月后正式上线。我记得杰森第一次向我们演示这个网站时的场景。它的设计简洁、优雅、美观。他向我介绍了用户体验,解释了他们设置的直观功能。他解释了后端开发和收集的用户数据。每个决定都是为了支持用户的最佳体验。这是我在实施iVillage项目时未能成功传达的。这是黄金标准。

似乎其他人——最重要的是用户们——也认可了。该网站简单、优雅、简约——符合人们对两家媒体巨头在线视频服务的预期。在线视频的观看窗口比以前的大三分之一,图像分辨率达到了真正的电视质量级别,界面非常整洁——简单到足以让杰森的妈妈都可以掌握。即便是曾经嘲笑它为ClownCo技术世界的知识分子们也不得不表现出他们的尊重。["杰森让我不得不承认自己说错了话——天大的错误。"奥姆·马利克(Om Malik)后来在科技博客网站GigaOm上写道。]

投资世界也认可了Hulu。 2007年10月,在测试版推出时,重量级私募股权公司普罗维登斯资本(Providence Equity Partners)为Hulu投资了1亿美元,获得了10%的股份。这很重要,因为它会让福克斯和NBC保持诚实。我们的共同投资者希望Hulu能够成为电视的未来,而不是保护我们的媒体联姻。外部资金也用于验证这个模型。

Hulu网于2008年3月全面上线,一个月后成为互联网排名第十位的流媒体视频。2009年,它获得了1.2亿美元的收益;截至2012年,它拥有300万用户和6.95亿美元的收入。对像我这样对数据痴迷的人来说,Hulu更好的一面是传递给NBC和福克斯的信息。Hulu上的广告数量仅为观众被迫坐在电视前观看的四分之一,但我们对于每个节目的每个受众都有具体的人口统计信息,这些信息是在他们注册服务时进行收集的。观众会提供有关广告的反馈,这使我们能够更加精准地为广告定位。我们不会再为25岁的年轻人播放"营养补充剂巨力多"(Geritol)的广告——这满足了广告商的需求,也是他们愿意支付的服务。

广播环球公司(NBCU)的数字收入在2009年超过了10亿美元,是2006年数字收入的两倍有余。广播环球公司的综合网络资产,如NBC.com、CNBC.com和MSNBC.com,从2006年的前100名访问终端跃居到2009年的前10名。我们推出了孔雀股票基金(Peacock Equity Fund),并在数字媒体公司的早期投资中投入近1亿美元。我们甚至通过将互联网公司Adify卖给考克斯(Cox),将Bigpoint games

（德国一家优秀的网络游戏公司设立的网站）出售给了GMT（游戏公司），从而实现了Peacock的成功退出。

对我来说，Hulu是对我营销方法的验证。杰森展示了企业家如何以外来者的角度思考，但始终将用户视为他们的北极星。用户和其"未被满足的需求"是杰森所做一切的核心。他采用了一种基于发现的探究模式，以超越当前现实的疑问开始：如果有一个可以观看所有优质电视和电影的平台会怎么样？能否随时随地地满足人们的需求？能否以高清品质呈现？能否在一个优雅而干净的视频播放器中播放？

如果我们……会怎么样？这些是变革者必须提出且不断提出的问题。

在Hulu取得成功之后的几年里，杰森发现自己仍然是拥有Hulu的媒体巨头们的攻击目标。2011年2月，当杰森在Hulu博客上发布了媒体历史上最具争议的备忘录之一时，紧张局势达到了高潮。该备忘录表面上是为了宣布《每日秀》（The Daily Show）和《科尔伯特报告》（The Colbert Report）重新在Hulu播出。但在对此略作表述后，杰森用更多的笔触抒发了自己对电视业问题现状深切的感触，但可悲的是，这份宣言从职业上讲是鲁莽的。

杰森没有提到拥有Hulu的三个广播电视网合作伙伴，但也没有这个必要。他的备忘录是一份两千字的檄文，称他们为注定失败的勒德分子和笨蛋。他是怎么说的呢？他写道：传统电视有太多的广告，这不仅激怒了消费者，还让广告客户的费用打了水漂，而Hulu的广告虽然稀疏，但传播效率是其两倍。是这样吗？确实如此；消费者希望电视更为方便，而不是按照广播方式进行固定的时间安排。是这样吗？确实如此；由消费者通过社交媒体上的回复来决定应该更新或淘汰哪些内容，内容创作者必须听取这些意见。是这样吗？确实如此。

最终，奈飞和亚马逊成功地做到了这一点，并成为针对电视网的有一定规模的搅局者。如果Hulu可以走出自己的方式，它本来能成为广播电视网公司（或有线广播电视网公司）对奈飞的回击。最终，他们仍然可能会继续朝着这个目标迈进。在沃尔特·迪斯尼（Walt Disney）2017年提出收购21世纪福克斯的过程中，Hulu被视为数字时代生存能力的一个因素。

2013年年初，杰森离开了。据报道，他获得了4000万美元的奖金。他奋力拼搏，违背每个人的期望，创造了一个伟大的产品。

与"No博士"为"Yes"争吵

就像涉及变革的一切事物一样，你必须不断努力，尽管它可能会令人沮丧。像杰森一样，我总是与不同类型的"No博士"交战。你知道，"No博士"无处不在（也许你就是其中之一）——他们是员工抵制中特别不怀好意的代表。他们好似获得了专门说"No"的博士学位，"No"就是对一切问题的答案。"我们之前已经尝试过了。""顾客不会喜欢它。""我们不能那样做。"

而且，我经常让"No博士"成为我的陪衬。除了数字，我还负责监督NBC环球公司团队的电视广告销售——这项业务每年营收超过60亿美元，并且是NBC环球公司的核心收入。品牌营销人员——我们广告客户的首席营销官——表现出对电视媒体的担忧，因为他们无法从我们那里获得所需的数据，从而获得商业洞见。他们想要了解更多关于观众的信息，而不是可以靠自己获得的那些信息，并且他们愿意为此掏更多的钱。（在之后的几年时间里，脸书和谷歌收取了这笔费用。）

我有五花八门的想法来推动广告销售的变革，并热情地创建了媒体的首批品牌内容工作室之一，通过兴趣——健康、环境、妇女问题、宠物——扩大我们对目标客户的细分，超越了我们几十年来通过销售时段（即深夜）或定位传统人口（即25至54岁的女性）所做的工作。我尝试开发以数据为驱动的观众忠诚度计划，但徒劳无功。在这条路上，一位"No博士"几乎把我逼疯。

她是一个富有责任心的销售部门的负责人，有影响力且直言不讳，她明确表示没有人敢惹她。她负责监督重要时段的销售——这意味着很大的收入——并且很长时间以来被NBC视为具有重要的价值。每当市场营销或数字团队提出一些稍有不同的建议时，她就会说："不，那没用的。"她动辄便会提到一个大型购买机构的名称："我刚刚和实力传媒（Zenith Media）的朱莉谈过，她认为这不是一个好主意。"她是一个不可撼动的力量。无论什么样的建议——数字横幅广告、数字视频中的前贴片广告、品牌内容,她的评判总是如出一辙,永远残酷无情。几乎无人能挑战她。

我试过,或者我想过对她发起挑战。我会安排与她,有时是与她的老板(他向我报告)一起开会,试图"教育"她关于媒体营销的新趋势。我会把客户带来以便可以一起听取他们的意见。但她从不让步,这令我更加沮丧。我最终选择了独立开展工作,虽然我并不为此感到骄傲。我基本上不再信任"No博士",开始我行我素。我决定"向她"展示工作上的成就。虽然我取得了一些成功——与宝洁和葛兰素史克(GlaxoSmithKline)[①]等关键客户建立了更广泛的关系;与美国运通(American Express)签订了首个价值3000万美元的品牌内容协议,并与几家媒体机构合作推出了创新测试平台——我基本上已经失去了对组织的信任,从而选择单打独斗。

一位促进变革的同事用毒舌般的语言清晰地描述了"No博士":"你知道,她就像癌症。她只是以她的态度感染了一切。"

有时过度抗拒的"No博士"必须离开,但摆脱"No博士"并不总是可行或明智的做法。NBC系统也不会允许我解雇她——她拥有深厚的专业知识、建立了良好的客户关系并带来了收入。我应该更加努力地放大销售组织中其他变革者的想法,而不仅仅是与一个人肉壁垒做斗争。当你创建一种变革的环绕声时,那些抵抗者通常会逐渐适应。我需要对"No博士"更为坦诚和耐心,而不是不再信任她。我发现,对外界抱不信任态度的人,最终会孤立自己并疏远他人。

今天的媒体格局更接近我当时所追求的目标。如今的媒体公司拥有内部创意机构和品牌内容工作室,并且流媒体视频服务已经形成规模。早在媒体开始改变与观众和广告商的联系方式之前,早在Hulu成为家喻户晓的名字之前,我就已经离开了NBC。

我在NBC遭受一些冲突的原因,在于人们在变革或者我在推动变革的热情

[①] 葛兰素史克:一家以研发为基础的药品和保健品公司。

前感到了威胁，有些冲突的原因来自我避免与他人发生冲突。我现在对此看得很明白。我与杰夫·朱克尔的关系从未改善过。他几乎无法容忍我，我也无法容忍他。这种情况一直持续到我离开之前。

2008年，在我与杰夫·伊梅尔特的一次定期"沟通"中，他告诉我一个决定。"你觉得回到GE怎么样？"他说。

我告诉他，自己真的没想过。我想我会继续在NBC工作，并最终接管其中一个电视网。"事情已经开始在这里扎根了。"我说。

"我们需要你回到GE，"杰夫在停顿后说，"我们需要更大力度地推动营销和销售。"

这不是一个请求。我不知道是伊梅尔特还是朱克尔促使我采取了行动。起初，我不知道自己对此的感受。我意识到，当伊梅尔特把我送到NBC时，他曾怀疑功能失调的文化、外部的混乱以及权力基础的缺乏会令我在工作中面临令人难以置信的困难。现在，当我面临被召回的局面时，我有某种遭人背叛的感觉。我曾经希望杰夫能够在NBC的攻击和冲突中为我挺身而出，那样我就能实现我为之渴望并奋斗的那种大规模的成功。但我不能责怪他没有潜入那个鲨鱼环伺的游泳池。从结果看，那不是他的工作，也并非我的工作。

我在NBC的最后一天时，人力资源部门的马克与领导团队一起组织了一次午后招待会。招待会上供应着标准的令人作呕的甜腻蛋糕和香槟。朱克尔走进来，举起一杯酒。他的评论很简短："贝丝，谢谢你，祝你好运。"

我看着眼前聚集的一小群高管说："谢谢。我从你们所有人那里学到了很多东西。每个人都应该像你们一样幸运，对你们所做的工作充满热情。"我的意思是这样。生计和行业的热情对他们来说意味着一切。但我知道这同样也是他们前进的阻力。

杰夫·伊梅尔特后来告诉我，我在NBC的那段时间是他最想解雇我的时候。他说，这是我唯一一次失去保持超然、远离是非的技能。相反，我潜入了浑水中，他是对的。我从阳台上跃入了一个坑里，失去了我的视野。

作为一个变革者，你会经历失败。这份工作的性质就是如此。重要的是要从失败中汲取经验教训。我明白了对抗而不是逃避冲突的重要性，为此我付出了沉重的代价。我发现了选择抵抗者的重要性。我学会了永不放弃、不断前进的重要性，以及创建挑战者品牌以帮助推动整个组织变革的重要性。

挑战

处理冲突

当你发现自己开始恼火时，我所学到的一些策略可以将挑战性的情境转化为学习体验。

首先，学会识别你开始感到恼火的时机。在打扑克时，每个人都会用言语、小动作和声音虚张声势。（我呢？脸上流露出的厌恶表情——每次都暴露出我内心的真实想法！）这对于愤怒和沮丧也适用。

1.了解你的言语（你的同事可能比你更擅长此道，所以考虑向一些你信任的人求教）。认识到它们何时出现。

2.如果你不知道为什么会感到恼火，那么问问自己是"什么时候"，你的恼怒是什么时候出现的？有人说了什么吗？是一封电子邮件吗？是你看到或读过的东西吗？你是对未来的事情，还是对已经发生的事情感到恼火？是关于一个人吗？是因为自己吗？

根据我的经验，最后一个问题特别有用。通常，当我们感到沮丧时，是因为我们没有抓住机会发表意见、表达不同意见、提出问题或提出替代方案。有时，愤怒和恼怒可能会转化为嫉妒。另一个人不值得你做出反应。

面向创新，或者如何不对团队阳奉阴违

把工作的重点放在学习上，而不仅是业绩表现上。我应该把iVillage作为一种学习方式，用它来学习新事物以及数字化媒体可以获得怎样可能的成功，并告诉大家，他们的想法是至关重要的。它本来可以成为我们的数字化学习实验室，

而不是"我们数字战略的基石"。我们需要营造一种智力和创造性相互依赖的氛围，而不是以实现量化目标为基础的氛围。我们本来可以明智地面对我们未来商业计划的童话般性质。不切实际的财务预测在新企业、证明回报的合理性中是很常见的。

承认你的不完美。不要害怕寻求帮助。表达你的怀疑，一个自信的领导者会承认自己的无知。这就是你从团队其他成员那里获得支持的方式。

提出大量的问题。通过向团队成员提问，迫使他们提出想法并为其承担责任。永远不要贬低或嘲笑一个想法，无论它看起来多么荒谬。患者死亡和飞机失事，正是由于团队成员对问题坐视不理，因为他们害怕被贬低。

想法胜过等级制度。展示出你对群体思维的蔑视。对分歧异见持拥抱态度，特别是来自初级成员的观点。看看以色列，那里有一种奇迹般充满活力和创新的创业文化。那里的企业家在国家的义务兵役中接受了形成性的领导力训练，那个国家具有狂热的反等级精神，这种精神甚至鼓励士兵对将军提出质疑，只要他发现了弱点或认为自己有更好的战术解决方案便可以提出意见。在我帮助GE创建的一些关于创新的高管课程中，我坚持让学员访问以色列。他们会对那里举行的典型商务会议上发生的混战感到难以置信，因为首席执行官在每次讲话时都会受到质疑和挑战。这是关于心理安全的一个令人难以置信的生动例子。

对抗，但不要让它变得私人化。抵制成为具有防御性的冲动，或者更糟的是，攻击那些批评你的想法的人。努力通过非正式的对话和活动建立社会资本。强化你们同一团队工作的事实，以及你们的成功取决于相互依赖。营造心理安全氛围意味着创造一个既苛刻又富有争议的环境。人们为了激情而斗争。这就是值得战斗的原因。

本可以　本应该　本来能

在法语中有一个很好的短语：l'esprit de l'escalier，意思是"楼梯上的智慧"。换句话说，"当你已经下楼出门时才想到的完美的答案"。我长期受其之苦。

如果你是一个焦虑者（像我一样），你可能会疯狂地重复你本来可以说但没说出口的话而把自己逼疯。虽然我思维敏捷，但事实上，我的头脑总是在事后才充满绝妙的想法。生活不是好莱坞电影。我们很少能再来一遍，而且你也不想成为那些发出尴尬电子邮件，或者在事后为自己辩解的人。

这是一个我觉得有用的简单练习。我将对话以及我希望说的话记在笔记本上。我在空白页的中间画两条线，将第一栏标记为他/她所说的，第二栏标记为我所说的，第三栏是我希望说的。它让我可以将头脑中的想法落实在纸上，从而停止对它的纠结。这些还可以作为下一次讲话的参考。它通常也是一个很好的提醒，告诉我们自己所说的毕竟不是那么糟糕！

开展艰难的对话

"对话是一种具有不同记忆和不同习惯的思想之间的沟通，"英国历史学家和哲学家西奥多·泽尔丁（Theodore Zeldin）说，"对话不只是重新洗牌，它还创造了新牌。"

这就是为什么要不断与同事交谈，更重要的是，与批评者交谈是如此重要。以下是我多年来为了开展那些艰难对话而学习的一些技巧，并且为了将冲突转化为动力，要选择那些不一定要成为朋友的人。

1. 保持与反对者的密切联系。与最致力于看到你失败的人一起喝咖啡是至关重要的。我本应该经常和杰夫·朱克尔坐下来喝咖啡。

2. 让对手明确表达他们的成功愿景。我没有问过朱克尔有关NBC和数字化的几个重要问题：你的目标是什么？你对成功的定义是什么样的？

3. 坦诚相待。将冲突转化为联盟的基础。

建立团队互信

我有一个规则：不要穿着泳装团建。我刚工作的时候，因为穿着泳衣团建，骑着橡皮鸡比赛而弄得浑身是伤。别再这样做了。

信任不能被强迫。你需要通过一次次行动的积累来赢得信任。展示自己的弱点〔但不是穿着速比涛（Speedo）泳衣〕是个定调的好方法：承认你不知道的事情，向他人求助，讲述一个逆境的故事，分享一个自嘲的、好笑的事情。

我的一个朋友在我们举办的晚宴系列中会使用一种很棒的活跃气氛的方式。她问："跟我们说一些我们无法从谷歌中找到的关于你的事情。"然后，她通过讲述自己在高中被捕的故事（因为一个愚蠢的恶作剧）作为开场。令人惊讶的是，当你放开自己时，即使只是一点点，你也可以很好地了解其他人。

相信自己，相信别人。不要胆怯。

PART 4

变革的感染力

要成功创新，你必须调整叙述方式以帮助组织中的人了解他们的世界。反过来，这将改变他们的行为方式以创造一个不同的、更加美好的未来。

IMAGINE IT FORWARD

第九章

精心构建故事：赋予平凡以非凡

▎故事打破了黑暗

当我2008年年初回到GE时，我感到精疲力竭。

在杰夫和我结束通话时，我告诉他，自己曾经拒绝了史蒂夫·乔布斯提供的工作机会。"我希望你知道我是全身心投入的，"但我真正想要说的是，"不要觉得这一切理所当然。"

我的任务增加了——特别是销售这一块——并且我被提升为高级副总裁。但我感到自己被低估了。我回到了GE总部安静得出奇的三楼，搬进了鲍勃·赖特曾经的办公室。这种境遇给我一种风水轮流转的感觉。屋子里的一切都提醒着我，这是鲍勃曾经战斗过的地方，比如那个曾经摆满了鲍勃和名人们以及家人合影的玻璃展架，如今早已空空荡荡。

在鲍勃的旧办公桌和膝盖齐平的位置上，有一个隐秘的警报按钮。我看着这个按钮，心里想，什么样的危险会让人按下这个按钮？当我按下按钮后真的会有人出现吗？

另一方面，往事对我造成的影响远不及我对未来的憧憬那般强烈。我开始设想如何将在NBC学到的东西——新的数字化工具、数据、创意内容——更好地应

因工作中的失败而痛心

尝试新事物和承担更多风险可能会给你带来失败。我们会对本来可能成功的事情表示痛心，这没问题。毕竟，你的希望破灭了。

当事情无法解决时，我会尽量给自己留出独处的时间和空间，让自己沉浸到痛苦中，说出（直到我确信不疑时）"这没用"才能让自己释然。但这对执行者来说尤为艰难，因为我们倾向于在宣布失败之前千方百计地进行所有的尝试。

每当在这种时候，我就会想起塞缪尔·贝克特（Samuel Beckett）的话："都是老套，从无新意。努力过，失败过，没关系。屡战屡败，屡败屡战。每一次失败都带来进步。"

当下次失败时，扪心自问，我从这次教训中学到了什么？我在下一次会做出怎样的改变？现在与队友或经理分享。

对那些管理者来说，定期进行反思或对项目进行"事后剖析"。我发现在项目启动后立即召集团队——无论处于顺境还是逆境——以总结哪些方法有效、哪些无效是很好的做法。当项目获得引人注目的成功时，让团队分析哪些方法效果不佳，保持谦虚；而当项目失败时，先让团队讨论哪些做法有效，哪些让人感觉不错。最后以吸取经验教训作为结束。

记住，失败是成功之母。即使在那一刻它还没有给我们带来这种感觉。

用在GE，发挥它们更大的益处。我重新发现了GE以及我生活中的故事的可能性和力量。这有可能使公司重振旗鼓，推出新产品并创造新的市场。它是强大的和真实的。例如，我认为自己是一个充满好奇心、有勇气的主角，一个无所畏惧的探险家。这种叙述总能赋予我再生的力量。贝丝是一个变革者，准备与墨守成规、捍卫"传统行事方法"的"守门人"较量。

我意识到过去的我一直在对自己讲述错误的故事，在NBC时总是计较鸡毛蒜皮和错失的机会，而没有把目光放在未来的承诺。

相关研究已经证明积极态度的力量。宾夕法尼亚大学的马丁·塞利格曼（Martin Seligman）是积极心理学领域的先驱，他的研究表明，那些将挫折归咎于更广大的、不完美的世界的人（"这不是我一个人的错误"）、把逆境视为成长过程的一部分而非个人失败的人（"我学到了很多东西"），会较少患抑郁症，且更有抗压能力。

或者，正如我的丈夫克里斯对我说的那样，在许多次漫长的自我反思的对话结束时他都会说："在NBC发生的一切是你需要经历的事情。尽管这很痛苦，但我觉得有一天它会让你受益。"

2008年，当我处于伤心困惑之际时，GE也同样经历着自己的创伤——事实上，这次创伤的严重程度足以关系到GE的生死存亡。

新常态！

在杰克的执掌下，GE的股票于去年飙升到约60美元，而到2007年年底，股票跌至40美元的低位。我们已经开始重新审视公司的各项尝试，这将我们指向绿色能源等技术和我们的创造根基。

问题在于这个故事只是部分正确。GE资本公司仍然占据着公司的一半体量，而这一半和此前杰克在位时一样，仍然在推动健康的收益。杰夫不得不喂养这头野兽，事实上，GE资本已经建立了商业房地产和消费贷款组合。像几乎所有公共公司的首席执行官那样，杰夫要对股东以及他们所要求的持续季度收益负责。

GE的业务领导们认为自己必须兑现承诺的财务计划。"不出意料"是我们的座右铭。但正如我们自"9·11"以来所看到的那样，世界变得更加动荡不安。

GE资本公司的业务模式是以低利率借款，然后将这笔钱以更高的利率贷出并弥补差额。我们通过发行短期债券或"公司纸"筹集资金，将它们借贷给公司和消费者，并通过流回GE资本公司的收益盈利使利润和股东回报均获得增长，弥补GE工业技术领域更为微薄的收入。

然而，在2007年，杰夫开始注意到GE资本公司的一些交易，对这些交易来说，数学没有意义。

多年来，次贷危机一直在华尔街的冲击下渗透。作为最大的非银行金融机构之一，GE对这些抵押贷款有一定的涉足。GE资本的固有风险令杰夫对此心存疑虑（每个密切关注它的人都会有此感受）。面对这些担忧，杰夫投入了300万美元，要求咨询公司麦肯锡（McKinsey）对我们的信用风险以及如何应对这些风险进行研究。"我的意思是，我们真的安全吗？"他问道。

麦肯锡乘虚而入并施展了他们擅长的Excel魔术，60天后，他们带着好消息回到杰夫身边：绝对是！这是新常态！正如他们向杰夫解释的那样，来自拥有贸易顺差的国家（如中国）和来自卡塔尔等地的主权财富基金以及其他投资者的资金将为金融体系提供足够的流动性，从而在可预见的未来推动贷款和杠杆化。

然后，具有讽刺意味的是，贝尔斯登[①]（Bear Stearns）的崩溃及其引发的金融危机让GE差点一命呜呼。麦肯锡的员工用各行各业的客户知识建立了一个模型，其中许多客户是我们的竞争对手。但他们只会使用自己掌握的数据来处理他们所知道的事情。他们并没有利用想象力将线索和迹象作为分析未来的路标，而这正是预测黑天鹅事件所需要的。几乎无人能做到这一点。

压垮骆驼的最后一根稻草当然是雷曼兄弟[②]（Lehman Brothers）。2008年9月，在大量客户逃离并且其股票暴跌之后，财政部告诉雷曼兄弟，不会对他们施

[①] 全球500强企业之一，全球领先的金融服务公司，原美国华尔街第五大投资银行。——译者注
[②] 为全球公司、机构、政府和投资者的金融需求提供服务的一家全方位、多元化投资银行。——译者注

以援手。在走投无路之际，雷曼提交了"第11章破产保护"，就这样，美国的金融市场陷入了恐慌。

在GE，我们发现自己处于崩溃的边缘：我们的债券卖不出去，陷入了流动性危机。政府宣布我们是一个系统重要性金融机构（或Systemically Important Financial Institution，SIFI）。换句话说：太大而不能倒闭。

我们的股价一度跌至不祥的6.66美元。

在雷曼兄弟破产后，杰夫沮丧地对我说："用不朽的哲学家迈克·泰森（Mike Tyson）的话来说，'人们总是遇到问题时才临时抱佛脚'。"或者用我的话来说，他目前的感受是：在被证明无效之前，它总是有效的。太多次人们认为他们的模型会……永远起作用（"树木会成长为参天大树！"）。正如在NBC数字公司里发生的那样，变化经常是始料未及的，在此之后，它会出人意料地开始破坏——就像欧内斯特·海明威《太阳照常升起》（*The Sun Also Rises*）中的人物迈克所经历的破产一样，"渐渐地，然后突然爆发"，紧急变化似乎是不可能的，直到它发生，并在某一点变得不可避免。

公司领导者面临的最大挑战之一是对未来的替代方案给予信任。想象改变是一回事，放弃一个有效的模式是另一回事，特别是当投资者把你逼得喘不过气来的时候，特别是如果你受过训练要兑现自己的承诺时。这时，一种神奇的想法产生了。我们会说服自己正在做的是一些意义非凡的事情——"我们正在解决！"，事实上，我们只是在更努力地重蹈覆辙。

这就仿佛一个人可以用意志走自己的路。这是工作中的魔法思维，并且杰夫有时会赞同此道。他的乐观主义使他成为一个令人难以置信的领导者——一个激励者、沟通者，并且往往是对未来和今天的倡导者。杰夫有一种天赋，可以在宏大战略的框架内制订棘手的问题并规定率先采取哪些措施。但GE的黄金法则已经嵌入了他的DNA：始终以诚信履行你的承诺。但回过头来看，对实现量化目标的执着一直令他以及GE团队的工作变得更加艰难。

每天，我都会看到杰夫和他的核心财务团队一起窝在他的会议室里，拼命寻找买家购入我们的债券，让我们能再逃离资金危机的又一个二十四小时。杰夫和首席财务官基思·谢林（Keith Sherin）、通用电气资本公司（GE Capital）和资金管理团队一起在堆积如山的文件中埋头苦干，拼命研究债券购买者名单并在电话中声嘶力竭地喊着。

一天，杰夫在一次会后把我拉到一边，用他那双眼底发黑的失眠眼睛看着我，他素来的乐观被债券市场给夺走了。"贝丝，我每天晚上回家的时候都已经是深夜了，安迪会醒过来跟我说话。"他提到自己的妻子，"每天晚上，当我告诉她自己在一天里所经历的，她都会说：'会好起来的。'昨晚她说这句话的时候，我说：'不，亲爱的，这次不会了。'我真的不知道会发生什么。"

杰夫不是一个会轻易流露自己情绪的人。他从不表现出自己内心的担忧。我从未见过他退缩。他的默认模式是努力工作、深耕细作、继续前进，而且他希望其他人也是这样。

在短期内，美联储和沃伦·巴菲特救了我们，给我们注入了迫切需要的现金。当没有其他人愿意支援的时候，美联储买入了我们超过160亿美元的短期票据，而在10月份，我们宣布发行120亿美元的股票以筹集迫切需要的现金；伊梅尔特说服沃伦·巴菲特为GE投资了30亿美元，并为他支付10%的年度股息。

但是我们就像一个在除颤器的作用下，病情稳定下来的心脏病患者——还活着，但终不久于世，除非我们严肃又认真地改变我们的计划、故事和叙述方式。

让无意义变得有意义

20世纪80年代至90年代，组织心理学家卡尔·维克（Karl Weick）创造了两个术语，我认为这些术语有助于描述GE在雷曼倒闭后面临的问题。第一个是"宇宙论的症状"——也就是说，人们和组织在面对创伤时，突然觉得一切都失去了意义。例如，失去孩子的父母，或者在2008年面对雷曼兄弟的破产和即将到来的全球金融危机的GE，或2017年面对新一轮的领导层权力更迭和投资者激进主义事件的GE。"宇宙论的症状"粉碎了我们的信仰宇宙，我们对自己讲述的关于公司、事业和生活的故事都崩塌了，我们在内心深处感到不安。

从不可能迈向可能，进而到新常态的道路需要数年的时间。现在看来，我们每隔几个月就会出现一个新常态。世界变得如此不确定，以至于经济学家们为此专门造出了一个首字母缩略词：VUCA，它代表着不稳定（volatile）、不确定（uncertain）、复杂（complex）和含糊不清（ambiguous）。〔我会加上一个A（anxiety）代表焦虑。〕

还有提速。我们的沟通速度更快、工作效率更高、创新速度更快。据一些统计数据显示，与几十年前的人相比，现代人的语速和步速更快。（这并非想象——研究表明，我们在城市中的步速实际上比10年前快了10%。）

我们无法让不确定性消失，但我们可以改变对它的反应方式。每一个不确定性都是一个新的未来。从这个角度来看，不确定性不一定是焦虑的来源，它可能是一个信号，告诉我们是时候改变了。

这让我想起了卡尔·维克的第二个术语——"意义建构"。在基本层面，意义建构是人们和组织理解意外、创伤或混乱事件（那些宇宙论的症状）时所经历的过程。在最简单的形式中，意义建构包括收集有关未知的和模糊的数据，并将这些数据整合成经过修订的新故事和新框架，以理解未知。它的作用是充当集体行动的跳板。

很多时候，我们大多数人认为"故事"是你最后添加的，是为你的房间（或公司）增添装饰色彩的彩色壁纸。但是以连贯的方式讲述你的故事并不是带有导向性的陈述。它允许你描述正在采取的行动，并将其他人带入组织中。人们花费了过多的时间专注于收购合并以及产品新的收入增长轨迹的协同作用，以至于他们忽略了公司的本质。我认为战略是一个很好的故事。如果你的故事缺乏连贯性，你的战略听起来就不那么合情合理。当然，仅靠故事并不能制订商业战略。但是，传统的商业战略通常不会为其员工和其所围绕的世界创造一个关于后者行为的故事或叙事。为了使战略成为现实，人们需要在故事中看到自己，然后采取行动使故事发生。

我意识到，我们从2008年年底至2009年的前几个月都面临着迫切需要创建一个意义建构项目，以了解GE与我们周围世界相关的身份或者涉足无关领域的风险。

"贝丝，你是这里的故事主讲人，"杰夫在危机初期对我说，"我们需要你帮助我们赶在前面。现在我们看起来不像好人。该如何讲述我们的故事、我们的方向？"

在雷曼兄弟倒闭后的头几个月里，我们的通信副总裁加里·谢弗（Gary Sheffer）与杰夫共同引领了危机沟通工作。加里专注于日常的危机沟通，我则转向战略视角。

我将OSOW——"我们的故事、我们的方向"作为第一要务，当我大步迈入房间参加每周通信会议时，我提出了三个简单的问题：我们现在是谁？我们的价值是什么？我们如何更大声、更频繁地讲述这个故事？

巴拉克·奥巴马（Barack Obama）的总统选举刚结束。我脑海中浮现的是一系列故事，它记录了大数据和尖端社会科学是如何重塑现代政治运动的。从本质上讲，政治运动是积极的意义建构行动——这正是我们所需的。如果政治候选人任由自己被对手定义，他们就会失败。他们获胜是因为他们能够更有效地、更大声地讲述自己的故事，并让它在足够多的人心中产生共鸣。为什么不把政治运动中的大师引入GE的意义建构工作中呢？

我开始给我熟识的人打电话，包括NBC新闻的同事和其他一些人，以便寻找结识奥巴马团队的机会，并与NBC新闻的政治记者查克·塔德（Chuck Todd）进行交谈。查克在前一年的大部分时间里都在跟踪报道竞选活动，所以我确信他知道奥巴马竞选活动的主要参与者。但他的回答让我感到惊讶。

"最好的是史蒂夫·施密特（Steve Schmidt），"他说，"来自麦凯恩竞选团队的。"我陷入了沉默，他补充道："他是一名斗士。"

麦凯恩的竞选团队？查克很有说服力，而斗士正是我们所需要的。因此我拨通了施密特的电话，我们安排了一次会议。

然而，我仍然想要找一个参与了奥巴马竞选活动的人。我最后选择了大卫·普劳夫（David Plouffe），他曾经参与过基层竞选，让奥巴马的竞选活动能够与选民真真切切地联系起来。

施密特走进了30 Rock大楼的办公室，他用他那双冰冷的蓝色双眸凝视着我，此时我便被深深地吸引了。施密特是那种你宁死也不愿失去的人。在以麦凯恩竞选活动为蓝本的HBO电影中，他由演员伍迪·哈里森（Woody Harrelson）

饰演，后者曾在《天生杀手》（*Natural Born Killers*）以及后来的《真探》（*True Detective*）中担任主角。

"史蒂夫，这里的人们感到被围困了。媒体和分析师质疑我们的财务模型，质疑我们！我们自己的人也不再知道GE代表什么。我们如何为我们的声誉和好名声奋斗呢？"我说。

史蒂夫俯身向前咆哮道："好吧，这是负面故事的数量。"他一只手伸到桌子上方一英尺的地方说："你无法控制那个。"然后他把手伸到桌子上方三英尺处。"你能做的就是增加你想传达给客户和公众的故事的体量。但为了做到这一点，你必须收集反馈，回答一些重要的问题：那些故事是什么？我们想讲给谁听？我们想让人们在听到这些故事时做什么？"

他表示，随着他加入团队，GE将不断进行攻击，并始终兜售自己的故事。他提醒我们，竞选活动不是由拥有最佳品格或产品的候选人或公司赢得的，而是由拥有最简单和最清晰的故事的人赢得的。他说，选择一个简单的故事，并反复地讲述它。共和党人称他为"子弹"。凭借他火力全开的战术上的凶猛以及他的光头形象——我可以理解这个称呼的来由。

大卫·普劳夫则与施密特完全不同：他说话温和、体贴，几乎是娴熟的。他冷静地用如同禅宗般的风格为奥巴马的成功奠定了基调。大卫首先重视战略，参与基层竞选，向个人或小团体发挥和使用微观定位真实信息的艺术和科学。这在脸书的世界中是绝少见到的。

我们让禅宗大师的阴与子弹的阳、战略与战术、地面战争与空中战争相互结合。史蒂夫和大卫是"火花"，可以作为改变行为和感知的催化剂。但他们不仅是"火花"，他们成了教师、教练、知己——甚至是治疗师。

杰夫和我们的团队正在解决围绕GE资本公司的问题，以及修复那些无法正常运转的GE业务问题。但是，我们需要在公司的内部和外部确立一种更新的叙事，将我们的30万员工凝聚在一起并明晰GE所代表的内容。

为了创建并收集有关公司数据的反馈循环，我们在全国范围内对公司外的800人进行了调查，了解他们对金融危机的看法。我们把这些调查对象称为"可能的选民"。我们将需要定位的人进行划分，然后对他们提出问题：GE是不是您可能购买其产品的公司？ GE是您信赖的公司吗？ GE的创新与谷歌相比如何？

通过我们的基线数据，史蒂夫创造了一个"驾驶舱"，里面配置了各种反馈控制器和仪表。它告诉我们华盛顿特区的影响者如何根据银行监管来看待我们。一般公众在创新方面对我们的看法是什么？如果我们将最新的核磁共振扫描仪令患儿恢复了健康的视频进行传播会发生什么？换句话说，如果宣传我们在医学领域的一些惊人技术及其诊断和治疗患者的能力会发生什么？

史蒂夫帮助我们制作的控制器比我们以往任何时候所做的都要复杂得多（现在看起来有点落后）。同时，他也是残酷的，他富有创造性地并杀气腾腾地关注着正在涌入的数据——对输出的信息进行激烈的质疑。史蒂夫和他身边的格雷格·斯特拉普尔（Greg Strimple）——"政治数据忍者"共同协作，他们解析数据并将其重新打包成一个个小的见解，以此作为建立高潮的基石。

我的一位同事犯了个错误，就是建议我们与杰夫·伊梅尔特拍摄广告，面对镜头谈论GE的成就。

"这绝对是胡说八道！"史蒂夫吼道，"我们需要用紧凑的信息来淹没世界，而不是那种无聊的公司蛋黄酱。"

史蒂夫因其具有触觉的故事感，以及将宏大问题简化为强大图像的能力而闻名。令人惊讶的是，他也是传统广告的倡导者，在会议上，他告诉杰夫我们没有在讲述故事方面投入足够的资金。在我们的预算规模上，我们一直在与财务部门进行斗争和谈判。即使在今天，这种被误导的信念依然存在，即只有零售公司才应该做广告。实际上，每个企业都在争取一部分客户的头脑占有率，以赢得他们的钱包占有率。对GE的许多产品而言，销售环节非常复杂，购买行为会被多个决策者影响。根据HBR/公司执行委员会估计，平均每一个B2B购买决策中会有5.4人参与其中。

我们以靠金融服务为动力的企业集团营销自己的日子已经结束了——尽管这还需要几年的时间才能真正实现。我决定，"大铁块"和技术将是我们新的宣传重点。我们已经成功地专注于清洁能源和健康技术。史蒂夫把我们的信息提炼为纯粹美丽的事物：GE是建筑商，美国的建筑商。史蒂夫在我们的反馈循环中

人体感应机

反馈循环的创建是意义构建过程中的核心要义。意义构建的过程可以依据许多方法进行划分。我们与史蒂夫·施密特合作开发的过程涉及四个基本步骤：

1.收集来自多个来源的回复——不仅包括你的客户，还有供应商、投资者、员工，甚至你的竞争对手和广大公众。

2.邀请其他人——比如像施密特这样的"火花"——参与你的意义构建计划。告诉他们你的观察和意见，并倾听与你有不同观点的人的观察和解释。我们与史蒂夫和研究员格雷格·斯特拉普尔针对他们对我们的洞察解读进行了激烈的辩论。有时候这个过程会令人沮丧，但我们总能找到一个不错的方面，新的信息经受了更好的考验，给了我们更多的洞见。

3.使用每一组的回复和观察来设计可用于验证想法的实验。例如，使用社交媒体的读者测试几十个标题。要不断迭代你的信息。新问题会层出不穷，这是不可避免的。这可能会让团队疯狂，因为每个人都想从列表上把问题划去。但是，伴随持续的反馈循环，你永远不会解决掉所有的问题。

4.不要回到旧有的框架和世界观上。对新的解读保持开放的心态，并尽量避免全面的概括或过度简单化，如"好与坏"或"科学与艺术"。我发现用多重视角看问题很有益处，因为它可以让你通过调节表盘以获得更多的细微差别和背景。

第九章 | 精心构建故事：赋予平凡以非凡

不断地测试这些想法，尽可能地压缩它们，正如他将阿诺德·施瓦辛格（Arnold Schwarzenegger）的加利福尼亚州州长竞选活动的成功简化为一个词：合作。随着更多的数字工具和媒体的到来，我们可以更好地定位我们的信息和接收信息的人。

我们现在的框架到位了，这样我们就可以精心制作能够给我们带来相关性的新信息。我们所缺的是没有很多时间对它进行反复琢磨。我们现在需要将新消息传递出去。一天，杰夫在一个季度快结束时出现在CNBC（美国全国广播公司财经频道）上，告诉公众GE这个季度的盈利将稳操胜券。但是事与愿违，几周后，当我们拿出业绩数字时，发现并没有完成目标。杰夫违背了GE的黄金法则。我们没有履行承诺。

在我们没能实现收益的第二天，加里·谢弗告诉我，杰克·韦尔奇正在CNBC，并将在电视上谈论GE的收益。当时，杰克经常出现在该频道上做特约嘉宾主持。他的直率让他的话显得十分动听。因此，在我们报告未完成收益目标的第二天，韦尔奇出现在CNBC上，有人问他："杰克，如果杰夫再一次没能实现目标怎么办？"杰克几乎是非常从容地说道："我会感到非常震惊，如果他没有实现他现在所承诺的，我会给他一枪。"他继续说："只管兑现收益。告诉他们你将增长12%并交付12%。"

犯一个失误，你就被处决了？杰克的声明打击了几乎所有GE员工的内部故事，令我们的内心感到紧张。

如果我们无法实现量化指标，我们就不可能成为传奇的盈利公司。显然，有很多重置要做。

GE 成功了：真实性从内部开始

在我们的政治调查数据的支持下，我召集了所有为GE工作的创意媒体机构——涵盖的类型包括从公关到广告、数字化和品牌营销——帮助我们创造一个新的宏大叙事。我们连续两天把自己锁在曼哈顿的一间酒店套房里，墙上贴着用来做记录的空白纸，每个餐桌上摆放着健怡可乐和饼干盘。如果我无法团结他

有魔力的思维

我承认：我每天都读自己的星座运势，这个习惯从青少年时期就养成了（我是处女座）。我曾经在旅行途中带着一个中东同事送给我的小护身符来"保佑平安"，但我并不是唯一一这样做的人。我们中的许多人将运势之说带入了工作方式中。你能找到一部带有十三楼按钮的电梯吗？或者观察在一周时间里人们会在商务会议上说多少次"敲木头"。

我们中的许多人都有为自己带来运气、完成交易、获得工作的怪癖和仪式。（杰克·韦尔奇带着"幸运先生"，这是他母亲送给他的一个棕色的公文包。）幸运的魅力和仪式确实有积极作用。科隆大学的研究人员发现，运势之说增强了信心，反过来也有助于我们的思维推动更好的表现。

但是，当一个人、一个团队或一种文化因恐惧而陷入习惯，或者使用魔力的思维追求目标时是需要警惕的。

在第二次世界大战期间，太平洋岛屿的土著居民看到了登陆在军事基地的飞机后，开始相信是跑道和戴头盔男子的奇怪动作将飞机从远处召唤而来。当战争结束并且飞机驶离后，这些当地部落建造了自己的跑道并排演了自己的仪式，模仿空中交通管制员指挥飞机安全着陆的手势。

公司很容易发展用自己的仪式来维持有魔力的思维。我们开始相信，如果我们只是进行相同系列的会议并生成更多相同的报告，说出令人放心的相同语句，我们就会一切顺利。我相信这种行为使得改变比在GE所需要的更加艰难。

下次当你发现自己安排了一个丧失目的的会议，或者发现自己正在撰写一份又一份永远不会被阅读的报告时，问问自己，我是否也成为了岛屿上货运崇拜者的一员？在重要行动中将有魔力的思维误以为真可能是致命的。让你的团队尝试另一种方式，向另一个方向迈出一步——只需一次。但不要在"黑色星期五"。

们，也许糖和咖啡因能做到这一点。

"经济正在遭受苦难，人们正在失去工作。一些经济学家预测，到2017年经济才可能全面复苏。作为一个国家，作为一家公司，我们有工作要做。所以任务来了。"我告诉他们，"我们如何重新发现GE所做的重要工作，以及它如何使我们与当前的这些时刻联系得更紧密？"

我要求代理商在一条泳道里游泳，作为接力队而不是单一的竞争者——不存在牵头机构。没有个人的荣耀。这是一个非常有创意的话题。我们是一支目标一致的团队：传达定义我们的话语。通过故事的力量解锁我们的战略。

在过去的时代里，营销的含义是创造神话并出售它。今天，它关乎的是找到一个核心真相并将它分享。制造神话在当今没什么效果。只需点击几下鼠标，人们就可以查到与公司相关的任何信息，并立即将其传播给数百万受众。有足够的信心分享真相——无论好坏——的组织才会获得成功。

我充满激情地相信这一点。这是我们从早期确定"梦想启动未来"（Imagination at Work）的口号时就察觉到的。真实性始于内部。最重要的是，我们的故事必须在GE内部产生共鸣，否则它永远不会在我们的客户内心和全世界产生共鸣。正如史蒂夫·施密特和大卫·普劳夫所说,要用你们的基地传播你们的信息。因为这也是他们的故事。他们会成为你们最好的大使。

我们的团队以及代理机构的代表们开始奔赴我们的各个工厂。我们想从工厂开始,重新探索为GE工作的意义。在那里,精致的工艺与汗水和高科技相互碰撞。我们向同事们进行了调查,向他们询问简单的问题,这些问题直指"我们是谁"的本质:你做什么工作?你为什么要从事这项工作?你热爱工作中的哪些方面?与拉帕耶的工作方式不同,当我们引导人们进行深入思考时,我们成为了进入田野的人类学家。我们观察他们。我们为他们拍照。

我们看到的是,我们的员工充满激情和创业精神。他们是工匠。在我们所到的每一处,GE员工们都在他们的工作台上进行创新。在解决问题时,他们就像黑客一样。我记得我给核心企业员工进行演示,并分享我们的发现时的情景。我最喜欢的事例是关于我们航空团队的手工制作。一个制作定制零件的员工先是进行手工绘图,然后用X-Acto刀将它们切割成可以加工成高科技发动机零件的形状。

另一名员工告诉我,他因为找不到精确测试新金属板拉伸强度的方法而变得沮丧。在用我们购买的新设备进行测试失败之后,他突发奇想:凭借多年在他家附近进行目标射击练习的经验,他确切地知道子弹行进的速度以及它们的重量。第二天,他带着步枪来上班,想出了如何用它来测试金属强度的方法,其精确程度比我们最精密的齿轮还要高十倍。刚进入GE工作的另一名员工向我们展示了他所做的精细焊接如何给他带来启发,让他成为了一名业余文身艺术家。他喜欢用双手工作,喜欢人和机器之间的协调。

演示结束后,我们的核心故事讲述团队——酒店讨论的一小部分人——疯狂地在会议室白板上工作,添加、编辑和删除以获得新的GE方程式序列,这个方程式将取代几年前创建的那个。在几个小时的时间里,我们一直在喊叫、大笑、建议、要求、书写和编辑。这些是我工作中最美好的回忆之一,团队融为了一体,想法不断累积。一个人的话还没说完时,新的思想或灵感就会迸发出来打断我们。从桌子上拿起马克笔,或从另一个人的手中拿过笔,我们激情四射,狂热地寻找着可以解锁故事的词语。

世界的需要×我们的员工+相信更好的方式和我们不遗余力的发明和建设重要的事物=一个运行更好的世界。"我们为人们的家庭、学校、工厂和经济提供电力。我们提供深入人体并拯救生命的医疗设备。我们制造保障乘客运输安全的喷气发动机和机车。"

然后，我们进一步将其提炼为：我们建设、发电、运输和治疗，以使世界更好地运行。

是的，GE是制造业，但是是举足轻重的制造业。

我们制造了大型的"厉害又酷炫"的东西——人类聪明才智和科学结晶而生的惊人的机械野兽。GE仍然可以与"梦想启动未来"联系在一起，但时代要求我们将平衡从想象转向工作。这是一个简单而微妙的演变，却具有强大的影响力。

接下来，我们制作了一系列广告，重点关注我们现在的定位。在第一则名为"GE Works"的商业广告中，镜头跟随GE医疗集团位于威斯康星州美国总部的几名工厂工人的视角，展现了一群癌症幸存者通过该工厂制造的核磁共振成像机在患癌的早期阶段诊断出了疾病。"你看到有人因为这种技术而得救了，"一名在装配线上拧紧螺栓的通用电气工人说，"你会明白你在生活中所做的事情……是重要的。"

在另一则广告中，位于北卡罗来纳州达勒姆的GE航空制造基地的地板工程师们一边手工组装喷气发动机的涡轮机，一边谈论着自己在孩童时期是如何为轻木飞机所着迷的。"在GE航空公司，我们制造的喷气式发动机可以将人们送上天空。"一位员工用倍感自豪的语气说道。"它将为世界各地的人们带来比以往更好、更安全的体验。"另一位员工说。

它既表达了我们的定位，也表达了我们所渴望的目标。

人与人

"没有什么比人与人之间的交谈更有价值了，"大卫·普劳夫说，"任何事情都比不上。"

当大卫加入奥巴马的竞选活动时，他为自己拍摄了一则自制视频，描述了获得270张选票的竞选活动策略，然后他们将其发布在一封电子邮件中。与之一起发送来的信件是非正式的——用的称呼是"弗兰克"，而不是"亲爱的弗兰克"，信的署名就是简单的"大卫"。

为了使我们自己的宣传活动更具人性化，大卫帮助我们建立了一个相当于挨家挨户拜访的拉票队，一个新的GE内部大使。这是我们的草根运动。我们的想法是向员工提供新叙述的清晰版本，从而为他们赋权，使他们以及他们的朋友和家人在当地社区成为我们的宣传大使。

首先，我们请GE的高管们确定候选人——社区里的影响者，从GE校园招聘人员到"有能量的"退休人员。接下来，我们询问了这些影响者是否自愿担任民间的品牌宣传大使。

通过这些志愿者，我们创建了由"船长"领导的20至25人的团队，将每个团队指派给地理区域或特定的业务部门，并通过向他们提供在线故事、信息图表和谈话要点，授予他们成为GE代表的权力，并且为他们提供与顶级管理层的直接联系——包括与杰夫间的电话会议。

我们的想法是教他们如何从所在团队中征集出精彩的GE故事，并将它们返给我们，以进行传播和强化。不久，我们的大使们便开始在全国各地传播GE关于"大铁块"的激情叙述，并将能反映这种叙述的故事反馈给我们。在GE，一些最好的故事讲述者是工程师们本身。

例如，返给我们的其中一个故事来自GE全球实验所的实验室经理马克。当他的小儿子亚当被诊断患有癌症时，马克亲眼目睹了他的工作对现实世界中患者的影响。亚当在Dana-Farber癌症研究所获得的治疗包括GE全球实验所高能物理实验室开发的先进成像技术。在亚当完成治疗后，马克将他的故事和成像技术在其中发挥的作用拍成了视频。

当你制造大型的、令人生畏的、改变世界的产品时，如喷气发动机或核磁共振成像机时，很容易将其背后默默付出的人视为理所当然。制造机器的人可能看不到产品运行时的全部力量。但是，如果你通过故事将它们重新联结在一起时，你可以让他们工作产生的影响成为现实。

这个草根志愿故事纽带在今天继续通过强有力的"GE之声"（GE Voices）向外努力拓展，近10万名GE员工和供应商参与其中，他们亲身以数字方式分享关于我们工作岗位中创新和经济价值的信息。

使隐形可见

人们在电力中断和支付账单时才会想到电力。但如果没有电，最新的技术，如iPhone，将无法使用。人们往往看不到日常进步背后的科学和工程的惊人壮举。从这个意义上说，GE内外的人都没看到GE。为了让人们了解，我们需要赋予公众X射线般的视角，引领他们进入不为人知的GE场所和空间，在那里，我们正在实现他们不了解的很酷的科学成就。

但是你如何鼓励这种沟通呢？你如何让隐形可见？我们通过像#GEInstaWalk这样的计划把人们邀请进来，其中的超级粉丝要将参观航空设施的访问通过Instagram（照片墙，一款社交应用）进行分享。有一大群人喜欢制造业，喜欢观察东西的制作过程，还有一个社群是航空迷。通过#SpringBreakIt，我们创建了一个社交媒体活动，科学爱好者和材料科学爱好者可以在这个活动中看到在工业应用中是如何利用压力破坏东西的——从棒球到地球上一些最结实的材料。

这些活动不仅具有吸引力和乐趣，而且他们制作的内容会迅速地得以分享。制作东西这件事变得很酷。科学变得很酷。

还有一个幸运且令人惊讶的副产品从"可见性"行动中脱颖而出：它们带来了"横向"——跨部门的沟通，这直接激发了创新。家电工程师们会与比如医生、化学家和人类学家一起就如何制造电器进行讨论。孤岛被打破了。从事不同工作的人相遇并形成了集群、网络和合资企业。在每个孤岛之外传播我们的故事发挥了催化剂的作用，它使得不同部门的人们——或者在印度、中国，无论在哪里——使用新近可见的方法来计算并催生行动，最终形成创新。它推动了发现。

我们一头扎进我们的故事讲述中，以此作为强化GE关注工业实力的重建战略的方式。与其他公司相比，GE率先对这些业务、新产品和技术的投资翻了一番。

始终处于测试阶段

"从未完成"是数字生活中意义建构固有经验的一部分。在一个由书籍、纸质备忘录和时钟构成的模拟世界里,五点时响起的钟声会将我们从工作世界中解放出来,我们为"完成"的时间段感到深深的满足。然而,生命和事件的流转当然不会如此这般有条不紊。翻开报纸的最后一页并不意味着新闻就停止发生了。现在既然我们拥有了能够捕捉我们无穷无尽思想和行动的工具,当我们摒弃对"完成"的期望时,我们就处于最佳状态。数字创新者的座右铭是一切都"始终处于测试阶段",你也从来没有完成改进的过程。总会有更多的时间来变得更好。

即便如此,通用电气50%的业务仍然由金融服务占据。这对我们公司和我们的故事来说是一个挑战。我们告诉自己:"GE资本是一个建设者——他们帮助建立(中小型)企业。"但它一直困扰着我和整个团队。

随着回报率和市场估值的下降,投资者越来越厌倦金融服务类别。监管机构通过他们的SIFI尽职调查进入了这项业务,增加了更多的复杂性和问题。"我们需要这部分业务吗?"成为一个更大的问题,因为我们使GE成为一家更关注科学和工程领域的公司。

2009年,杰夫同意将NBC的大部分出售给康卡斯特(2014年,售出其全部),相信比起资助NBC不确定的数字化未来,资助GE的工业未来会使我们的经济形势好很多。投资者批评这笔交易低得不能再低了。然而在接下来的10年中,大多数大型媒体公司都在寻求合并以应对数字化的搅局〔21世纪,福克斯并入迪斯尼，时代华纳（Time Warner）并入美国电报电话公司（AT&T），美国在线（AOL）/雅虎并入威瑞森无线公司（Verizon）］。

GE是否越早让资本公司退出就越能使自身发展得更快呢？它产生的收益会怎样？我们能否更快地弥补损失的收入以满足投资者？即使在杰夫宣布2015年剥离GE资本并在2016年年底之前退出全部，仅留下工业金融之后，这些问题多年来也还是一直困扰着GE。人们很容易猜测，杰夫不会尽早或者根本不出售资产——他对新可能的想象是有限的，但投资人却会这么做。首席执行官们走的是一条孤独的道路，他们必须从许多来源中获取意见，同时考虑往往相互冲突的当下和未来，以满足不同的选区。毫无疑问，一些首席执行官选择近期获胜，其回报更加确定，量化指标本身就是故事。

故事不能成为你以后做的事情。我们用这个观点围绕GE资本进行斗争。利用故事的能力是不错的领导者与杰出领导者的区别所在。连接到更广泛的业务轨道，而不囿于自己狭隘的目光是需要勇气的。这就是为什么我倡导要在商业周期的早期将战略和故事联系起来。战略就是故事。故事必须将战略变为现实。它们是硬币的两面。如果你做不到其中之一，那么也许你也得不到另一个。

成为内容工厂

我们发现数字化是营销和宣传向外拓展的重要组成部分，通过瞄准合适的受众，分享内容，创建新的内容。意义构建本身就是一个自然的数字化过程。我们能否使GE的市场营销数字化程度更深，并将其作为最终将更多GE运营进行数字化的试验场？我首先关注我们的品牌传播，因为媒体是一个容易测试数字化的地方，我在NBC的经历赋予我可以在这里创新的信心。

当我回到GE时，我让广告主管朱迪（Judy）带领我们所说的内容工厂。几年前，我从汽车行业聘请了朱迪，她是一个脚踏实地的专业人才，才华横溢，聪明机智。

回想起来，朱迪是一位优秀的品牌营销人员，她特别擅长监管BBDO的广告。她做了当时的"数字化"基础——一个YouTube频道，其中包括高管们的演

把它写成新闻稿

对声音策略最可靠的测试是它可以写成新闻公告。我经常以这种方式测试我的新商业理念、公司计划和合作伙伴关系。

新闻稿本身就是关于过去的加工品,但其目的(提醒世界关注你的新闻)和结构(如何构成)经得起时间的考验:

标题:发生了什么。

副标题:列出两到三个最引人注目的要点。

复制:重述前两段所发生的事情,列出预期的结果和效益,然后引用努力的领导者对战略进行总结。以论证作为结束。

结尾:用一句话总结一下好处,在另一句话中总结通向下一步的桥梁。

提问:战略和理由是否明确?引用的部分有意义吗?如果它们充满陈词滥调和空话,那么说明战略还不够明晰。如果你发布关于你自己或你的业务,没有人会关心。如果你发布的是读者可能想要听到的内容,那么你就有机会吸引人们的注意力。

我会在与团队的构思会议之后使用这种方法。一旦我们总结出了最好的想法,然后同意了一个行动方案,我会指派一个人去写新闻稿。当我们再次聚在一起时,会将新闻稿作为重新审视和测试我们想法的一种方式。它们有道理吗?我们在愿景中团结一致了吗?少了什么东西吗?

这也是用来总结想法的一种很好的方式——想象它向前开展,为你的老板或客户讲述你的愿景和战略。当你宣布它时,它变得更加真实。

讲视频、在线横幅广告、搜索营销，这些也是其他人在做的。她基本上是将传统模型应用于新媒体，但我很不耐烦，我渴望以数字方式令我们与众不同。

2009年年初，我决定创建一个内部的数字化挑战者。我带着我的老同事琳达·鲍夫（Linda Boff）从NBC回来，我们创建了一个斗志旺盛的数字创新团队，以更大的创造力和没有先入之见的方式在内部攻击数字化工作。我为她拨出了15%的广告预算，并指示她雇用一支可以帮助她做这件事的小团队。

不过，这次我睁大了眼睛。我知道，对挑战者来说，领先一步可能是危险的。我告诉自己要忍受朱迪的广告团队之间的紧张关系，他们不想出让数字化业务，与此同时还要保护琳达的团队不受政治影响。在与我讨论营销活动的过程中，两个团队都会就如何使用数字媒体、如何利用我们缺乏的时间和金钱提出独立和相互矛盾的想法。朱迪会引入BBDO团队进行作品展示，他们会提出数十种关于数字化的想法。虽然我喜欢新的想法，但BBDO还没有掌握数字技术。他们没有小型数字化独立人才的技能。BBDO认为，向我游说他们的规模，而不是他们的能力就会获胜。有的时候，挑战者团队会在很长的一段时间里保持隐身模式，不与广告或公关团队分享想法，让对方觉得受到了排斥并感到沮丧。又或者有的时候，公关团队会依据具体问题采取行动，有些人不可避免地联合起来。作为团队领导者，我不得不允许存在一定程度的紧张，但同时要控制它。我会花时间对朱迪和琳达分别或一起进行辅导。我会开玩笑、会无视他们，甚至会发脾气，但大多数时候我坚持了下来。安插挑战者会测试你的决心——当事情没有发生改变时往往是简单的，尤其是当你刻意而为之。

BBDO的首席执行官安德鲁·罗伯逊（Andrew Robertson）曾借用一顿午餐介入调解，目的是要求我解决GE团队之间的紧张关系。他说是时候需要我处理这个问题了。我承认目前的困难，并要求他保持耐心，解释说："我们正在测试新的方法。BBDO无法独立完成所有的任务，我们的品牌营销团队也无法做到。我正在播种新的能力。这种疯狂是有目的的。我保证会变得更好。"事实确实如此。

随着琳达的推动，我们与数字媒体签约，在推特、脸书等社交媒体上开展活动。消费者品牌已开始更频繁地使用社交媒体，但像GE这样的B2B公司还没有投入其中。我们在GE内部推出了"GE Tweet Squad"社交媒体专家，他们可以帮助公司中的其他人熟悉推特，并鼓励更多GE员工使用社交媒体。（尽管当时许多GE企业的IT部门禁止员工使用社交媒体，因为会带来垃圾邮件和生产力的轻微消耗，但我们做到了这一点。）这是一场艰难的战斗，当我们推出首批企业新闻博客GE Reports时，GE.com的负责人——理论上的数字"领导者"——向我发送了一个广告时代的故事，名为"公司永远不应该开博客的十大理由"。

我在GE的目标是"喊的声音要高过花的钱"——采用新的通信工具来引导我们的信息，重复它，并充分利用该区域以便有效地推动品牌地位。社交和数字媒体是一个重要的放大器，它可以让我们讲述我们的故事并以更少的预算增加价值的方式获得关注。

琳达团队所做的事情远远超出了社交媒体和博客。我们是第一批使用Instagram和Twitter's Vine等新平台的公司之一。琳达领导了我们的#6SecondScience（6秒钟的科学）视频项目，该项目旨在让社区创建关于科学的微视频，并创造了像Pi Day（通过在社交媒体上发放馅饼来赞美圆周率）的营销活动。

我将新的虚拟喊叫场所命名为"扩音室"（Amp Room）。"扩音室"的目的是利用每一种可能的媒体策略来放大我们的信息（与我们公关团队的效力相结合）。我们聘请了前记者编写和编辑内容——设置"品牌内容"的标准。一些方法起初看起来很愚蠢：用一个视频游戏来解释医院如何管理患者流量。（它奏效了！）有些人认为我们会让自己难堪，或者我们在浪费金钱。我总是把它带回到我们的目的和使命，将人们与我们所做的事情联系起来：我们是一家通过令人惊叹的科学成就来创造事物的公司——让世界运行得更美好。我们建设、发电、运输和治疗。毕竟，我说过，客户、员工和投资者是第一要务。这就是你赢得他们的头脑占有率并影响购买和招聘决策的方式。他们不仅以交易方式对GE感兴趣，而且希望与GE建立联系。我们的工作是以意想不到的，甚至令人愉快的方式吸引他们的注意力。数字化是实现这一目标的方式，它的成本更低，参与度也更高。

数字化的努力正在获得牵引力，但不是每个人都能支持这种变化。有些人急于改变，只是坐等获得许可；有些人尚未决定，需要证明、许可和技能；其他人仍然永远无法到达那里——因为他们不想改变，他们不喜欢它，或者他们没有改变的技能，所以只能离场。朱迪就是其中之一。

多年后，琳达告诉我，这是她职业生涯中最艰难的时期之一。她是一个天生的合作者，被要求挑战现状意味着她必须习惯紧张，而这种紧张往往是由她造成的，但这让她做得更好。她给了我所听过的最有帮助的"不"；她立场坚定但会提供人们可能会考虑的替代方案，而不仅仅是"不，我们不能这样做"。她继续以数字营销创新者的姿态脱颖而出，并最终被任命为GE的首席营销官。

此外，我们创造了一些新的奏效的东西，并且扩大了GE与世界对话的规模，使其与众不同。以下是我们如何将公司转变为"内容工厂"的方法：

1. 为工作室配备人员

对一个内容工厂来说，你必须配备一群叙述者和数字化世界中成长起来的数据书呆子。你不能将这项工作外包给代理商。

虽然你的内部团队必须引导内容工厂，但你依然需要外部视角和"火花"，特别是在经历快速变化的时候。在我们的例子中，我们创建了我称之为外部创作者的"农场团队"，可以在需要时调用他们。其中一个"火花"是创意数字媒体实验室The Barbarian Group（野蛮人集团）的负责人本杰明·帕尔默（Benjamin Palmer）。他们几乎可以进入GE的任何地方去探索我们业务的各个部分，从风力涡轮机到喷气发动机。通过与他们的合作，我们创建了GEAdventure.com网站，解释了科学如何在GE发生。

他们制作的最早的视频之一，是在马萨诸塞州吉米尼峰的一个风力发电场拍摄的。他们拍摄了自己爬到涡轮机顶部的过程，亲身展示了技术人员到达那里的方式。他们将一个小型相机绑在一个玩具士兵上，并从顶部将它投下来进行拍摄，从而展示这些巨人的高度。多年来，他们创造了一系列前卫的内容，将GE的科学与新的受众联系起来。

2. 争当第一

没有人记得奥运会上的银牌获得者，这在故事讲述中也是如此。

例如，在GE，我们是第一家与BuzzFeed[①]等新媒体合作的大公司。这使得我们可以花更少的钱，因为那时这些新媒体的平台还小，模型也尚未完全成熟。这也促成了媒体对此类合作的兴趣。

3. 对观众进行微观定位

数字内容工厂允许你针对新消费者进行微观定位。换句话说，你可以使用数字工具通过兴趣来解析受众，而不是直接用人口统计数据。有时你想与500万人建立联系，但很多时候，你真的只想与你专门定位的五千人互动。

例如，在讲述有关铁路奇迹的故事时，我们通过展现"果汁列车"将目标受众定位为铁路行业所称的"吐白沫者"——形容见到火车后会兴奋得喋喋不休，直至嘴角出现白沫的火车迷们。在两分半钟的视频里，镜头追踪着一列Tropicana / CSX果汁火车，它由两台4400马力的GE Evolution系列Tier 3机车牵引着在东部沿海地区运输着纯果乐（Tropicana）橙汁。你或许会问：这些受众又不买机车，这个视频有什么意义呢？我们追踪的是铁路迷们的心，因为他们中的许多人都会影响购买决策，其中一些人可能有一天会为我们工作，而且更多的人希望他们的投资组合中有GE的股票。微观定位会减轻压力，不会让你觉得必须要实现超级碗或世界杯那样的影响力，并为其付出所有的时间。

4. 创建一桌大杂烩

建立和运营内容工厂需要不断的实验，而不是进行庞大的一次性活动。你所做的基本上是摆上一桌内容的大杂烩，以便发现最需要的东西。可共享性是关键：如果某些东西能被分享，它就会引起共鸣。

以GE Flyovers为例。我们在GE工厂创造了一个幕后的体验，我们对工厂和车间拍摄了一组航拍镜头，让观众投票决定他们对哪些方面想要有更多的了解。人们通过我们数字生态系统中的所有渠道进行投票：GE.com、Facebook、Twitter、Instagram和BuzzFeed。到最后，这四个视频的总观看次数超过50万。而这些观看

---

① 一间美国的网络新闻媒体公司，由乔纳·派瑞提（Jonah Peretti）于2006年在纽约市成立。公司最初是一间研究网络热门话题的实验室，如今已成为全球性的媒体和科技公司，提供包括政治、手工艺、动物和商业等主题的新闻内容。——译者注

次数反过来又令分支机构以外的人和公司不断涌现出创造力，就关于我们如何改进、改变和用想象推动我们所做的事情进行集思广益。在这种推动下，催生了"GE无人机周"——可以说是科学和工程极客版的"鲨鱼周"节目，一个循环播出的系列，其中包括用无人机航拍的发动机试验台、深海石油勘探、风电场，甚至还有里约奥运会的视频。如今它已经获得了数百万的点击率。GE最近与Vice合作，在其视频频道上向全球推广"无人机周"。

5. 召开对话

营销是一种对话。邀请其他人参与并给予他们机会评论，就像我们对#GEInstaWalk和GE Flyovers所做的那样。

我们做了一系列"Ask Anything"，安排科学家们在包括从脸书到Reddit等各种平台上谈论环境科学或3D打印。

GE在1969年的登月中扮演了重要角色。为了在45周年之际重述这个故事，我们在色拉布（Snapchat）上介绍了我们对第一双月球靴——采用GE最先进的材料设计的金属运动鞋的改进。100双被命名为Mission的靴子在周年庆当天以196.90美元的价格出售。巴兹·奥尔德林①（Buzz Aldrin）通过在Snapchat上上传了一张自己穿着这双靴子的照片来帮助发布。随后，很多主持人和喜剧演员也穿着这双鞋在电视上频频露面。这双鞋最终在亿贝上以数千美元的价格出售，社会名流争相购买，并在布鲁克林艺术博物馆重点展出。

6. 使隐形变得可见

一般来说，我们往往不会感激在我们出生或成年之前出现的发明。我们认为这项技术是理所当然的。这对像GE这样的公司来说是一个挑战，它的技术是成就进步的基石，如电力。我们面临的部分挑战是让隐形可见。这些隐形的技术通常是复杂的，所以关于它们的故事要简单明了。

我最喜欢的故事之一，是由创造出惊人的慢动作视频的电影制作人Slow Mo Guys制作的关于研发中心的系列视频，其中一集拍摄了超疏水和磁性液体（已获

---

① 巴兹·奥尔德林：美国国家航空航天局宇航员，以在执行第一次载人登月任务时成为第二名（在尼尔·阿姆斯特朗之后）踏上月球的人而闻名。——译者注

得超过1200百万的收看率）。还有一次，我们说服想象电影娱乐公司（Imagine Entertainment）的罗恩·霍华德（Ron Howard）和布莱恩·格雷泽（Brian Grazer）与我们合作，共同为国家地理电视台制作了一部关于现代科学突破背后故事的系列节目，其中包括GE的一些成就。

7. 将数据带入生活

渐渐地，所有公司都在努力应对它们产生的巨大数据流。早期，我们与设计师合作，围绕数据创建视觉故事。其中一个很好的例子是一场短途旅行，在GE品牌创新者山姆·奥尔斯坦（Sam Olstein）的带领下，将探险家山姆·科斯曼（Sam Cossman）带到火山边缘，并在互联网上创建一系列将数据与科学相结合的视频和数字体验，这见证了GE推进大块头产品的数字化向更深层次迈进的努力。

在我们推出内容工厂后不久，商业界就注意到我们对数字化的拥抱，这为我们赢得了更多关注。《华尔街日报》称我们为"令人惊讶的实验者"。《企业家》（Entrepreneur）评论道："GE在社交媒体中的表现秒杀全场。"

我的观点是"大品牌"并不一定意味着"大预算"。很多这些新媒体项目的支出并不高昂：2017年，Interbrand①的一项研究估计我们的品牌价值为442亿美元，年度媒体支出不到2亿美元。IBM和梅赛德斯拥有相似的品牌价值，但两者每年媒体花费要超过30亿美元。按照计算，我们的内容工厂每花费1美元便会通过放大效应获得1.41美元的价值。

我是第一个启动内容工厂的人。但坦率地说，即使现在也没有足够多的公司这样做，因为他们有时会因为冒险尝试新的方法而感到恐惧。我依然不断接到一些CEO的电话，他们会向我求助如何花更少的钱获得更大的宣传效果。

我告诉他们的是，这真的归结为一个（相对）简单的等式：优秀的内容+正确的时间、正确的地方、正确的受众+通过放大对话+花更少的钱获得更大的宣传效果=大规模的品牌投资回报率。在你希望让人们掏钱购买或赢得顾客忠实度之前，你必须占据人们的心灵和头脑，而且你必须总要在预算和思维定式中预留出挑战和实验的空间。

---

① Interbrand成立于1974年，是全球最大的综合性品牌咨询公司。——译者注

第十章

前行路上的垫脚石

当我在弗吉尼亚州温彻斯特小学读书时，第一次知道了托马斯·爱迪生，他被认为是典型的美国发明家，但是这种描述并不有利于他广博的思想。事实上，他并没有发明灯泡——英国发明家们在45年前已经演示了电灯。相反，他发明的是一种将电灯普及化的方式，并将其商业化（他的碳丝显著延长了耐用性和可靠性），最终使其规模化。换句话说，他使这项发明成为现实。

1878年，当爱迪生准备推出他的电灯时，他面临着一个艰难的障碍：人们对电怕得要命。在一个习惯使用蜡烛和煤气灯的世界里，人们没有理由相信自己需要白炽灯。

爱迪生看到了许多人忽视的东西——让人们采用一种新的行事方式，围绕一个新故事动员是创新的难点。许多创新者将注意力集中在提出新想法上，这些想法涉及创造力和无视约束的能力。但是，更难的部分，特别是艰难的大事，是激发那些对改变不感兴趣的人——我们大多数人——去热烈拥抱改变。如同拉尔夫·沃尔多·爱默生（Ralph Waldo Emerson）所言："思想必须通过善良和勇敢者的手脑而发挥作用，否则它便只是梦想。"

为了给自己的宏伟事业建立起公众支持并证明它的安全性，爱迪生组织了一场"电火炬游行"，让400名男子头上戴着灯泡，这些灯泡通过穿过衬衫里的电线与身后一个滚动的蒸汽发生器相连。通过游行方式，爱迪生产生了一个获得人们支持的想法：安全、可靠、可以夜以继日发光的电灯。一旦他产生了这个想法，灯泡很快成为世界上有史以来最具颠覆性的技术之一。

在金融危机导致大崩溃后的几周里，我回想起爱迪生的那场游行和爱默生的话。GE面临新的定义。GE是一家以机械工程为基础的工业公司，它曾将自己重塑为金融巨头。现在我们需要再次重新定义自己。再次，我们已经不是这样做过了吗？当我和别人交谈时，大多数人都会这么想。我不得不提醒他们：如果你想要保持与现实世界的相关性——重塑是一种持续的行为。

数字世界开始改变一切，从我们观看的电影，再到阅读书籍的方式，它触动了整个产品链，从设计和制造到销售和客户服务。我认为，数字化——互联网和技术的移动版本将以新方式影响更大范围的商业世界，这只是时间问题。这对我来说似乎是不可避免的，虽然我不知道它会以何种方式展开。我已经意识到这种感觉——这种感觉对我说："留心。"

由于我曾在NBC内部从事数字媒体工作，面对来势汹汹的数字时代时，我可能比大多数人对赶超即将到来的变化有着更清晰的察觉。但这并不意味着我清楚新兴的数字世界对GE意味着什么——只知道鉴于我们目前广阔的行业覆盖范围，这种改变的复杂程度将令人惊叹。我在NBC看到的是数据进入人们家庭的方式。我们在谈论微软的Xbox时觉得它就像是起居室里的"特洛伊木马"，它不仅捕获了我们如何在"使命召唤"中的战斗模式以及如何在"吉他英雄"中伴随乐队手舞足蹈，还可能同时记录了我们生活模式的数据。这同样适用于有线机顶盒。初创公司会出现在我们的雷达上，通过获得人们的观看记录将有线机顶盒视作一种广告定位的方式。以此为基础，你可以对各种未来场景进行展望。我们看到了家庭健康设备的兴起，这些设备允许患者提前从医院回家并上传数据供医生查看。随着移动电话和定位数据的出现，技术使我们更加不受束缚，却用数字方式将我们牢牢地掌控起来。数字化的速度令人眼花缭乱。各公司收集的数据告诉消费者使用电力的方式，或者电器的磨损情况，这对于衡量人们的需求以及如何与消费者建立联系明显具有重要价值。

当然，在2008年时，这个机遇还很遥远。在拐点的早期，你必须要坚持的还只是一点点碎片。但我知道，如果我们能够利用从机器和员工的工作模式（销售、营销、制造、运营）中获得的数据，GE是可以实现巨大飞跃的；我们可以从根本上重塑我们的工作方式，甚至是工作内容。从客厅里收集数据的Xbox到监控洗衣机的旋转周期何时结束，或远程监控患者的生命体征，这段路还有多远的距离？如果我们能够快速解决这个问题，就可以成为行业的领军者。但如果犹豫不决，我担心我们可能会成为另一个柯达，一个跟跄跌倒的行业巨头。只留下一张记载过去荣耀的褪色老照片。

我确信我们需要完全接受数字世界并改变销售方式和内容——即使它只是意味着吸引客户上网，以便他们可以找到GE解决方案、支付账单或订购零件。但如何证明我的这种设想呢？

"眼见为实"这种陈词滥调已经听过太多次了，这句话不一定正确。因为有时，即使你看到了或听到了什么，但如果它们有悖于以往坚信的事物时，你的信念和行为也不会发生一丁点的改变。

在某种程度上，我被一个关于19世纪奥地利医生伊戈兹·塞麦尔维斯（Ignaz Semmelweis）的故事所困扰。对我来说，这个故事具有警示意义，失败可能会对我们的业务产生什么样的影响。1847年，塞麦尔维斯博士在维也纳妇产医院工作，那里有两个独立的诊所：医生在一个诊所接生婴儿，助产士在另一个诊所接生婴儿。然而在医生诊所，产妇和婴儿的死亡率是助产士诊所的三倍。

通过观察两个诊所的不同接生过程，塞麦尔维斯发现了他所认为的原因：医生们会在进行尸检后——尸检的对象很多是因产褥热而死亡的产妇和婴儿——直接进入产房，从而将疾病传播给健康产妇和新生儿，从而导致恶性循环。当塞麦尔维斯让这些医生在接生前洗手后，诊所的死亡率便急剧下降了。

但是当塞麦尔维斯三年后在医学会议上向同事们展示他的发现时，他遭到了拒绝和冷嘲热讽。他的同事们，甚至他的妻子都认为他疯了，于是将他送进了精神病院。塞麦尔维斯不久后便与世长辞。

为什么他失败了？出了什么问题？

当我重演塞麦尔维斯未能说服医生和医疗机构接受术前消毒双手的故事时，我开始意识到，要改变人们的想法，有时你要先改变他们思考问题的方式。塞麦尔维斯的观察和经验与当时的传统医学思想——疾病是身体四种体液不平衡的结果［这比微生物学家和化学家路易·巴斯德（Louis Pasteur）的研究成果要早十多年］——背道而驰，而这种心智模式是在课堂上的医生们进行手术的基础。塞麦尔维斯在诊所里发现的原因和他提供的具体数据都不能对他们产生影响。

我们的心智模式是根深蒂固的思维习惯。这些习惯有助于过滤掉日常生活中不重要的东西。但是当它们被证明是错误的时候是很难被打破的。无论证据多么令人信服，改变心智模式需要的不仅仅是一次演讲；它需要持续不断地经验介绍、讨论和挑衅。

要改变人们的思维方式，你需要以全环绕声的方式去做说服别人的工作。他们需要了解新模式在特定情况下的工作方式。真正革命性的创新——改变世界的创新——需要进行解释才能被接受。它们需要被体验才能被人们相信。它们需要反复沟通。就在你想"他们厌恶我这么说"时，你发现你需要再次解释它。改变我们的想法不是一朝一夕的事，仅靠吃一片生菜叶子是不会让你变瘦的。

改变人们对商业运作方式的心智模式——塑造新市场——是极其复杂的。但是在GE和NBC的经历告诉我，人们不可能仅仅被告知变革即将来临就会按照预期投入行动。他们必须解决它。你的工作就是创造环境、行动和指导，以便抢先在他人之前塑造机会。

激励并带领他人让新的愿景成真是有风险的，有时风险很大，但当你试图在飞速变化中抓住机会时这样做是必要的。在金融危机之后，我意识到是时候抓住GE的数字化未来了。但我们首先需要弄清楚它是什么。

幸存者

随着GE于2009年年底开始摆脱金融危机，我开始寻找市场，以此测试我对塑造GE数字化未来的雄心。我的第一个电话打给了让-米歇尔·科塞里（Jean-

Michel Cossery），时任GE医疗集团（GE Healthcare）首席营销官。在我去NBC之前，我曾和让-米歇尔一起共事。从做生意的角度来看，他是我们最具想象力的首席营销官。他天赋异禀（生命科学双博士以及MBA学位）、充满活力、乐观向上、极具魅力。

作为一个身材苗条、口音浓重的法国人，让-米歇尔对生活和工作都抱有无所畏惧的态度。事实上，在那个时候，他十分迷恋骑射运动，在青年时期曾获得法国大学的马术障碍赛冠军。在我塑造未来的过程中，我想不出一个比他更适合的盟友。

对任何想要改造组织的人而言，寻找工作中的拥护者——真正的盟友——是必不可少的。你需要一个可以有批判性但诚实地（且充满激情地）接受新想法的人际网。变革和创新是团队运动。他们要求内部盟友反对将要上演的、持续不断的以及不可避免的拒绝戏码。

通过数字媒体——从WebMD到将一些客户的健康内容加速在互联网上推出，如克利夫兰诊所和葛兰素史克等，我可以看到医疗保健的消费化趋势。这些是与消费者建立更为直接联系所做出的新尝试。在定期的战略评估会上，我们会让团队共同策划未来。这些评论表面上看起来像是GE如何更好地为克利夫兰诊所提供服务，但我们最终是对未来的机遇进行头脑风暴，例如通过手机或还未商业化的小型设备将病人和医院进行远程连接。

在联系更为密切的世界中，消费者可以获得有关他们健康的各种数据，他们可以使用这些数据来更好地控制健康。健康产业正在密切关注数字化问题，因为奥巴马总统的一揽子刺激计划为医生提供了使用电子医疗记录的激励措施。当然GE的客户，包括GE本身都会因此受到影响。我们可以找到怎样的机会确保自己在这个领域处于领先呢？

让-米歇尔和研发中心正在孵化一个关于配有传感器的家庭医疗设备的"想象力突破"项目——老年人的家庭跟踪，我试图将NBC健康媒体计划与家用电器和电子医疗记录结合起来。我们的努力仍然非常模糊，但可以看到由数字化塑造的轮廓。

早期阶段中清晰度的缺乏是变革者遇到的典型障碍。你必须依从本能采取大胆行动，而不是等待数据告诉你该怎么做。当然，你必须尊重数据，但更多的是要热爱想象力。作为变革者，你需要采用艾米·惠特克（Amy Whitaker）所说的"艺术思维"。即不是直接从A点到B点，而是创造出一个B点，然后确定是否可能到达那里。

塑造未来是一场同心戮力的行动，因为它需要想象力和勇气，需要一个很多盟友的安全空间。新想法和观察自诞生之日起就远非完美。通常情况下，你甚至无法将这个概念诉诸语言表达出来。这就是为什么我坚信要为它们进行测试的原因——这些测试需要营造人们可以随意发言、试错、争辩和迭代的氛围。

让-米歇尔和我创建了一个共享发现团队，由两名营销人员和一名来自MBA项目的人员组成。我们每个人都要分头了解医疗保健领域里已经出现的数字化。我们与谷歌和微软这样的巨头，以及像沃尔玛和西维斯（CVS）这样的消费者公司会晤，他们正在尝试药店之外的店内护理（曾经有一段时间无法在CVS接种流感疫苗）。我们还联系了像PatientsLikeMe和MedHelp这样的初创公司，这些公司正在发展共享健康数据的患者社区。

我们开始绘制消费者健康愿景，以一个完全与互联网连接的个人为中心，得益于便捷的个人医疗数据，他可以尽早并积极地采取行动。

"家电可以成为一家数字医疗保健企业，"我说，"水系统是一项医疗保健业务，因为获得洁净水是必不可少的。当你这么想时，电力也可以成为一项医疗保健业务——为世界偏远地区创建新的医疗中心和医疗保健提供所需的电力。利用清洁技术发电、减少污染和治疗哮喘等疾病。医生可以通过视频会议进行远程医疗。"

让-米歇尔摇了摇头。

"首先，我们需要担心的是来自消费者、医生、医院和互联网的所有数据。它们都是随机的，相互间没有联系。"他用浓重的法国口音坚称。

让-米歇尔和我对彼此抱有很大信任。我们可以自由地、大声地和戏剧性地互相质疑——事实上，对于让-米歇尔，一切都是戏剧性的！我们的团队也有同感。

会议让我们精疲力竭，但同时也让我们在精神上充满活力。

"我们需要创建数据支撑。"让-米歇尔喊道，同时在我房间的画架上放置的一个巨大笔记本上画出一条简单的火车轨道。然后我起身从他手里拿过马克笔。"这就是上面的火车头，"我说，同时画出一辆可怕的火车，也就是一年级学生的水平，"这个火车头里有什么？"

然后，我们继续这个即兴演奏，处于一种纯粹的给予和接受状态。这是禅宗般的工作流程。

为了解决问题，我们回到了两个关键问题上：我们试图解决什么问题？以及测试解决方案最简单、最快捷的方法是什么？

"医疗保健成本太高，对大多数需要它的人来说都不够好，太多人无法享受它——无论他们是生活在像印度这样的发展中国家还是在美国部分地区。"让-米歇尔说，"世界各地的人们都希望以第三世界的成本获得第一世界的医疗服务。"

"数字化应该使我们能够捕获数据，证明我们可以提高质量，提供更为便捷的服务，并降低健康成本。"我说，"这是我们的三个追求，成本、质量和便利。"

"但公众和机构不会心甘情愿地让渡他们的个人数据。"让-米歇尔说。

"他们会的，让-米歇尔。"我回答道，"看看像PatientsLikeMe（一个美国病友社交平台）这样的消费者网站——用户正在分享他们的糖尿病数据并向社区证明自己的身份，因为他们相信社区力量可以帮助他们。一些医院已经在使用电子医疗记录，初创公司正准备从移动设备中捕获数据。"

接下来，我们要踏上发现之旅了。我们的发现之旅的关键可以概括为一个日语短语——现地现物（genchi genbutsu），意思为"自己去看看"。这是丰田公司制定的管理原则，它基于前往行动所在地和直接对行动进行观察的重要性。这是及早应对变革的一个基本方面。

这就是为什么，在我们开展健康发现之旅后不久，我穿过了位于沙特阿拉伯利雅得一家空气中飘荡着檀香味道的酒店大厅。我全身包裹着中东服装：一条黑色头巾和一条厚重的黑色长袍，而事实上，我里面穿得很少，这样才能在1000度（115华氏度）高温的八月酷暑中幸存下来。从眼角的余光中，我瞥见了坐在沙发上的拳击手迈克·泰森（Mike Tyson）。

"他在这做什么？"我很好奇。一个更好的问题或许应该是，"我在这做什么？"我从未去过沙特阿拉伯；当时，GE很少有人到过那里，尤其是女性。在我为旅行做准备的时候，一位女同事对我说："你为什么要去沙特阿拉伯？我不赞同他们对待女性的方式。我总是让沙特的客户在迪拜与我会面。"

后来，我发现沙特阿拉伯在商业环境方面是我觉得最有趣的地方之一。我们与一群女性，包括医生、投资人和教授共进午餐，这是我见过的一些最聪明、最有力量的女性。我们的目标是了解她们使用技术的方式、对健康状况的看法，以及他们对女儿、家人和自己的期望。

当我们得知沙特阿拉伯卫生部长正在寻求改善医疗保健的系统方法，包括投资数据分析时，我们认为这或许可以成为证明基础。一旦部长确信GE可以提供帮助，他便邀请我们进行访问，要求我们首先关注预防女性死于乳腺癌第四阶段的棘手挑战。对沙特阿拉伯的许多民众来说，癌症被认为是一种诅咒，是一件羞耻的事情。由于他们的习俗、隐私问题和女性的缺乏流动性，癌变的乳腺肿瘤往往被忽视，直到它们变得危险并最终致命。

让-米歇尔和我扩大了团队，其中包括中东的两名当地同事拉尼亚·罗斯托姆（Rania Rostom）和阿莉·莎拉（Ali Sala），我们开始着手更好地理解这个问题。这意味着要调查这些女性行为背后的叙述。寻找解决方案并不像对她们说的那样容易。"去做检查"是要测试我们对沙特文化规范、健康叙述和行为的数字化未来形象。

我们与医生、护士和病人们一起工作。最重要的是我们要倾听他们。在工作期间，我们发现了医疗保健失败背后的文化问题。由于耻辱感、去医院就诊的困难以及诊断出致命癌症的可能性，这几种因素交织在一起导致当地的筛查率很低。

在沙特，我亲身体验了面对面交流、让自己沉浸在别人的文化中、通过对方的眼睛看世界的重要性。当地女性的表现和我预想的不同。"可以问我们任何问题，"一个女人说，"但是不要浪费时间谈论为什么不能驾驶汽车（这种限制在2017年已被取缔）。我们有更重要的事情要解决。"比如活得更久，我意识到。

最终，我们创造了一台专为最大程度保护隐私而设计的移动式乳房X线摄影筛查车，该扫描车专门用于社区中的女性。该技术将测试数据无线上传到个人健康记录和沙特国家数据库。我们开发了一个数字媒体网站，女性们可以匿名向医生和护士提问，隐藏在数字化背后，赋予她们新身份的虚拟自我。有了这重身份的保护，女性可以大胆提出自己以前会感到羞耻的问题。这对卫生部来说是一个重大突破——他们要求我们在全国范围内开展有关健康和保健的广告以及数字媒体活动。只有将自己融入王国并观察其行为，我们才能知道沙特女性既执迷于隐私，又有数字化的悟性。

一旦利用这些发现解决了我们的产品设计问题，我们就开始用能够在情感上唤起共鸣的数据加固数字健康叙述的主干。我们发现，由于女性寿命的缩短或因乳腺癌而丧失能力，2008年全球的"健康生命年"损失了1500万年，这是一个令人震惊的数字。

仅沙特阿拉伯就丧失了大约2万8千年的健康生命年。源自数字健康记录日益增多的数据为我们提供了强有力的证据。

在与驻院教授VG·戈文达拉扬（VG Govindarajan）合作时，如何提供更优质、更实惠的医疗保健服务越来越成为我们的关注点。他帮助我们看到我们的产品并不总是符合新兴地区的需求。我们的大多数技术都过于高端，以致无法从全球市场的增长中获益——例如，我们的健康监测器因为不抗颠簸从而无法从崎岖的道路移动到印度农村的当地医疗中心，为研究和一级医院开发的CT扫描仪对中国农村医院而言过于昂贵，且有些功能没有用武之地。难怪我们没有海外发展。

与沙特阿拉伯一样，我们将自己浸入其他发展中市场，在此过程中，我们在愿景的边缘发现了新的数字产品创意。其中一个很好的例证是：GE医疗集团拥有一台价值5万美元的心电图（EKG）机器，可用于对心脏病患者的诊断。但是当我们去印度时，我们意识到，这个要插入该国不可靠的电网的庞大而昂贵的机器是该国最不需要的东西。考虑到印度农村的独特限制，GE制造了价值500美元版本的EKG机器，型号为Mac I。它采用电池供电，重量仅相当于一台笔记本电脑。它操作便捷，体积轻巧，方便运输，对那些无法享受医院治疗的农村地区而言，这是一个重要的福音。

关于Mac I最好的一面——使其成为"逆向"创新——是它从基层，也就是从其应有的方式反向创建了一种新产品。Mac I取得了如此巨大的成功，它催生了GE基于价值而打造的整个医疗保健产品系列以及定位于新兴市场的快速增长的业务部门。在这些努力中，我最喜欢的一项尝试是VScan，这是一款手持式超声波仪，看起来就像一款带探头的智能手机。它的应用范围涵盖了从救护车的紧急护理到孕产妇护理，成为医生稀缺地区的助产士的得力仪器。VScan成为GE无障碍移动技术的象征，旨在塑造未来。而且我能够对印度尼西亚的助产士和越南的医院管理人员进行远程访问。我和中国农村的医生促膝而谈，了解数字X射线如何帮助他们医治患者。虽然在某些情况下，他们会骑自行车，甚至是骑马出诊，但大多数医生和医护人员都有移动电话和复杂的通信方式。你必须亲自去看看。（中国和印度将成为拥有市场支撑的创新之地。中国是GE第一个创新中心的诞生地，这个机构位于四川省，专注于农村医疗保健，它是数十种无障碍健康技术的发源地，例如远程医疗和远程诊断。）

与此同时，GE在医疗保健IT方面投入了更多资金，为正在向电子病历拓展的医生们提供工作流程方面的解决方案。这对未来几年的GE来说将是一个挑战，尤其是初创公司也看到了在经济和社会方面产生影响的机会。

截至2009年5月，让-米歇尔与我将策略应用到我们称之为"健康创想"（Healthymagination）的故事中，这是一项60亿美元的承诺，旨在投资专注于成本、质量和获取的技术和计划。反过来，我们认为GE可以成为改变医疗保健的一支力量。如同"绿色创想"一样，"健康创想"关于利润和目标，这是一个关于我们与现实世界相关联的故事，它通过行动和可衡量的影响来讲述。我们围绕健康结果包装GE，投资新产品，旨在增加收入，最重要的是，让更多人在健康上受益。

我们的员工尤其喜欢这个项目。我们为600个GE办公场所创建了全面的工作场所健康认证，为改善员工的健康状况提供激励和计划，从营养管理到健身中心，保险成本的降低和数字健身追踪器。我们将许多员工转变为健康消费者，让他们能够访问自己的数据，以保险折扣的形式改善他们的健康，节省花销并降低GE的成本。这个项目发展成覆盖美国几十个城市的"健康城市计划"，使我们与其他公司和当地医疗服务提供者展开合作，建立一种系统的方法让消费者获取健康行为的变化和数据，从而以一种可衡量和可重复的方式改善自身健康状况。我们创建了一个高效的顾问委员会，在新奥尔良和内罗毕等地与主要的非政府组织就农村医疗保健进行接触，并与独立研究和咨询公司英国牛津咨询公司（Oxford Analytica）签订合同，记录降低成本、提高质量和访问的产品使用情况——我们保留了一系列影响指标，就像我们在"绿色创想"中所做的那样。我们的第一套产品包括GE资本为美国医生提供的资金，用于安装GE和各种供应商的电子病历。

"健康创想"开始迅速展现回报——品牌增加、更丰富的销售渠道、健康成本的降低。但在更传统的管理者中，它似乎没有必要。不幸的是，其中一位正是让–米歇尔的老板，这位新任业务首席执行官通过一系列制造任务为自己打上了GE对流程热爱的烙印。在关键的变革时期，一个热衷于短期量化指标的人在医疗保健行业中制造懈怠，他不希望营销参与到战略角色中——他想指挥营销。

新老板对家庭健康和电子病历的客户和商业模式并不明晰，这让他与让–米歇尔的团队产生了摩擦。GE与英特尔合作组建了一家家庭健康合资企业，其特色产品是跟踪设备，可以抓取家中老年人和慢性病患者的重要数据。这是"想象力突破"项目在数字健康领域的结晶。不幸的是，它一直没有获得正确的支持和牵引力，即使它资金充足（也因此而受到憎恨）。由于这项尝试迟迟无法取得进展，新任首席执行官将其作为悬在让–米歇尔和我头上的一根无形的绞索。他指责让–米歇尔让GE涉足了这个全新的复杂领域。

为了使让–米歇尔能够继续参与，我疯狂地战斗并且经常在杰夫面前对他大加赞赏，因为我知道医疗保健业务比以往任何时候都更需要战略家和开拓市场的人。杰夫是我们的后盾。我们用18个月阻止了卫道士。但最终，由于缺乏老板的支持，让-米歇尔被击溃了，他辞职了。

"我们得料到会有这么一天，贝丝，"他在2012年离开公司时对我说，"我们可以预见别人无法看到的事情。它有时会让我们因为如此大胆的想象而成为笑柄。"

让-米歇尔的离职对我而言意味着工作的损失，也是个人的损失。令我感到沮丧的是，成熟的公司并不懂得呵护和培养这些善于培育创新，并培养、照料其早期发展阶段的人。不是每个人都可以或应该成为拓展运营商。作为团队的领导者，你必须支持像让-米歇尔这样的创新者，他们可以提供创意，应对模糊的未来，并且有能力乘风破浪驶向新的未来。作为变革者，你需要找到能为你做同样事情的同盟。

虽然我们失去了让-米歇尔，但随着"健康创想"的推出，我们已经为GE推动数字技术提供了可行的证据。在这方面，无障碍技术凭借数字连接和移动性、家庭健康和数字记录所发挥的作用要更大。数字化远未成形，但我们可以听到来自远方的脚步声。即使我们尚不能清楚地描述它，但我们不得不说服GE的其他部门和全世界，告诉他们数字化是必要的、有价值的且不可阻挡的未来。

隐隐雷鸣

当我第一次从可能性的岩石中雕凿数字化未来时，我的团队利用一切机会对杰夫和职能部门领导者（如我们的首席财务官）灌输数字概念的"教育"。早些时候，我和我们的全球营销执行总监史蒂夫·利古力（Steve Liguori）共同参加了其中的一次会议。史蒂夫是一位值得信赖的副手，我们共同执笔为《哈佛商业评论》撰写了一篇关于营销"4Is"的论文——尽管他本身并不是一个数字人，他只是明白数字化可以帮助我们与客户建立更为紧密的合作。

我们一直试图说服杰夫"商业模式"创新——创造收入的新方法与技术发明一样重要。在医疗保健方面，商业模式的变化可能来自以不同方式出售核磁共振仪器的所有权——从医院拥有所有权直接转变为允许医院通过扫描支付而并不拥

> ### 支持者 vs 导师？
>
> 　　导师是愿意为你提供时间、专业知识和智慧在事业上助你一臂之力的人。支持者是一个在他人面前愿意赞扬你的人，一个对你工作业绩积极宣扬的人。支持者了解你希望产生的影响，是你工作的拥趸，并乐于见到你以及与你志同道合的人取得成功。我认为拥有二者或成为二者同样重要。
>
> 　　你知道支持你的人会怎么谈论你吗？你花时间跟他们讲述了你的故事吗？重要的是要定期与他们联系，以确保他们知道你的最新成就和目标。这对你所支持的人而言也是如此。你越有能力支持其他人的好故事，你就越有可能成为更好的领导者。

有核磁共振仪器的模式。通过更好的数据抓取、跟踪以及分层附加服务的能力，数字连接在使这些模式变得更便捷的过程中日益发挥着分水岭的作用。

　　这种新型商业模式已经伴随iPhone（苹果手机）和其应用程序平台以戏剧性的方式发生了，它为包括用户、应用程序制造商和苹果公司在内的每一方都提供了好处。

　　在会议上，我们准备了一个演示。我们如今会觉得苹果应用程序平台并不新鲜，但它在当时是全新的事物。史蒂夫以极大的信心开场：

　　"平台正在改变业务。它们代表着一种方法，将数据汇总后使用这些数据来创造新产品。"史蒂夫说。

点击。下一张幻灯片。

"苹果应用商店（Apple App Store）是我们可以借鉴学习的一个很好的平台实例。苹果公司为iPhone创造了技术支柱，技术堆栈。他们创建自己的应用程序。但是他们意识到如果开放自己的平台，可以更快地获得更多的应用。"

点击。

"它对新应用程序开发人员的意义在于，他们可以使用苹果公司的平台，并且可以访问他们无法获得的用户。作为回报，他们必须将收益的30%分给苹果公司。"

点击。

"为了确保消费者得到好的体验，苹果公司成为了一名'守门人'，同时制订了指导方针，并且他们可以保留从应用程序流出的所有数据。"

点击。

史蒂夫将接下来的演示交给我，我解释了平台如何设置动态网络效应：网络中的人越多，网络增长得越快，创造的价值就越大。

我们认为演示的内容非常清晰。但会议桌旁的其他高管似乎听到的是另一种语言。当我开始进入演示的后半部分时——"我们怎么做到这一点？"杰夫不禁打断我。

"苹果是一家消费品公司，贝丝。这不适用于我们。我们制作复杂的基础设施技术，而不是手机和应用程序。"他说，"我明白你所说的——我保证。但我认为它不适用。这如同将苹果和橘子相提并论。"

史蒂夫跳了起来，答道："把iPhone想象成GE可以做的小版本。"他停顿了一下以加强效果，说："采用一个开放式的软件平台的框架，这个平台充满了数据和分析，想象一下——想象当你将它应用到我们的'大铁块'上时会发生什么。医疗保健、喷气式飞机、涡轮机——一个能源平台，外部专家们可以在上面发布提高风电场效率的计划！"

史蒂夫是那种一兴奋就上气不接下气的人。这可能会导致与杰夫的会议变得紧张，杰夫并不总是那么充满热情。这恰好就是其中的一次。史蒂夫所发表的这段如电影《好人寥寥》（*A Few Good Men*）里充满热情的讲话遭遇了恼人的沉默。

回首往事，我明白了当时的我们还不具备用杰夫和GE领导层能够理解的方式来诠释想法的语言。我们对未来愿景的描述——苹果公司的生态系统、数据和平台的价值——和它如何应用于GE的未来之间还存在鸿沟。

对大多数公司而言，这一刻是福音传播停止的时候。但是我看到杰夫的反应并非"不行"。这只是语言上的失败。如果杰夫理解我们在数字中得到的观察，之后仍然不屑一顾，那没办法。但事实并非如此。他只是没有看到它。然而，我们也没有倾听杰夫。他提出的观点是，行业不同，与数据有关的竞争问题不同。用iPhone做类比令我们陷入了困境。

我们不断重新审视我们的演示并进行完善，一点点地调整、打磨。每次，一旦我们大胆提到苹果商店或苹果公司，都会被喊停。"不要再和我谈论iPhone了。"杰夫或金融家们抱怨道。但我们坚持了下来。

这些教育课程、演示、"火花"、解读者、验证点和耳语——变革者的交易工具——是一个个如同对话的小小瞬间，随着时间的推移，它们交织在一起，成为一出百老汇剧目的素材，对组织里的领导者和员工的集体心理发挥着作用。

几十年来，美国企业界一直在喋喋不休地谈论不合常规的思维——但问题是，我们似乎仍然喜欢这个条条框框。在此之外的任何东西都是无关紧要的，或者只是一个幻想的"卡通"。GE团队无法明白一个看似无关的实例如何能够告知GE应该怎么做，这种现象正是心理学家所称的"功能固着"的共同认知偏差的结果。

德国心理学家卡尔·登克尔（Karl Duncker）将"功能固着"定义为"以解决问题所需的新方式使用物品的心理上的阻塞"。在一项著名研究中，登克尔创造了一种叫作蜡烛问题的测试：实验对象会领到一盒图钉、一根蜡烛和一根火柴，要解决的问题是把点着的蜡烛固定到墙上，并且蜡不会滴到下面的桌子上。大多数人试图用蜡或图钉将蜡烛固定在墙上，但是失败了，他们没有重新思考这个问题，即把图钉倒出，将装钉子的盒子固定到墙上，然后将蜡烛放在盒子里——因为他们只把盒子看成装图钉的容器。

好在这种偏见是可以克服的。反复接触不同的观点和新的体验可以使我们质疑原有的假设并考虑替代方案——也就是说，将盛有图钉的盒子看作烛台。反复接触会产生一些其他关键因素：它会产生不适——因为这是被问题卡住而产生的不适感。对创造力的研究表明，在人们产生洞察力的过程中，这是一个重要的早期阶段，它创造了"啊哈"的那些时刻。它是一种潜意识信号，告诉大脑眼前存在一个问题并且必须找到解决方案。

我们的大脑倾向于抓住简单的答案来解决问题并结束紧张状态。组织行为与此相似。起初，他们否认问题的存在。然后他们承认存在问题——但这不是他们的问题。接着他们会说这是他们的问题，但它可以通过历经考验的途径解决。

在倡导变革时，变革者的工作就是维持不适感。需求可能正是发明的源泉，但我发现刺激的效果也同样不错。你和他们带来的刺激。他们称你的想法是"卡通"，那就成为一名卡通艺术家，使这个图像越来越清晰直到它有意义。（作为一名素描艺术家，米开朗基罗用极其厚重的线条勾勒人物的轮廓，这是他作品的一个明显特征。）。不断重复。当人们接触这个概念并在新的背景下阐释它时，这种持久性最终会触发新的思维方式。你必须继续传达这些实例，找到解读者和"火花"以获得人们的关注。

组织要重视不断挑衅的行为，被他们视为能决定公司未来的事件。在GE，这些事件主要有两种形式：成长日和商业委员会。

我与杰夫设置的成长日源于我们举办的"想象力的突破"评审，我们会在每月的某个周五审查增长创意和新技术。这些聚谈对任何公司都很重要，因为它们灌输了一种训练有素的方法，以寻求新的增长理念，迫使领导者以有组织的方式专注于未来。

这些会议经常充满辩论，尤其是在我们善良的首席技术官马克·利特尔（Mark Little）和我之间。在以科技为基础的公司中，营销与技术之间的斗争可以被描述为"应该vs可以"。技术人员经常需要最先进、最复杂的功能，无论它们的过度设计的程度或成本多么昂贵——他们正在拓展可能的极限。营销有助于阐释市场中有价值的东西——不是可以制造什么，而是应该制造什么。杰夫的工作是根据两个领域的意见来应对紧张并做出艰难的决策。

虽然马克和我（以及杰夫）对医疗保健的未来进行了很好的辩论，但我们就太阳能的未来展开了特别紧张的争论，而紧张关系通常源于是应该改变或改进技术还是应该改变商业模式的问题。

马克专注于太阳能光伏板。"光伏板是进入建筑物的门户。我们的工程设计大大提高了效率，并且最终它会更便宜。为什么有人想要一种更廉价的光伏电池板呢？"他问道。

"因为光伏电池板足够好。有不同的方式进入市场，"我会争辩道，"这就是我们在Solar City①和Sunrun②等初创公司中所看到的。基本上，它们为消费者提供成本更低的电力，他们为其使用寿命提供解决方案，并且他们免除了安装和升级的麻烦。他们能够将系统与软件结合在一起，使消费者更容易注册，安装人员更容易成为网络的一部分，并在此过程中抓取客户数据。随着面板的商品化和其性能的提升，它们的系统成本会降低。通过控制整个系统，这是解决问题的另一种方式。"

太阳能继续成为激烈争论的焦点，不断被尝试和叫停。因为我们在功能上得到了修复，GE团队并没有面对最为实体性的问题：当有人想出如何用太阳能赚钱时会发生什么？当燃料不需要太阳时会发生什么？当我们的涡轮机被电子和数字技术取代，而不再是电力系统背后的动力时，会发生什么？

当我们专注如何以新的方式进行销售，我会在每月的成长日，然后在季度商务委员会会议上讨论这些问题。这就是我们实现在成长日培养的增长理念的会议。这意味着让销售人员熟悉新产品和创造收入的新方法。

商业委员会对我感到越来越沮丧。杰夫似乎对营销方面不再那么有耐心，他

---

① Solar City公司于2008年10月成立，是美国一家专门发展家用光伏发电项目的公司，位于加利福尼亚州的福斯特城。——译者注
② Sunrun是一家总部位于美国的住宅太阳能发电提供商，在美国拥有"第二大住宅太阳能系统车队"。——译者注

认为，随着我们全球增长规模的扩大，他需要更多地关注全球交易和大客户，而且因为杰夫觉得和我很熟了，他经常会把他随意的讨论风格——"卡通羞辱"——带到委员会上。

有一次会议令我印象尤为深刻：我们在莱西姆会面，那是一间位于克罗顿维尔的阶梯演讲厅，风格像角斗士赛场。我坐在前面，旁边是杰夫，我们身后坐着让-米歇尔和我的同事们。轮到我做演示时，我从杰夫的椅子后面挤过去，进入"赛场"接受挑战。我注视着人群，屏气凝神地阐释了如何通过互联网重新驾驭消费者对医疗保健的兴趣，这会有助于我们更贴近客户——医生和医院。我说，健康可以成为通用电气的新"绿色"项目。

杰夫揉了揉脸，摇了摇头。

"数字消费者保健？这听起来像'卡通'，贝丝，"他说，"你画的东西太遥不可及了，超出了我们谈论的范围。你在第四十阶段，而我想知道我们要怎么做才能专注于第五阶段？EMR（电子病历）的融资如何，它进展得怎么样？"

杰夫想知道如何销售某种新东西。

一位销售领导吉姆则更加好斗。"他们应该怎么做呢？真的吗？"他说，挥手示意我不要再说了，"消费者健康？贝丝，我们不直接面向消费者出售产品。"

"不，不是现在，"我说，"但想象一下它。"你的客户们有自己的客户。你的客户们是医生和医院管理员，他们为患者服务。我们的公用事业服务于家庭和企业主。最后，这些就成为了消费者业务。

然后其他的总经理们群起而攻之，谈话的重点就此丢失，我们转移到了下一个议题。

当质询结束后，我从杰夫座位的后面挤过去，回到自己的座位上，紧紧抓住椅子扶手。但只有当我回到克罗顿维尔宾馆的房间里时，我才释放了自己的沮丧情绪，大哭起来。这种情景经常发生在这个论坛的会议之后。我无法触动那些家伙。我觉得我是因为惊吓过度而无还击之力。

"他们不想听。"我沮丧地向让-米歇尔抱怨道。

第十章　前行路上的垫脚石

在几次商业委员会会议上推动数字化没有取得成功之后，我决定引入一位专家——一个"火花"，一名阐释者，他已经得到了市场的验证。就在那时，我们遇到了亚伦·迪格南（Aaron Dignan）。琳达·柏夫（Linda Boff）聘请了亚伦帮助数字品牌团队开发创意。亚伦联合创办了一家名为Undercurrent的咨询公司，该公司将自己称为"数字麦肯锡"，它是由一位目前在百事可乐公司供职的前同事推荐的。亚伦的专业知识已经获得了我们在美国运通团队中认识的人的验证，他帮助我们创建了一个数字顾问委员会，直到今天，这个委员会依然在运转。我们的目标是召集一群数字化制造者，他们可以激发我们的洞察力并就我们的战略提出建议，特别是在营销和社区建设方面。这些顾问包括了克里斯·普尔（Chris Poole），也就是4chan[①]网创始人（他本人成为了琳达和我的重要火花）、Meetup[②]的斯科特·海佛楠（Scott Heffernan）、纽约大学游戏中心的贝内特·福迪（Bennett Foddy），以及脸书的阿曼达·凯尔索（Amanda Kelso）。他们帮助我们建立起了对正在构建的数字战略的信任，并为我们提供了早期洞见和访问新兴平台的机会。这种咨询委员会可以在一家公司领导的任何变革举措中发挥作用。

琳达和我认为亚伦在数字品牌方面的工作值得被推广到商业委员会，因此，我们把他"扔"到狮群中并让他出席下一次会议。外来者通常会受到一些质疑。

但是亚伦义无反顾，使用了最关注消费者的技术类产品：谷歌搜索。我们现在认为它并不新鲜，但在2010年，行业与谷歌之间建立联系的难度还是惊人的。在阐释谷歌搜索工作的各种算法时，阶梯座位上无聊的人们不停地调整坐姿，随后亚伦说出了重点。

"现在，谷歌搜索不只是用来搜索蛋糕配方和猫粮，"他说，"大型公司正在使用从谷歌搜索中收集的客户数据来生成有针对性的潜在客户，从而将其转化为真正的销售——转化率为10%或20%。他们正在向YouTube上传有关产品的视频，让客户能够更早地发现产品。如果客户们能够在展示之前就对你们的产品有

[①] 综合型讨论区，与高登讨论区相似，言论自由度很高，也没有签名文件、头像等一般论坛功能。——译者注

[②] 世界上最大的地方群组网络，创建者是斯科特·海佛楠。——译者注

解读过程中意义的丢失

"他们就是不能明白，是这样吗？！"当你感到十分沮丧而这样想，或者更糟糕的是，这样说时，请留意这些时刻。我们都有过这种经历，它是如此具有诱惑力，解雇那些不像聪明人那样理解事情甚至更差的人。即使你没有明确表达出来，也要记住你的语气和肢体语言比语言的含义更丰富。当谈话变得令人沮丧时，我养成了看着队友翻白眼的坏习惯。这是让每个人看起来都很糟糕的事情。

避免使用"这非常简单"或"大多数人都知道"这样的语言。一方面，也许他们不知道。大多数人不想承认自己对某个事物的无知，特别是在小组环境中。提前发送简单的概述并提供数字链接为别人提供进一步的了解是有所裨益的。我曾经在投资者关系会议上提出了一个我认为合理的问题。一个参会者反驳道："那个……任何了解投资如何运作的人都不需要问这个问题。"他一直没有回答过我的问题。在会议的剩余时间里，我觉得自己像个白痴。大多数行业都有特定的术语和缩略语，了解它们可以证明你是个内行。有时，行业语言被视为阻止新形象的障碍。良好的领导力致力于使概念易于理解，并邀请人们参与其中。

挑战自己做到真正吸引他人：

· 首先，不要假设每个人的理解水平都和自己一样。

· 提出问题。我经常会在介绍一个新的概念的会议上先抛出问题，以吸引全场的注意力。你对这个主题有什么了解？你有什么问题？

> ·避免解读过程中信息的丢失。我们可能会使用相同的词语，但解读的方式会有所不同。我学会了专注于一些字眼，并这样表达，如"这就是我的意思"，然后问："这与你的解释相吻合吗？"

了解的话，或许你们就不需要那么多的销售人员。"

"等等，等一下，"一位GE执行官说，"更多的潜在客户，更少的销售人员？我不明白。"

"人们可以自己找到你们的产品和信息——事实上，你们可以通过在Google搜索中购买关键词来引导他们。看，你们的工业竞争对手已经这么做了。"他从一个竞争对手那里得到了一段小型发电机组的视频。"看，客户可以看到你们的竞争对手的产品。还有数百个这样的事例。你们是否认为他们在问'GE在哪儿？'看看卡特彼勒公司是如何使用移动技术，以便他们的经销商可以通过应用程序订购库存和监控货物状态的。"

是的，消费者建模的应用程序正应用于企业中。亚伦，我们的"火花"取得了突破。GE的领导们虽然还是继续质疑他，但举止比以前温和了，而且他们开始倾听，至少装作在倾听。

在我用来制造"隐隐雷鸣"的各种工具的背后——逐渐宣布新事物的到来，直到它的音量和阵势大到无法忽视——有一个心理逻辑理论的支撑。你需要创造一种情感的张力，你需要在偏执和可能性之间寻求平衡。

……

以下是我制造"隐隐雷鸣"的方式：

1. 让人们激动起来

早期，当我继续推动数字化时，杰夫总会不停地说："我知道这很重要，但它对我们来说意味着什么？"

我们一直在适应杰夫并发问："数字和软件在GE里是什么样的？来自我们机器的数据是什么样的？可以聊天的风力涡轮机，这看起来是什么样的？"这个迭代过程有助于对故事进行打磨，使其更具可信度、相关性和可销售性。最终，你的听众将开始以自己的方式解读数字化未来并使叙述更为饱满。

2. 展望未来，强调未来的实用性

我邀请了具有开创性（当时）的云软件公司Salesforce[①]的负责人马克·本尼奥夫（Marc Benioff）与我们座谈。马克比GE领先了几局，他对基于云的世界的看法富有感染力。我让他与GE的业务领导们交流，介绍自己是如何使用云上的数据管理整个业务的。

马克的营销策略是不断构思一个在计算机上不用安装软件的世界的想法，因此他随处带着写有"无软件"的贴纸。他知道人们只有在接受了这个理念的实用性后才会倾向于选择他的产品。

3. 在远离内部的地方测试令人生畏的事物

你可以在远离总部的地方通过尝试风险较高的事物来证明领导力。

我们引入了一位营销人员艾皮斯塔·达斯古普塔（Ipsita Dasgupta）在商务委员会上发言。艾皮斯塔·达斯古普塔负责GE在印度的增长，之前供职于思科和IBM。她与GE能源团队合作，制订了将数字服务并入印度发电和风能产品的方法。她可以解释软件在能源方面是如何发挥作用的，我们可以用更多数据做些什

[①] 创建于1999年3月，是一家客户关系管理软件服务提供商，总部设于美国旧金山，可提供随需应用的客户关系管理平台。——译者注

么，以及如何通过它获利。凭借之前在软件公司工作的经验，她懂得如何将数据使用和GE领导层可能与之相关的实例结合进行解读。

4. 看，我们已经这样做了！

与"绿色创想"一样，我们首先关注那些已经数字化的GE业务。最令人吃惊的发现是：GE从现有软件产品中获得的收益——主要是制造自动化领域——使我们跻身为世界二十大软件公司之一。

凭借这个洞察，GE内部的人们面对数字化不再那么惴惴不安。事实上，员工开始到处吹嘘我们的排名（当时位列第十四名）。它有助于改变GE内部的思维方式。我们现在可以专注于这样一个事实，即我们需要规模、一致性和动力去参与竞争。

5. 妄想的功效

创新者需要做的一项很重要的工作就是吓唬人，告诉人们如果他们没能跳上火车的后果。在"健康创想"开展初期，为了向我的团队灌输无所作为的恐惧，我带他们参加拉斯维加斯的消费者电子展——我每年都会参加以了解市场趋势。我与让-米歇尔和其他核心员工进入其中一个展厅并指出。

"你们看到了什么？"我问道。

"到处都是健康产业初创企业的展台。"让-米歇尔答道。

"你知道去年有多少个展台吗？"我问道，"四个。"

当我说完话，让-米歇尔把他的同事们拉到最近的展台前。

"哦，我的天，这有一个人，他戴着与智能手机绑定在一起的心脏监视器。这真是太棒了……"他说，"等一下。这将冲击我们的心电图业务。"

6. 在全公司范围制造错失机遇的恐慌

随着你的变革倡议开始获得动力，将成功广而告之。没有人愿意在公司内部落后他的同事。

在数字发现的早期阶段，我向销售和营销负责人不断发送电子邮件，煽动他们跳上"火车"。"我们正在GE实施数字化规范，这是好事。"我在一封电子邮件中写道。然后，我发布了数字化成功的清单，从为客户寻找新价值的事例中提及GE Genius，这是一款向销售团队提供实时数据的iPad应用程序。

证明点、证明点、证明点。电子邮件的动员营造出积极的声浪。我们在这个区域里的数据和讲述的故事铺天盖地，以至我们让人们产生疑虑，怀疑自己可能会与未来失之交臂。

最终，事情开始发生了变化。那些怀疑我们的人，即使是商业委员会最负面的声音，也开始对自己的看法产生动摇。几个与数字相关的"想象力的突破"计划（如Dose Watch，为医院创造的数字仪表；航空公司的燃料跟踪器；Grid IQ电网数字监控以及铁路网络优化）开始取得成果，公司里更多的人开始从保持中立转向积极。

杰夫对未来是属于数字化的观点表示认同。他说，GE所需要的是专心致志的努力。因此，他创建了一项数字化计划，将其与我们过去的举措（如新增长和全球扩张）相匹配。换句话说，"卡通"是真实的。现在我们得让世界上的其他人相信它。

头脑占有率先行，市场占有率随后

尽管取得了一些进步，但GE缺少市场塑造的基石：一种新的共享语言。如果你想在生产出具体产品之前，在将世界推向新的市场方面取得一些成就——我称之为"头脑占有先行，市场占有随后"，你必须引入一种你可以谈论这种产品的语言。这种新的共享语言将使你的团队（和其他人）并肩工作并创造出新事物。

创新的本质不是技术或业务，而是二者之间的联系。一旦掌握了语言，你就可以讲述产品的故事，并在此过程中助力发展和发展产品。困难在于如何让故事正确并将其广泛传播。

对GE而言，突破发生在2011年年底，杰夫、马克·利特尔、史蒂夫·利古力、比尔·鲁（Bill Ruh）和我在杰夫的办公室举行的一次会议上。马克和我都是数字化未来的热情支持者，但各自的关注点不同。马克看到了将更多传感器嵌入大型机器的可能，我看到了新的终端用户市场。

当我们试图定义新语言时，我依然用消费者的例子带出我们的故事，这会让杰夫发疯。"想象一下，如果你的喷气发动机发推特给你，它会说什么？"杰夫再次表露出他内心觉得这是"卡通"的表情。

"你知道，贝丝，我真的不在乎喷气发动机会发什么内容的推特。我只关心我女儿的推文。不要再讲那些可爱的消费者例子，谈论什么牛奶盒、'物联网'了，"他说，扬了扬双手，"这是工业，而不是互联网。"

这时，史蒂夫不假思索地说出了他脑海中冒出的第一个观点："不，杰夫——这是'工业互联网'。"

杰夫经常抱怨史蒂夫的喋喋不休——但他这次没有。

"没错！"我说。

"是的，史蒂夫！是的，是的！"杰夫说。

"工业互联网"完美地提炼了我们正在做的事情。这很简单，它让我们有办法向内外人士解释我们不是搞网上购物，也不是像甲骨文那样营销企业软件。我们从机器中捕获数据，以便让客户更好地了解我们制造的机器和设备的性能。它为新语言提供了一种所需的清晰度，以传播我们的信息。

它可能并不性感，朴实无华，但它实用且易于理解。我们是一家建立工业互联网的数字工业公司。我们使用传感器、数据和智能机器，并结合大数据、分析和预测算法进行工作。

接下来，我们需要一种方法来阐明工业互联网的价值主张。换句话说，我们需要提供一种简单且易于重复的商业模式。我们不得不回答一个问题：客户从我们的机器中获取数据意味着什么？

这就是史蒂夫、琳达、我与媒体和投资者携手在工业领域开发我们称之为"1%力量"的努力的方式——这是一种与客户交流的方式，同样重要的是，它分享了数字世界的潜在影响——软件与"0和1"的世界。我们选择了一个简单的范例：如果数字化可以将工业生产率提高1%怎么办？我们会节省多少成本？客户会节省多少？在航空方面，1%的燃料节省将在15年内提供300亿美元的回报；在医疗保健领域，生产力提高1%意味着将在15年内获得630亿美元的回报；在铁路领域，火车速度每小时增加1英里将对我们的一个大客户产生每年2亿美元的影响。

这些成为简单故事的起点，可以在整个公司内不间断地共享。例如：你是否知道火车的平均时速是21英里？这不是因为GE不能提升它们的速度——它们确实比以前更快了。只是由于轨道车辆和其他列车拥挤不堪才导致铁路运输速度变慢。通过将传感器连接到机车和轨道车的部件上，操作员可以确定自己的位置以及如何更快地缓解拥堵。这同样适用于医院。你是否知道护士每天要花费20分钟的时间寻找放错位置的设备？借助传感器和移动设备，护士可以更轻松地找到所需设备并提高工作效率。

在我们开发业务案例的语言时，我认为我必须专心致志才能让硅谷接受我们的商业计划。对于"老"科技公司的新举措，硅谷在历史上既有着对新思想家和各种文化敞开怀抱的传统，也有思想偏狭和精英式的做派。马克聘请了一位名叫比尔·鲁的长期思科策略执行官。作为全球数字化领导者，比尔听到了未来的脚步声，并满怀着对物联网的长期热情来到了通用电气公司。他很快在位于硅谷对面东湾新设立的GE软件卓越中心（COE）工厂聘请了软件工程师。这增加了我们在硅谷的信誉。

随后，我为GE打造了一场数字化亮相派对。通过与亚历克斯·君士坦丁堡（他离开通用电气公司后运营着OutCast Agency通信公司，拥有从脸书到Salesforce的Silicon硅谷科技客户名单）的合作，我们绘制了一张硅谷视图，标注了在各个组织中的关键影响者。

不久，我策划了几次晚宴，与技术界的大咖们建立联系，如领英（LinkedIn）的雷德·霍夫曼（Reid Hoffman）、Box的亚伦·莱维（Aaron Levie）、Sunrun的林恩·朱里奇（Lynn Jurich）、《连线》杂志（Wired）的编辑克里斯·安德森（Chris Anderson）、斯坦福教授和精益创业建筑师史蒂夫·布兰克（Steve Blank）和风险投资家，如"硅谷教父"罗恩·康威（Ron Conway）。马克·本尼奥夫和网景通讯公司（Netscape）的创始人以及著名的风险投资家马克·安德森（Marc Andreessen）一起出席了其中一次晚宴。在每一次晚宴上，杰夫和我都在推广工业互联网平台，以可能性、互惠互利的方式，同时怀着对可能错失机遇的恐惧推销它。

我们接触过的其中一位是奥莱利传媒（O'Reilly Media）的创始人蒂姆·奥莱利（Tim O'Reilly），他是一位技术出版商和召集人，他将思想家们聚在一起集思广益，随后传播塑造未来的想法。"开放源代码"一词是在他组织的一次会议上率先提出的，术语和"Web 2.0"理念也是如此。

当我第一次向蒂姆建议我们可以合作在工业互联网上做原创内容时，他表示怀疑。"这听起来像意味着让GE受益的某种非常商业的东西。你知道，我们并不为产品背书。"他说。

但是我、史蒂夫和琳达一起列出了工业互联网的故事：是的，它会让我们受益，但它也可以作为一个让所有人受益的平台，就像马克·本尼奥夫对"软件即服务"的宣传。

我们花费了整场晚宴进行了长时间的沟通，并在后续的一连串电话中进行了交流，蒂姆的想法转变了，将我们的工业互联网形象看作一个真正的机会，比物联网更重要的事物，他现在将其视为我们项目的消费者子集。你必须为其命名并宣扬它。

如同所有重大活动一样，工业互联网需要一个发布会，以不可逆转的方式抢占头脑占有率。2011年8月，安德森在《华尔街日报》上发表了一篇病毒式文章，声称软件会"吞噬世界"。他声称我们正处于技术和经济的重大转型期，经济中庞大的一部分将由软件公司接管。随着越来越多的产品变得智能化并可以连网，软件将成为创造价值的连接组织，即使在销售实体商品的公司内也是如此。以亚马逊为例，这是一家软件公司，但它接管了零售业并提供大量产品和免费送货服务。我们从某种程度上认同这一点，但物质世界不会很快消失。现在，竞赛已经开始，我们需要在物理和数字世界的交叉点定义价值。这是GE投入辩论的一种方式，同时宣布"竞赛已经开始"。

我们计划在2012年11月在旧金山热门的Dogpatch初创中心举办一场大型活动，我们将这次"为其命名并宣称它"的狂欢盛会戏称为"头脑+机器"（Minds + Machines）。嘉宾名单包括风险投资家、企业家、科技思想家〔如麻省理工学院的安德鲁·迈克菲（Andrew McAfee）]、媒体和客户，以及作为嘉宾的安德森本人。

活动的开幕式成功地吸引了眼球，因为我们在舞台上展示了一个GEnx喷气发动机的真实外壳，它庞大、漂亮，展现着"大铁块"令人赞叹的力量。然后我们开始了。

在介绍安德鲁·迈克菲之前，杰夫先做了发言，重点介绍了GE的5000名软件工程师、关于1%的故事以及工业互联网产品的发布，我们已经扭转了业务部门领导的否定意见，争取到他们的同意。

迈克菲对这个理念表达了自己的祝愿，比尔·鲁、我以及阿拉斯加航空公司的副总裁深入介绍了喷气发动机可以报告的信息细节，之后我们迎来了重要的时刻。坐在Genx旁放置的白色皮椅上，《连线》杂志的克里斯·安德森主持了与杰夫·伊梅尔特和马克·安德森的讨论。

安德森对他在《华尔街日报》专栏上发表的重要主题进行了深入发言，阐释了经济中的价值正如何转移到软件——将以不可阻挡的态势继续转移，以及最好的软件公司将赢得经济的观点。他的理论令人感到无懈可击，我在某个瞬间想知道我们是否能将那个大型喷气发动机数字化。但事实上，杰夫似乎是对马克的话表示赞同的。他的回答是宽容的，几乎是完全同意的口吻。

"我们所了解的是，通过对这些产品进行分析建模，可以节省5%的生产力、5%的燃料燃烧和10%的维修保养费用。"他说，"我担任首席执行官已有11年了，11年前我可能会说：'让其他人做分析吧。'"

他说，新的GE将做这个市场。为了实现这一点，杰夫用充满爱意的眼神看着那台用海蓝色点亮的巨大Genx发动机，就仿佛是父亲看着自己的儿子，史蒂夫·乔布斯看着自己的第一部iPhone一样。

杰夫解释道，发动机通过20个传感器每天可以产生1TB的飞行数据，GE的最新款机车配备了250多个传感器，每分钟可测量150,000个数据点。从医疗扫描仪到风力涡轮机，GE在其他工业领域拥有25万个智能硬件。GE将收集并处理这些数据。我们将成为一个工业平台播放器。

如何展示你的写作手法（Point of View，简称 POV）

在中世纪，流浪的吟游诗人们带来了战争、皇室婚姻和宗教宣言的消息。在古希腊，剧团发挥着同样的功能。在现代世界中，专业媒体组织扮演了对重要故事报道的角色，首先是印刷品，然后是电视广播。如今，数字技术已经向所有人开放了这个领域。当公司使用数字渠道代表自己讲故事时，被称为品牌内容或品牌新闻。

我相信每个人——每个组织——都有能力和责任来讲述自己故事中的亮点。此外，他们有义务这样做。如果你没有把你的故事告诉那些对此感兴趣的人，那么其他人一定会为你做这件事。

我们是品牌内容的早期先驱。通过"GE报告"每天讲述我们自己的故事，我们帮助GE平常鲜有交集的不同部分建立了沟通。它发现了我们不知道的资产。它帮助GE学习如何作为一家公司更快地前进并进行创新。

随着越来越多的品牌开始讲述自己的故事，品牌内容的质量参差不齐，这导致了一些人质疑整个实践。但是一些糟糕的公司故事并没有减少我对这个过程的信心。讲述不太理想的故事是有风险的，它的代价是你的观点无法得到分享。

为了让我们讲故事的能力提升得更快，我们与SJR集团的联合创始人亚历山大·朱科威茨（Alexander Jutkowitz）密切合作，该集团是开创品牌新闻的机构之一。

以下是关于讲述品牌故事的提示：

· 数字故事在某种意义上是一场竞赛。速度很重要。

- 系列化和原子化。在一个内容转瞬即逝和注意力分散的时代，将故事系列化并随着时间的推移化整为零进行讲述的能力决定了故事的持久力。讲述可以在任何地方生存的故事并尊重特定平台（即推特、脸书、领英）的规则和特点是至关重要的。

- 太多公司认为他们的业务对别人而言都太无聊了，不会引起他人的关注。这是不正确的。无论你是参与基础设施、技术、食品服务、商品包装还是金融服务，你都在支持文明的基石。对你而言，这可能是每天的苦差，但对一个不了解你的业务的人来说，它通常是魔法、奇迹、智慧和魅力的源泉。

杰夫站在发动机前，在结尾时说："马克，尝尝这个。"他的意思是，你仍然需要喷气发动机和燃气涡轮机来让现代世界运转。他说这句话的口气是友好的，但是是带有目的的：存在一个新的互联网，一个工业互联网，我们就在它的中心。

发现之旅是每家公司都置身其中，永无止境的项目，尤其是像GE这样规模庞大的公司。杰夫成立了一个软件委员会，旨在围绕创建更多软件和数字互动的共同目标将GE的各种业务整合在一起。

将这些社区聚集在一起，就会产生富有创造力的摩擦并释放出能量。局外人有时会低估打破孤岛，横向贯通，让整个组织专注于数字等核心计划所释放的能量。

这些社区共同构成了一个典型的传感操作，其任务是看到事物更加相似而不是不同的地方——例如，太阳能技术满足社会对清洁能源的需求，或超声波技术可用于监测和检查输油管道或喷气发动机。

平台力量：辉煌机器时代

"头脑+机器"将我们置于数字化的地图上，人们开始相信我们的诚意，但我们也引起了注意。我们的竞争者现在看到了机会。像亚马逊这样的数字化优先的公司正在向业界开放他们的云服务，随后是SAP和IBM等软件巨头。即便是像西门子这样的GE的竞争对手，也将注意力转向了数据分析。

公开发布允许（或强迫）我转向新角色，即建立模型以便我们将数字化商业化。我们表现出善意，聘请了凯特·约翰逊（Kate Johnson）来领导数字广告。凯特是一位有驱动力、具有幽默感的甲骨文销售主管，她想要成为下一波数字浪潮的弄潮儿。凯特负责建立一个软件解决方案团队，成员包括高技术软件架构师，他们可以将客户数据需求转化为产品。他们不出售喷气发动机本身，但出售将有助于使喷气发动机更高效的技术和软件，即令发动机运行时间更长、燃料消耗更少并直接连接到服务团队。

在凯特和我的领导下，我们的努力从产品转移到发现GE数字化的新收入模式。我们为数字化销售和营销创建了一个专业中心——我们需要与专家一起培养新的能力，特别是当需求影响到GE的每个业务板块时。很明显，我们的在机器寿命期间销售服务的合同服务协议（CSA）模式，包括维护承诺和部件更换已走到了尽头。新技术创新如雨后春笋，技术变得更好，这意味着对服务的需求减少。随着客户对收回利润的渴望，服务的利润率高企。数字化将为升级机器输出和创造额外的收入流提供新的机会。通过嵌入软件，可以让新的产品远程升级机器——例如，决定影响涡轮机叶片的风速——如同订购或点菜（就像你的智能手机一样）。这也可能具有破坏性，这意味着远程软件可以在许多情况下取代店内维修。如果我们不提供这个，其他人可以。这让每个人都感到紧张，尤其是当我们的客户想要更多集成系统产品和软件时。他们想要购买"结果"——生产力或节能——而不仅仅是喷气发动机。在某些方面,"绿色创想"是我们的第一个成果驱动的倡议——实现能源效率和生态影响。现在我们已准备好利用这些数据。

这些主要组织支点的大部分繁重工作都与引入正确的外部鼓动者、"火花"和解读者有关。我们几乎找不到凯特这样的人。令我们沮丧的是,GE几乎没有女性销售领导者,如果我在雇用新人时没有直接解决这个问题,我就没有资格抱怨。我打电话给招聘人员并问道:"你为什么不给我们更多的女性候选人呢?"

"有资格的女性人数不多,"他说,"已经尝试了,但我在软件行业中找不到很多女性。"

"什么?"我反驳道,"没有女性销售软件?我不相信。在没有合适的女性候选人之前,我们不会继续推动。"

我们找到凯特和其他三位可能成为其他职位候选人的女性。凯特聘请了软件公司的销售和营销领导者,将他们嵌入到业务部门,以模拟所需的市场开发和销售。销售领导者越来越需要能够提供更多的咨询服务,帮助客户更好地运营,而不仅仅是向他们销售产品。价值主张正在发生变化——销售和营销必须更紧密地合作。业务部门首席执行官们起初很难了解数字化所带来的所有变化,进展缓慢。正如我在NBC看到的那样,数字化和"大铁块"之间的斗争代表了富人和穷人——酷孩子和遗产。数字化从研发部门转变为GE的官方业务部门,使紧张局势更加明显。凯特成长为所有数字化销售的领导者,虽然她加快了收入回报速度并雇佣了很多人手,但所有这些改变的紧张局势都付出了代价。在GE供职四年后,她离职并加入了微软。

同时,我们开展了一系列广告活动,以阐释工业数据的好处以及我们在其中的作用。

将我们置于谈话中心的那一刻——一个将我们的工业互联网身份与公众联系起来的具有突破性的情节,伴随着一个名叫欧文的书呆子的亮相,在稍晚的时候发生了。戴眼镜的欧文出现在了一支GE系列广告中,这支广告讲述了一位大学毕业生对他的朋友们说,自己不会加入一间由好友开办的非常酷的应用程序公司——这个公司制作有趣的GIF——而是要为GE工作。"我要改变这个世界。"他说道。这时,他的朋友用一只用水果装扮自己的猫的GIF打断了他:"我可以做卡萨巴甜瓜!"在第二支广告中,欧文的父亲为自己的儿子将在GE从事制造业而感到骄傲,并将一把"爷爷用过的"的大锤子递给儿子。"我的工作是编写让这些机器共享信息的代码。"欧文说。他的父亲答道:"拿起锤子。我打赌你拿不动它。"这个系列引发了一个小小的轰动。

这些广告从根本上改变了公众对GE的看法。我们已经被公认达到了理工科书呆子的标准,可以自豪地自嘲,赢得头脑占有率并改变世界。在这则商业广告播放的一个月内,GE在线招聘网站的访问量增长了66%。

GE将继续聘请数千名编程人员和数据分析师,其中包括一大批放弃谷歌、苹果和亚马逊高科技工作的人,因为他们相信我们的使命,并对数据的工业规模及其解决世界问题的力量感到兴奋。

数字和物理世界正在融合,即使我们并不确切知道它将如何发展。在未来几年,物联网将在线投放500亿台机器,每台机器都会连续发送数据。机器正告诉我们,它们的内心生活以及如何让我们的生活更美好。

随着可穿戴设备等数字技术越来越多地对物理世界进行监控并与之互动,工业互联网的故事也在不断演变。

在人类的历史上,情报首次不仅在人与人之间传播,还在人与机器之间传播并反向进行传播。例如,喷气发动机将配备更多的传感器,以收集飞行环境的数据。我们将能够在发动机断裂并延长其使用寿命之前对其进行修理。如果拥有100架777飞机的普通航空公司将其发动机在机翼上的寿命延长1%,那么它在机队的整个使用寿命期间可节省大约1亿美元。

最终,数据、机器感知和增强的人类理解力将推动生产力的虚拟循环:收集—分析—调整。这个崭新的、混杂的操作系统将从根本上改变我们的工作和生活方式。

挑战　讲一个好故事

未雨绸缪

下次在报告中出现不应该出现的结果时，请不要忽略它。仔细看看它。这可能是第一点证据，即你需要预报的暴风雨来临前的第一个雨滴——或者你可以利用的趋势的最初迹象。管理大师彼得·德鲁克（Peter Drucker）认为"意外发生"是创新的主要驱动力之一。有人说："那是一个异常。不要关注它。"这是你提问的机会："如果那不是异常呢？我们怎么能看出这里面是否有有价值的事物？"

可擦去的空白

我发现白板是实时协作的必备工具。我还在办公桌和会议室里放了一叠空白的白纸，还有一整罐彩色马克笔（我带较小的一套旅行）。当我在讨论时，我将用一系列插图或关键短语来绘制对话。我发现将这些页面保存为自由联想的记录，当我合成稍后要分享的点数时会有帮助。

将讲故事和你的时代结合

我曾经购买过一篮子昂贵的浆果，尽管价格是其他浆果的两倍。老板告诉我，一个年轻的阿米什女孩刚刚在早上采摘了这些浆果。我想象一个甜美、勤劳的女孩在早晨的阳光下温柔地拾起浆果，然后小心翼翼地将每个浆果放入篮子里的场景。我对他的话信以为真。一个好故事有助于销售——总是会并且永远都会。这是它的力量。也许好故事是唯一有助于销售的东西——具有制作故事所需的优秀产品或经验。

讲故事的挑战

参加一系列日常工作活动，围绕它们编织一个充满洞察力、幽默、合作、失败和成功的故事。

- 在飞机、火车、地铁或公共汽车上设想关于某人的故事。他的故事是什么？他要去哪儿，为什么？你能用句子讲述他的故事吗？那些在公交和飞机上工作的人的故事是什么？

- 会议结束后也这样做。为同事或竞争对手或重要客户做。与同事分享。他们可以顶一下吗？

- 尝试以总结手头项目的故事结束每次会议。你能用这个故事向客户或管理层出售这个想法吗？

- 将故事转变为持续的团队挑战。把它放在白板或协作数字空间。鼓励团队以幽默的、有冲击力的和勇敢的方式面对彼此的挑战。为最简洁的故事提供奖励。

传说欧内斯特·海明威在打赌后写下了一篇引人入胜的"六个单词的微小说"："出售：婴儿鞋。从未穿过。"

你今天的故事是什么？

PART 5

变革的创造力

改变组织的操作系统需要采用新的思维模式——
通常在一个不确定或困难的环境中。
这意味着要从头到脚、从外到内地传播创意，
在公司内部寻找专门的变革推动者。

IMAGINE IT FORWARD

第十一章

大胆创想，迅速行动

新权力战胜旧权力

开放是数字时代的精神。轻松获取想法和信息——以及其创造出的非正式性、即时性和自主性——引发了从等级到网络的转变，从集中式官僚机构到以共享和透明度为标准的分散式平台的转变。大约自2007年开始，所有这些开放性讲述的都是GE可以理解的语言：增长、收入和呈指数增长的利润。这是史无前例的。苹果公司、阿里巴巴、亚马逊、脸书、谷歌正在采用这种全新开放的、无边界的现实，以全新的方式协调人员和资源，通过实现买卖双方、开发商甚至竞争对手的自治生态系统，以低成本快速扩张，以便共享信息、执行交易并创造价值。这是史无前例的。

这些开放式经济交流的本质——它们所创造的关系，以及它们建立自身所围绕的商业模式——都是全新的。它引入了某种混乱的复杂性，我知道这会让GE内部的人感到害怕。"谁负责？"我们会问，"我们如何保护自己的秘密？我们怎么知道谁在做什么，什么时候做什么？"

GE的问题来自那套为工业时代建立的文化和流程，那个时代重视生产率、确定性和自上而下的控制。对GE来说，这个新的网络时代里高度协作的努力看起来就像秉承自由精神的网络公司一样疯狂。GE和美国最优秀的企业——将自身视为"旧权力"（Old Power）——一直以来，他们获胜的方式是通过开发专有知识，然后将这些知识视为有价值的资产进行凶猛的捍卫。

过去，与大多数企业类似，"旧权力"与GE的合作关系是这样的：按照我的方式行事。目标始终是在任何合资企业中得到51%的所有权权益。必须指定一个负责人。与其他企业和个人合作为每个人增加回报的想法是非常可疑的。"旧权力"的工作模式如同现金。钱只有这么多，你要努力为自己囤积它。

在数字时代，电力的功能是另一番景象。我们需要解决的问题（环境、医疗保健、技术获取）对任何一个组织来说都变得越来越复杂——即使是像GE这样庞大的组织——以致无法独立开展工作。正如作家杰里米·海曼斯（Jeremy Heimans）和亨利·蒂姆斯（Henry Timms）所写的那样，"新权力开放、鼓励参与、同侪驱动（peer-driven，来自同事、同辈、朋友之间的驱动力）。它就像水流和电流，在汇聚时力量最大"。

2013年1月，GE年度全球领导力会议在伯克莱屯市举行，当小组座谈开始时，我坐在了台上。"新权力"的玩家们和我同台，他们不是一支看起来非常"GE"的团体：本·考夫曼（Ben Kaufman），一个二十出头的男孩子，他穿着一身黑衣，非常自信；大卫·基德（David Kidder），一个永远乐观的男子，他刚刚从巴哈马坐飞机赶来，因为丢失了行李，身上的衣服少得可怜，但他仍戴着自己那标志性的蓝色的巴迪·霍莉风格的眼镜；还有非英·巴恩斯（Phin Barnes），一个平易近人的家伙，他身着卡其裤和polo衫，是三个人中看起来最符合"GE标准"的人，除了脚上那双荧光橙色运动鞋。

在台下，面对我们的是一群在旧权力土壤中成长起来的人：700名GE高管，一群大多数身着高尔夫衬衫的人。这是一个令人愉快的"火药桶"，由既有的"看门人"团队和我那些穿着单薄的"异域人士"组成的探险队的组合，每一方都对另一方不屑一顾。我带来的那些快乐的疯子认为"六西格玛团队"是一群恐龙，而令GE这台机器轰鸣作响的高管并不觉得这三个怪胎所代表的网络力量有什么价值。他们无法理解本·考夫曼在虚拟创新平台Quirky上聚集的数以百万的发明家，也不明白大卫刚刚在《创业剧本》（The Startup Playbook）一书中所总结的那些获得巨大成功的企业家的智慧，更搞不懂在首轮资本（First Round Capital）公司作为合作伙伴与非英并肩努力的风投界。

旧权力。新权力。二者之间的挑战不是支持一个否定另一个，而是将新旧融合，将更多的开放性和透明度与创造行动和问责制的领导风格和结构化机制相结合，目标是同时娴熟地驾驭两者。我会将这种人称为"双语"新兴领导者，并称这种"双语"企业为适应性组织。我是在付出了时间和经历了心碎之后才完全明白它们代表的含义的。

在我面前，我透过台上的灯光看着面前的高管们。他们还不知道我的朋友们给他们准备了怎样的惊喜。

我在职业生涯的早些时候见过大卫，当时我们在TED会议间隙共进午餐。他正在运营一家名为Clickable的媒体技术初创公司，出版了《智力修养》（Intellectual Devotional）等畅销书，而那一年和后续的对话完全充溢着创造者的激情。他告诉我，他非常想把自己和其他人创业的经验分享出来，于是才有了写《创业剧本》这本书的想法。在书里，他向世界上最优秀的企业家们提出了两个问题：第一个，你对好想法的选择标准是什么；第二个——这个问题在一家大公司的背景下确实引起了我的共鸣——你在前五年做了什么让这些想法没有消亡。我太兴奋了以至脱口而出："我在GE需要这些知识。"

本则是另一种风格。

本具有令人难以置信的感染力，他是一位很棒的、精力充沛的销售人员。当他兴奋时，会极其富有魅力，即使是带着吹嘘的口吻说："是的，我在两天内就做到了。"本是我见过的为数不多的似乎要在世界上完成一个目标的人，这在他来看来是比金钱更重要的东西。当他发表关于创新和用创意改善世界的慷慨激昂的演讲时，你可以明白他是认真的。当一个人怀有真挚的情感，人们是可以感受到的。

他的众包发明公司Quirky的基础是由那些小发明家组成的社区提交想法并进行投票，被选中的想法将由Quirky的工业设计师和营销人员转化成产品。它集中体现了开放性和生态系统心态——"开放式创新",而这是我想在GE内部实现的。

在我们初次见面之后的那些时间里,即一年前,本刚刚用想法轰炸了GE——Quirky精心汇集了来自其社区的数千个想法,其中数百个是与洗碗机和冰箱有关的。因此,不久之后,我把他送到了位于肯塔基州路易斯维尔的家电部。也是大概在那个时候,杰夫宣称家电是GE新制造方法的实验室。

对于本的家电园区之旅,我们让他与产品负责人(一位名叫布雷特的传统制造业高管)对接。布雷特是个优秀的GE人,在将产品推向市场方面很有天赋,但他和本并不搭。

"我们必须向你展示最酷的新事物。我们将在烤箱门上设置一条侧向铰链——我们已经对这个进行了一年多的测试,应该会在明年投入生产。"布雷特告诉本。

本像往常那样给出了傲慢并连珠炮似的回应:"为什么要花那么长的时间来测试,而现在还要再等几乎一年的时间才能投入生产?我不明白。"

布雷特回答称这需要36个月的时间,并且工厂已经经过优化,可以传输能够正好嵌在传统烤箱里的烤炉。"如果你能在那个24×46英寸的烤箱里进行创新,我就全听你的。"他说,"但不要给我别的规格的东西。我们有尺寸的约束,这需要时间。这就是大规模生产的方式。"

本曾在28天内实现了将产品从创意萌芽到上架销售的过程,此时的他爆发了。"那是创新吗?这太逊了。"他说,"拜托。你们可是GE。我为你们感到尴尬。"

让我们回到本章开始时的伯克莱屯小组讨论上,非英正雄辩地谈到GE等投资者需要从早期阶段的融资开始,并将其作为其风险投资模型的一部分。他或许一直在讲火星语。

然后我转向大卫。

"所以,大卫,如果你可以问我们的领导者一个问题,"我说,"会是什么?"

大卫微笑着眯起眼睛,就像站在飞机门旁的伞兵一样。

"好吧,我要问的问题是:'杰夫,去年GE推出了多少5000万美元的公司？'我打赌答案是零。如果这是真的，你应该感到害怕。如果你拥有30万人和数十亿资金，这怎么可能呢？你为什么没有将GE作为平台来定期嵌入和启动初创公司呢？"

房间陷入了一片死寂，我觉得他们一定会因为我把大卫带来而怒火中烧。我事先告诉大卫不要有任何负担，但我本以为会有些限制。好吧，我告诉自己，这就是你播种变革的方式。

"为什么不告诉我们你的真实想法，大卫？"为了缓解紧张氛围，我开玩笑说。

在我们就组织内部进行创新的重要性进行了一番深思熟虑的交流——学习成为创造者，而不仅仅是运营商——之后，轮到本发言了。我事先告诉过他我想要讨论的内容，所以当我向他点点头时，他露出了骄傲的笑容。

"利用创新者社区的一大优势就是速度，"我说，"更多的头脑，更多的想法，更多的创新，但这很难形成规模。所以，本，我们来谈谈这个问题，你最近参观了GE的家电园区。说说你的印象吧。"

"家电正在创新，不错。那些新的铰链预计在三年内将相同的烤炉放进相同的烤箱里，怎么样呢？对不起，但这根本不是创新。"本说。

人群中传来倒吸凉气的声音。

"你们现在可能不会对Quirky心生畏惧，但是要有畏惧。"本说，"如果你认为那就是创新——'2016年新的铰链！'，那么我最终会打败你们。你们现在为什么不能做一条铰链？为什么你们不能在接下来的一年里做一个新烤箱，并放进一个新的智能烤炉呢？整个世界都充满了机会的尖叫。"

我们的讨论被安排在上午最后一场，于是在本的泼辣亮相后，我们去吃午餐。

"我希望我没有冒犯到别人。"当我们取下麦克风时，本对我说。

"不，本，很棒。任务完成。"

当我们走出人群时，家电部门负责人奇普·布兰肯西普（Chip Blankenship）将我拉到一边。他并不开心。"这真的太粗鲁了，根本不妥当。那个自作聪明的小孩根本不知道自己在说什么。"他在本能够听到的地方面红耳赤地对我说，"你把他带到这里的目的是什么？他对如何制作电器一无所知。你看过他推出的东西吗？一个五岁的孩子都可以做那些东西。"

与此同时，家电部也有一些对本一见倾心的人。其中一位是首席技术官凯文·诺兰（Kevin Nolan），他找到我说："你知道，我喜欢那个人的想法，我们需要更多这种想法。"

这次小组讨论的其中一个经验是像本和大卫这样的挑衅者充当了一种筛选支持者和反对者的方法。在这样的压力下，人们必须选择站队。

紧张情绪持续到了当天晚上。我在晚餐时把本安排在杰夫·伊梅尔特的座位旁边，因为我知道本不会羞于在杰夫的头脑中植入新的想法。

本没有让人失望。在上开胃菜时，本已经在杰夫的耳朵里灌输了很多他的宏大计划："我将推出更大、更复杂的产品。你今天看到的这些东西，它们是塑料的、简单的小工具，但明天就会是洗碗机。最终是核磁共振成像仪。加入吧，杰夫，或者甘愿落后！"

尽管本是在夸夸其谈，但杰夫喜欢他的激情。"我真想掐他的脸颊。"杰夫后来告诉我，他被本稚气的勇气迷住了。本热情澎湃，杰夫则善于倾听。

后来，随着活动落下帷幕，杰夫走上台前，称大卫提出的关于5000万美元企业的问题是他在伯克莱屯听到的最重要的问题之一。一个月后，他写信给所有GE股东，提到他去年读过的两本最重要的书——一本是大卫的《创业剧本》〔另一本是《精益创业》（The Lean Startup），我之后会谈到〕。

变革的种子已经播下了。

当大卫·基德掷地有声地提出有关5000万美元企业的质询时，它迫使我们调和一些非常基本但非常可怕的东西：为什么新的增长在GE这样一家人才、资金、专业知识、国际影响力和规模杠杆都极其充裕的公司里仍然难以实现？本·考夫曼对我们新烤箱门的嘲弄使我们对自己创新的基本标准产生质疑：家电盒的尺寸如何抑制了新的想法？

我们——所有人：GE、企业界、政府——均行动迟缓，有着森严的等级制度并被划分为一座座的孤岛，我们太受困于繁文缛节和简单封闭的反馈环，以致内部的每个人都与外界基本上是脱节的。我们组织的方式本身就存在限制我们对快速发展的环境进行响应的因素，令我们无法敏捷应对。它限制了我们的适应能力。

我们拥有一个生产订单的操作系统——歌颂并奉行了一种基于工业操作系统的做事方式，享受了令人惊讶的长达一个世纪的经济成功，通过对"一切"进行优化扩大规模并降低风险。但是，我们失去了创造和成为企业家、风投公司以及新权力的技术驱动型推动者的能力。我们错误地放弃了新事物，试图通过我所称的并购研发（R&D-by-M&A，通过兼并和收购进行研发）来购买迈向卓越的方式。

我们能否在维系抑制这种能力的等级制度和官僚主义的同时变得更加敏捷、富有创造性和适应性？我们需要升级操作系统。但是如何做？我不确定。但我知道第一步要开放GE并让其接触更多的新权力，这是由开放的、同侪主导的社区驱动的。

这需要GE根据非正式的决策和自我组织、开源合作、透明、"DIY"的"制造者"文化，以及对冒险和多变的容忍，来理解一种完全不同的思维模式。

120年来，GE的运行如同一座被高墙围绕的中世纪城堡，它小心翼翼地守护着自己的人才、资源和知识，并对外界（人员、公司、思想）表现出深深的疑虑。我现在给自己的工作是让GE不仅允许这些陌生人进入城堡，而且还要邀请他们帮助拆除壁垒，铺设护城河，促进各种各样的货物和人员流动，让城堡与来自世界各地的其他村庄建立联系。

GE的派对……来者不拒

我们首先以一个简单的邀请开始："你好世界！我们需要你的帮助。"

在金融危机之后，风投公司们支持了飙升的清洁技术行业，随后在向南方发展的清洁技术方面投入了大量资金。硅谷有一个共识，即新的能源生产模式，如太阳能、电池存储和生物燃料,将需要大量的资金来扩大规模,而且产生回报的期限将比过去的投资类型更加漫长。

虽然这是事实,但我们知道清洁技术对于人类的未来和我们业务的未来仍然具有重要意义。到2010年,这些认证产品为我们带来了200亿美元的年收入。在这个热切的时刻,我们创建了自己的高调开放式创新活动——GE绿色创想挑战赛。

我们与风投公司Kleiner Perkins①、RockPort Capital②、Foundation Capital③、Emerald Technology Ventures④和Carbon Trust⑤携手为外部发明家举办了一场提交清洁能源创新提案的竞赛,并承诺对由选拔委员会遴选出的获奖发明投入2亿美元的资助。

作为开放式创新的尝试,挑战赛取得了巨大成功。我们对提案数量的预期是几百个,但事实是,世界各地的企业家的提案如潮水般向我们涌来——来自150个国家的逾4000个点子和创意。虽然并非所有的提案都是优质的,但很多是可圈可点的。它迫使GE谦卑地承认了自己并非无所不知。

我们最终为23家初创企业投资了1.4亿美元,并且向更多人提供了赠款和奖励。其中一些公司在后来取得了巨大的成功——例如Opower,这是一种基于云的服务,可跟踪住宅用电量,并为公用事业和消费者创建可视化数据以节省能源。其他公司似乎离成功还有一定距离,但也引起了人们的注意,比如用太阳能发电材料铺设道路的方案。

尽管如此,我们还是苦于不知该如何处理所提交的所有好的创意。以为非洲开发的太阳能冰箱为例,它虽然没能让温度降得很低,但确实有助于减少食物腐败现象的发生。当地人太需要它了。但我们不知道如何衡量需求或在非洲推出低

---

① 成立于1972年,是美国最大的风险基金,主要是承担各大名校的校产投资业务。——译者注
② 一家多阶段风险投资公司,投资于替代和传统能源、交通运输和可持续性领域。——译者注
③ 创始于1995年,是一家风险投资公司,致力于创建他们想要的创始人。——译者注
④ 清洁技术风险投资的全球领导者,成立于2000年。——译者注
⑤ 碳信托,致力于推动可持续的低碳经济,于2001年在英国能源和气候变化部的资助下成立。——译者注

涉猎

我在GE抗争过的一个标签是"涉猎者"。当我们谈论开放挑战赛的提案时,杰夫会说:"是的,但这只是涉猎。"换句话说,"告诉我为什么这不是在浪费时间"。但是,涉猎是创新过程的重要组成部分。正是早期的预测试阶段可以帮助你完善想要付诸实验的内容,这是一种过滤想法的方法。

正如心理学家迪恩·西蒙顿(Dean Simonton)所说,巴赫和他平庸的同行之间的差异并不是因为他失败的次数少,而是他有更多的想法。更多的想法、更多的创新以及人与人之间的更多接触会带来更多的洞见、理论、观察和非计划的联系。然而,为了阻止那些爱唱反调的人,你必须表明"涉猎"是更广泛战略的一部分。

成本的消费产品,因此没有人愿意投资。

类似这样的想法有数百个,这让我看到了企业和风投公司们在将初创公司作为投资物进行衡量时的局限性。风投者们会提出一个基本问题:我们将如何退出? 意思是,如果这个公司在规定的时间内出售或被收购,我们将如何从它身上获得回报?在这种思路的指导下,风投公司与许多人一样,会青睐于选择他们所体验过的模式、人员和成果。我认为这是硅谷播种多样性如此艰难的原因之一。

随着生态挑战赛的开展,我们很明显地看到,建立社区的真正力量不是它为我们所提供的产品，而是它在自身内部进行协作的能力。为什么不将太阳能道路与水提取发明或电子标牌结合起来？由于没能努力集中利用这种力量，我们的社区失败了。挑战赛一结束，大型组织和初创企业家的集群就消失了。

尽管如此，我在这些挑战项目中看到了作为文化催化剂和战略机制的真正的希望，它有助于预测未来、产生新想法、为了实现速度和获取共同合作并分享快速进入新空间的风险和回报。

定向涉猎指引我注意到了布雷·派蒂斯（Bre Pettis），他来自西雅图，之前是一位艺术老师。他在布鲁克林创办了创客空间NYC Resistor，并在隔壁创立了3D打印公司MakerBot。作为我们数字化开发工作的一部分，我一直在追踪关注布雷。

我给布雷发了电子邮件，询问我是否可以简单地去他那里逛一逛，看看他的工作内容：“我想了解微制造的新浪潮，特别是在3D打印方面的工作。”

Resistor位于一家破败工厂的四楼，由一排杂乱无章的房间组成。我们走上工作台中间的过道，这些工作台上放着一些金属板和电线以及盛有零碎物品的盒子，这时布雷向我介绍了他的"制造者们"。我看到有人在制造微型风力涡轮机和便携式水净化系统。就是说，他们在制造各种GE的东西。一个人正在建造自己的小型燃气轮机，因为，嗯，他有这个能力。"为什么不呢？"他说，"人们想摆脱对电网的依赖。"

"我们可以在GE内部利用这种聪明才智。"我大声说。

在NYC Resistor和MakerBot之后，我在皇后区与Shapeways公司会面，这是一家先进的合约制造商，人们把需要打印的设计提交给他们后付费进行3D打印。当我们参观这个空间并谈论他们制作的"珠宝"时，我看到排列在粉末床上的打印出的物体部件，这是3D打印过程的一部分。我把手放进去，抓住的第一个东西是一个蓝色的、羊角面包形状的性玩具。

我笑了起来，但重点是下一个新事物总是来自边缘。这就如同流媒体视频：它的第一个用途是播放色情片，而不是《纸牌屋》（*House of Cards*）。这很容易让自己产生"这并不重要"的想法，但该中心总是从边缘获得创新。

传感器、3D打印机、数据科学、物理和数字的融合——我对它们结合起来共同工作的方式并不了解，但我内心明白它会引领一个更为精简、更智能的制造环境。

现在，我将如何为GE解读这些？我如何将制造者和他们的工作网络带回组织中去？这是市场创新者的关键一步。探险家必须做到让人们眼见为实。

在一系列活动中，得益于"火花"亚伦·迪格南的帮助（他继续为GE担任了约10年的火花），我们倡导了两条活动线：首先是为GE的所有工程团队提供3D打印机，以便让每个工作场所弄清楚可以用它做些什么。我们的想法是将机器放置在各个部门中，实现新的创造并激发新的交互，而不是发出任何威胁或指令。只是摆弄它，使用它。

其次，我们需要一个象征性的制造者的产品作为捕捉GE集体想象力的证据。为此，我们又发起了一项挑战。

在此之前，GE一直使用4.5磅重的支架来支撑727型喷气式发动机。多年来，我们一直试图设计一种更轻巧的支架，以便配备有我们发动机的飞机更具燃油效率，从而每年节省价值数百万的燃油。我们的工程师和供应商已经达到了物理学的极限——或者他们所认为的极限。

因此，我们求助于GrabCAD，这是一个聚集了一百多万名工程师和设计师的在线社区，并发出了另一项挑战：任何人，只要他设计的支架在减重最多的同时仍然能够安全地承载发动机，就将获得7000美元的现金奖励。

这笔钱数目并不丰厚，但参赛作品如潮水般涌入，总共有700多个。谁是获胜者？ 阿里·库尼亚（Arie Kurniawa），这位来自印度尼西亚的20岁的工程专业学生，通过使用他们所称的遗传算法，将支架重量减轻至还不到12盎司（约等于340克），即减轻了84%的重量。这种算法先创建一个虚拟的材料块，然后（再次，虚拟地）刮掉一小部分，再进行测试，然后再刮掉随机的一小部分，再次测试。这种测试进行了几百万次，每次都会创建一个随机刮擦后的成品支架，接着根据高强度和低重量规格的要求测试。这种算法会不断重复这个过程，直到制造出完美的部件。

这就是数字化制造的天才：我们可以几乎免费地、虚拟化地迭代最为复杂的产品。正如负责3D打印研究的卢安娜·奥里奥（Luana Iorio）对《纽约时报》专栏作家托马斯·弗里德曼（Thomas Friedman）所说的那样："复杂性（现在）是免费的。"

收购Quirky

你可以把它叫作直觉、模式识别，或预感，但我知道，在GE内部需要出现的任何新形式的管理至少应该部分地建立在培养创业精神的经验、技能和知识的基础上。只是当时的我尚不知道该怎么为它命名。我刚开始迈开追求的脚步，首先是硅谷，然后是初创文化的中心。

我对硅谷的了解是，它的成功不是得益于少数天才，而是得益于一个整合了各个领域的技术、资金和想法的互相联系的集体。这需要抵制僵化的等级秩序，并充分利用群体和网络的集体的、混乱的、自治的智慧。

这是我们在寻求对GE进行数字化的过程中需要有所领悟的。首先，我需要连接，并在硅谷建立GE和我的个人网络，因此我招募了老朋友亚历克斯·君士坦丁堡。亚历克斯曾是我在NBC和GE的同事，之后搬到了旧金山，现在正在运营一家名为OutCast的通信公司。亚历克斯帮我创建了硅谷中关键影响者的地图。我们在海报大小的纸张上打印了这份"地图"，然后围坐在OutCast的会议桌旁谈论影响者和他们之间的联系以及冲突。这个过程对于理解生态系统的价值太大了，我无法完全用语言描述它。之后一年的时间里，我都将这张地图挂在桌子旁边的墙上，这有助于我了解动态，并帮助我与需要结识的人进行会晤。

为此，我们将主要参与者按照不同的领域进行组合，从商业资本到企业软件、消费者初创企业和大型科技公司（如谷歌）。我们将媒体、思想领袖和即将出现的有用的创始人以及关键事件列为未来的时间表。我们通过影响（不是科学的，而是更具方向性的）按照地理位置绘制它们，并且还显示它们如何重叠。例如，谁资助了谁，以及创始人以前工作的地方。

我正在寻找当你离开城堡并与更广泛的系统接触时所发生的创新魔法。它让想法和能力，甚至是偶然性激发出更多的碰撞。但是，是否存在一个名称能够表述实现这种适应性的结构或一套规则呢？我们是否可以设计自己的生态系统来大规模地创造更多的创新魔力和意外新发现呢？

我并非在管理指南，而是在我大学时代的生物学书籍中找到了答案。不幸的是，答案并不简单。事实上，它太宏大了，以至于很难察觉。但我相信它对我们所做的一切都有紧迫的影响。随着全球范围内的数字神经系统的发展，它正在引发人员、金钱、信息和事物的大规模重组。数字信息流已成为变革的主要驱动力。我们需要新的框架来理解和预测接下来会发生的事情。

其中一个框架被称为"涌现"（emergence），这个术语直到最近才主要用于解释自然系统——生物学家称之为复杂的自适应系统，这是一种能够在不断变化的环境中适应和发展的系统。例如，蚂蚁和蜜蜂等昆虫群落使用简单的规则和网络来产生适应性行为。

GE如何利用这些涌现的知识和这些多样化的技能呢？我们怎样才能体验出涌现的力量？本·考夫曼和他的"发明家蚂蚁军团"看起来似乎是涌现的化身，而这正是GE所需要的。

我第一次见到本是通过亚伦·迪格南。我把亚伦带到了一个委员会上，它位于库珀·休伊特史密森尼设计博物馆，我在其董事会任职。在一次会议上，因为我们听不到话筒里的声音，于是我转向亚伦说："我们需要一个话筒底座，可以防止振动。"亚伦答道："我有一个朋友，他刚创办了众包发明公司。我打算让他做个原型。"

几周后，在下一次会议上，亚伦出现了，带来了本·考夫曼公司的电话枕。它的效果非常好。我甚至在没有见过本的前提下便对他产生了好感。这个人正在以无所畏惧的态度快速发明、设计和生产产品。我必须结识他。

因此，琳达·鲍夫带领营销团队与本的Quirky公司举行了一场竞赛，设计一款通过添加软件可以改进性能的产品。Quirky推出的产品叫Milkmaid，这是一款可以联网的牛奶壶，当你的牛奶要变质或快喝完时它会发出显示——这很有趣并

涌现

"涌现"描述了当个体细胞、鸟类或元素根据一系列简单规则相互作用时，如何出现高度复杂的结构和行为。数十亿的神经元在大脑中结合在一起，创造出意识的奇迹；一群一万只椋鸟以每小时40英里的速度飞行时会在瞬间形成发夹弯的形状；刨花板上的微型集群电路能够产生惊人的计算能力——所有这些都是简单的协同工作，但远远发挥出了1+1大于2的效果。

在自然界中，典型的例子是蚂蚁，它具有仅次于人类的最复杂的社会结构。即使蚁王实际上并没有下达命令，且单个的蚂蚁也没有那么聪明，但这些生物会设法建造大型的结构、处理垃圾、埋葬死去的蚂蚁并对敌人执行协调行动。怎么做到的？每个蚂蚁都被编程，通过释放一些其他蚂蚁可以感知并且可以响应的简单化学信号对环境变化做出反应。

不论在市场还是在蚁丘中，这些组织模式都是经济学家托马斯·谢林（Thomas Schelling）所称的"源自微动机的宏观行为"的例子。但这里的关键点是：随着越来越多的人类活动流经数字系统，这些活动也体现了自适应涌现系统的特性。我们集体地并自发地围绕数字信息的流动进行重组。

连接人类的集体微动力正在发展出新的宏观结构。"涌现"的概念帮助我了解了像谷歌和脸书这样的硅谷科技巨头为什么获得了非比寻常的增长，以及网络和社日益增长的生长力。

在成千上万的企业家和风投公司的微动力中，加利福尼亚州北部的一个小地区已经成为一个改变世界的创新中心。例如，在由各类组织构成的世界中，谷歌的设计思路是利用涌现。其产品未经完成就会发布，并向广大用户群体进行展示，这些用户的持续反馈使这些产品获得发展和成长，促进公司的快速学习和适应。还有一些开源编码项目，它们共同创建了世界上最大的知识库，但在管理上却是去中心化的，这就是维基百科。

突然间，我可以发现工作中的"涌现"随处可见。技术和数字化流程允许人们围绕共同目标和共同目的进行无法想象的大量互动，催生了欣欣向荣的意外新发现，人类能量（没有自上而下的人类控制）推动了五彩斑斓的活动，创造了创新和富有想象力的飞跃，而这些在以前还是资金充足的企业和政府实验室的专属领域。

对我而言，"涌现"是一种理解数字世界变革新动态的方法。

引起了很多关注（科技类博客TechCrunch称它为"迷人的"）。这家伙已经想出如何使用众包更快地进行创新了！他有太多的东西要教GE，我对此深信不疑。

因此，我于2012年年底来到了Quirky位于纽约切尔西仓库的办公室。本已经接管了第二十八街和第十一大道的旧仓库。当我们走过去看到他的团队时，他和我立刻一拍即合。本从小就是GE迷。

"我爱托马斯·爱迪生，贝丝。如果他今天活着，他肯定会创立Quirky。"本说。

从那一刻起，我知道本·考夫曼正在寻找我们需要的东西，特别是家电部门所需要的。他正在迅速进行原型设计和众包并在几周内推出新产品。他的公司由成千上万的业余发明家组成的网络构成，在他的激情和监督下转变为一个有凝聚力的社区。Quirky的市场运营商是为了将发明民主化，我觉得他正在开创一个创新的新时代。他是我称之为"新兴领导者"的代表。我觉得要找到一种方法，既可以将他和Quirky所代表的一切融合到GE的工业操作系统中，又不会在此过程中破坏它们，如果GE想在接下来的一百年中茁壮成长，就必须解决这个艰巨的挑战。

家电似乎是一个完美的起点。这个以生产冰箱、洗衣机、烘干机，以及炉灶为主的消费者业务部门是工业化GE的异类。杰夫曾试图出售家电部，但售价下跌了，我们需要一个新的计划。这个消费者品牌是稳固的，但其质量和产品组合需要升级。这个现状与我们这个正向高科技数字产业转型的企业是不相匹配的。（家电团队已经在将近五年的时间里尝试着迈入智能家居产品阶段，使家用电器可以连网，但在技术细节上陷入了困境。）杰夫意识到，家电部必须在产品质量和制造方面更上一个台阶才能带来真正的利润，于是，他承诺投入10亿美元将其打造为GE先进制造业的试验平台。

"关于这项业务，我需要一些好的想法。"杰夫对我还有任何愿意倾听的人们这样说。

我不断去找本沟通。琳达和我每隔几周就和他联系，试图找出我们如何与Quirky合作，从而为GE注入新想法的方式。有一次，本建议我们以每月30万美元的咨询合同雇用他们。本喜欢谈论疯狂的钱。

我接管了GE的授权经营业务。我希望GE品牌的消费产品质量更为优质。我相信，使用我们品牌销售的产品必须有助于提升GE作为数字创新者的地位。廉价的电动开罐器、搅拌机和计算机电缆是无法发挥这种作用的。

授权经营团队拥有巨大的资产，可以从我们的研究实验室里获得数千项专利，这些专利要么没有被GE使用，要么具有其他潜力。因此，我们开始与本的社区分享我们的专利组合。

2013年4月，我们宣布与Quirky建立合作伙伴关系，GE将向Quirky的发明家社区开放200项专利，以创建新的产品或业务。对GE／Quirky更重要的合作关系来说，这也是一个很好的试验场。当时的GE授权经营总裁布拉德·欧文（Brad Irvine）对Quirky的工作速度和本都非常感兴趣。布拉德每周都会给我打一次电话，说："你不会相信本今天所做的事情。""惊人的本·考夫曼"将带领他的团队全力以赴，并在第二天推出数十种潜在的GE授权产品。布拉德把概述发给了我——这些产品不错！

我发现自己因本带来的能量激动不已。他并不完美——他可能是一个傲慢的朋克，会惹怒一些人。但他正在打破需要被打破的东西，这是我们迫切需要的。

因此，我建议我们需要与GE的数字化未来建立更重要的联系，使产品变得有意义。我们正在建立工业互联网，但这和消费者并没有什么联系，他们也感觉不到。消费者永远不会亲眼看到向航空公司总部报告其状态的GE喷气发动机。"我们可以和Quirky做联网产品吗？"我问道，"这或许会让我们的数字故事更容易理解。"

"有意思，"布拉德说，"本刚刚发给我们与这个有关的一些想法。"

布拉德开始研究授权产品协议。琳达和我是品牌和设计啦啦队，本是掌控速度的船长。"到圣诞节，我们将在市场上推出六款产品。这是让这项工作成功的唯一方法。"本说，"我会确保将它们分销给家得宝。"①

当时还是夏天，我们手上甚至还没有一个产品。然而我们知道本会搞定的。

我将Quirky作为证据A，展示在一个快速发展、社区驱动型的文化里工作的涵义。每周四晚，Quirky都会举办"发明家之夜"，这是一个互联网产品展览会，本会担任主持人。社区将对希望实现商业化的创意进行投票。然后由Quirky产品团队挑选出他们认为能够实现最佳设计和销售的产品，并提交给评委会审核。本

---

① 家得宝（Home Depot）：美国家得宝公司，为全球领先的家居建材用品零售商，美国第二大零售商。——译者注

散发出社区所喜爱的那种骄傲的魅力。

Quirky的所有员工都会参加展览，展览上会提供外卖和啤酒。我经常会让平常喜欢和我争论的一些GE领导和我一起观摩展览。研发部门负责人马克·利特尔喜欢当评委，并为他的研究人员和本之间的合作铺路架桥，共同开发了许多可能的新产品，例如如何重新设计家用保险丝盒或家用发电机。

在Quirky和GE共同签署了联网产品授权协议后的几个月，家得宝同意成为我们的独家零售商。我们有望在黑色星期五，假日打折季开始时及时交付我们的六种连接设备。其中一些设备在家得宝深受顾客欢迎，例如Pivot Power Genius，这是Pivot Power可弯曲电源板的智能版本。还有多功能传感器Spotter，它可以在比如当地下室漏水或婴儿在摇篮里醒来时发出一系列远程操作信号。

其他产品，比如Egg Minder，一款可以通过智能手机检查冰箱里鸡蛋新鲜度的鸡蛋托盘，则被证明是一个轻率的决定。我们试图说服自己，预防沙门氏菌是一项有价值的事业，但这个产品是一个哑弹——理应遭受奚落。它经由社区投票选出，但社区的决定是错的。更糟糕的是，本下达指令，要求生产数以千计的Egg Minders，这令代价变得更为沉重。那些鸡蛋托盘闲置在了仓库里。说到底，你必须拥有一个兼具驾驭市场和产品技能的人来管理投资组合。

这些看似不可避免的"失败"的时刻也是学习的时机，实际上，像Egg Minders这样的实验为GE和Quirky奠定了基础，一些真正具有创新性的东西得以创造出来：如智能家居的首批消费者软件平台之一。

在和GE确立了合作伙伴关系后不久，本需要为Quirky筹集另一轮投资，他也要求GE进行投资。那时，我们已经开始在智能家居平台上开展工作，这个平台叫做Wink，它的雄心远远超过了家得宝的Egg Minder和其他"由GE授权的Quirky"的那些小玩意儿。本希望GE能够为其投资5千万美元。最终，在我的劝说下，杰夫投入了3千万美元，我的理论是更紧密的合作关系可以为GE家电带来新的未来。

我带着杰夫来到Quirky签署协议。他对本说："如果你能在小家电领域兑现承诺，那么见鬼，或许你可以管理整个家电部了。"

这句话正中小爱迪生的下怀。

所有事情都赶在了最后，我带领团队对Quirky进行财务尽职调查，它已经筹集了超过1亿美元的融资。我联系了位于硅谷的"热门"风投公司Andreessen Horowitz的合伙人斯科特·韦斯（Scott Weiss），他是Quirky投资的负责人。斯科特告诉我，本是一个天才："他让我想起年轻时的史蒂夫·乔布斯。"（我应该问他是否认识年轻时的史蒂夫·乔布斯。）

正如所料，家电部首席执行官奇普·布兰肯西普并不赞同这个想法。

"我们总和他泡在一起已经够糟糕的了。现在我们还要给他钱？"他说。

奇普承认本很聪明，但他也认为，由于Quirky只生产小型消费品，本几乎没有能力扩展GE风格的大型家电规模。

杰夫将我们两个叫到一起。"奇普，我想你可以向Quirky学习。我喜欢他们正在做的事。"他说，"坦率地说，这是我们长期以来对家用电器最新鲜的想法。让我们试一试。"

虽然奇普讨厌加入Quirky的想法，但是家电部的很多其他人都渴望与新的伙伴合作。本和首席技术官凯文·诺兰投身于小家电挑战中，选择空调作为第一款产品。凯文想和社区一起快速工作，他喜欢从本那里学到的新方法。他也是Quirky的好老师，帮助对方了解供应链管理，以及如何大规模地设计制造复杂的技术。我记得凯文绘制了制作空调的流程——从金属板到展销厅。本吸收着这些知识，他从未上过大学，但在21岁时已经开始了他的第三次创业。

凯文和本开始研发Aros空调，这是同类产品中的首款智能空调，它可以连入互联网，允许用户通过智能手机应用程序控制、跟踪能耗并提出节能建议。它是我们的合作伙伴关系孕育出的结晶：来自一位Quirky社区成员——前美国能源部门员工——的算法与GE的技术、制造专业知识，以及本的产品开发流程相互交融。它让我们快速瞥见了一种升级的操作系统，是一种令人振奋的认可，证明GE可以成为硅谷的那种适应性组织。

但是，这种合作伙伴关系很混乱。即便是最优秀的人也需要承担很多工作。

早期，我们已经指定了一个名为乔恩的GE家电部产品营销人员作为Quirky的项目经理，让他负责协调预期和流程。乔恩就行政错误向本提出质疑——Quirky不是一个有序的流程驱动型组织，本对这种失察感到憎恶。"乔恩伤害了我们。他正在操纵，这是毫无益处的，并且非常耗费时间。他对我们的流程没有任何价值，只是需要大量的保姆。"

如今，从客观角度来看，我知道他说的这些并不真实，但我毫不怀疑，对本来说，乔恩的问题看起来像是一种奥威尔式的监控。我们要求乔恩减少一些干扰，但也明确向本表示他必须接受乔恩的存在。

虽然本是我们需要的挑衅者，但是很明显，本的热情、真实和认为自己永远正确的信念会打压那些哪怕是最支持他的人——比如我。例如，关于Local Motors的争吵。由于我渴望继续发现基于社区创新的新模式，于是便将我们的家电团队介绍给Local Motors的创始人，这是一家开源汽车的初创公司。我认为他们的工程师社区——许多人曾为重要的制造商工作——可以帮助家电部解决他们在Quirky的消费者和数字驾驶室之外遇到的更大的工程类挑战。

与Local Motors建立合作伙伴关系也是一种安抚家电部的方式。Local Motors的首席执行官兼联合创始人杰伊·罗杰斯（Jay Rogers）是美国海军陆战队精英小组的老兵，他的军事敏感性与奇普·布兰肯西普关于设计制造和流程驱动的观点不谋而合。

我们在3月份宣布将与Local Motors合作推出一家微型工厂进行限量生产制造，并与其合作建立一个名为FirstBuild的在线社区平台，工程师们可以在这个平台上更快地设计新型机械类产品。

我承认FirstBuild听起来很像Quirky，但它的基础不同，这种方式可以成功地将我一直推动的"制造者"行动和GE产品挑战赛融合起来。它汇集了我们在那些开放式创新挑战中实验过的网络、来自GE外部的产品创意流，以及3D打印中固有的小批量制造的快速迭代速度。

当然，Quirky是我的赌注。但本并不喜欢我允许奇普与其他挑战者合作的决定。"太棒了！"他讽刺地对我咆哮。

我们是合作伙伴，共同努力创造美好的事物，其间的消极一面也令人沮丧。

我肯定本的想法，但我也知道Quirky的优势不在于重型制造——他们擅长的是产品设计、商业化和数字化。但本确信自己无所不能。我们希望将Quirky的初创DNA嵌入内部，我们很乐意投资它。但与此同时，我们需要在许多行业和领域中进行多次下注。

作为未来的侦察者和解读者，我无法强迫奇普（或任何人）接受新的方式。我可以用变革者包围、骚扰他们并讨价还价，然后招来老板，但他们最终还是想要改变。要做到这一点，他们必须找到自己的道路。你无法规定变革发生的方式。

本想投入很大的资金，尤其是推出新的广告宣传活动，我们与本的关系由此变得更加紧张。这成为一个大问题，部分是因为作为对Quirky投资的一部分，我们已经允许他们可以访问NBC的广告库存，以及使用我们的广告代理商BBDO。但本不接受任何建议。他觉得GE团队的广告创意"没什么创造性"！他说："太公司化了！"

他最终决定采纳Partners and Spade策划的一支广告，讲述本如何成为"世界上最微不足道的CEO"，因为他为发明家社区工作。但是，尽管名字起得低调，这个广告的内容实际上全都围绕着本。这没问题，本决定在创意上花费Quirky的钱，并要求我们一次性兑现承诺的价值1千万美元的媒体时间（原本计划这笔钱可以使用3年多）。我同意了，虽然我对自己的决定感到后悔。我对自己的要求十分严格，但说到底，这是本的公司。

尽管存在摩擦，但Quirky的网络正为GE提供所需的开放式创新。Aros空调取得了成功（虽然不像本所期待的那样成功，在我们的团队投入生产订单后，他私下将产量增加了3倍）。我们扩展了GE的视野。我们的照明组之前一直在努力开发一种可以联网的灯泡，这是一种消费级LED灯泡，用户可以通过他们的智能手机进行管理并连接到其他智能设备。但是经过了5年的努力，我们拿不出可以推向市场的产品。然而在短短的5个月内，本和他的Quirky团队便制作出了Link Bulb。这是展示我们可以采用Quirky风格的快速成型技术，以更快的速度生产出更便宜的产品的另一个证明。

灯泡非常棒，优质的产品和本热情洋溢的个性帮助我们重新建立了与家得宝的关系，后者在14年前的一次定价纠纷中大幅缩减了GE照明集团的货源。他们喜欢Quirky。

家得宝对联网灯泡的欢迎也帮助Quirky和GE推动了Wink平台，这个智能家居系统已经从我们为Egg Minder建立的连接软件系统中分离出来，现在它们通过一种中央控制面板将所有可连接的家电绑定在一起——灯光传感器、Aros（一种智能空调）和我们设计的安全系统。（这是我们在数字健康早期设想的那种互联家居平台。）

虽然过程并非一帆风顺，但Quirky似乎变得很热门。我们正在创造产品，他们越来越受到关注，Wink正获得成功，人们开始将智能、互联家居视为即将到来的现实。接着，我们得到了一条消息，让我感觉好像我们中了大奖。

Quirky在前进的道路上耗资很大，所以本想要再次筹集资金。他曾与多家风投公司进行了多轮谈判，并获得了日本软银公司（SoftBank）的投资条款清单，这份清单令人难以置信：软银提供的条款将使我们在不到一年前投资Quirky的估值翻倍。

我对和Quirky的投资和合作关系抱有非常积极的信念，并为我的决定感到自豪。那种刺痛的孩子般的刺激使自己变成了飙升的乐观主义者。我很少对外炫耀成功或流露出太多的自豪情绪——这有悖于我的本性，除此之外，我看到太多"成功"变为失败的例子。但这次不同。在软银公司入伙之后，我在GE的大厅里奔走，人们几乎都会和我击掌相庆。在这个游戏中，我有很多皮肤。过去，令我感到尤为受到挑战的是业务发展部的总经理，当初为了完成投资我不得不过他这一关，而他对Quirky持怀疑态度，因为正如他所说，"我不会投资我不理解的事情"。〔这位总经理恰好是约翰·弗兰内里（John Flannery），他在2017年接任杰夫·伊梅尔特担任首席执行官。〕

然而，一切都开始分崩离析了。

GE在5年里一直试图将家电业务出售，但当杰夫决定将其用作新制造的实验室时，我们按下暂停键。现在家电再次焕发出魅力。突然间，我们的丑小鸭看起来更值得追求，那些曾拒绝我们的家电公司再一次重新审视这个部门。

本得知杰夫打算出售家电部，因此他给杰夫发了一封电子邮件，告诉他自己已经达成了一笔交易并想收购这个部门。尽管他不到30岁、缺乏重要的管理经验、没有自己的钱，这都没有关系。因为他是本·考夫曼。

我和杰夫谈过，他一直对本的胆大妄为感到困惑，他打电话给J.P.摩根公司（J.P. Morgan）熟识的银行家们。这是风险很大的赌注，但我们知道本不会让这些干扰到自己。不久之后，在7月中旬，本确实给出了自己的报价：J.P.摩根公司和一些新的投资者准备支付25到30亿美元收购GE家电。

我们很多人，琳达和我、凯文、甚至杰夫，都倾向于支持本。但我们也知道这是一个风险很大的赌注。杰夫必须根据股东的最佳利益做出选择，而不能仅凭感觉，一个由各路投资者和一个20多岁的首席执行官候选人——希望承担大量债务，只让GE保留少数股权——建立起的联盟只能是摇摇欲坠。

所以我们为最坏的情况做好了准备。

9月，杰夫宣布GE以33亿美元的价格将家电部出售给伊莱克斯（Electrolux）。杰夫觉得它让GE分心了，现在我们所做的投资似乎提升了该部门的价值。时间是正确的。价格是正确的。买家是正确的（虽然最终交易因反垄断原因而分崩离析，中国制造商海尔最终以更高价格收购了家电部）。

本垂头丧气。我们一直声称Quirky的投资是对一种模型的押注，这个模型能助推家电部，同时让我们走出更快、更精益的足迹并赋予我们一个崭新的、基于社区的制造商模型。本曾梦想成为GE这台发明机器的新面孔。虽然我们理解交易背后的数字，但该公告对我们合作关系存在的全部理由也提出了质疑。

我不得不打电话给本，告诉他这笔交易。那个总是有话要说的人陷入了令人毛骨悚然的沉默。当他10分钟后给我回电话时，他才说："我很生气。这是什么意思？一切都告吹了？我们一起建造的一切？"

宣布家电部被收购的消息感觉就像是在宣告合作结束的开始，包括GE在内的原始投资者长期以来一直质疑Quirky的财务严谨性，这对那个阶段的公司而言，虽然草率但并非不同寻常。为了安抚他们，本在软银公司投资之前引入了一位新任首席财务官，但最后的消息比我们预想的还要糟糕。Quirky不得不重申其财务状况，因为对方发现公司挪用了从GE授权业务中获得的一些Wink开发资金，将其作为员工薪水发放，而剩下的开发资金只够维持几个月的时间。更糟糕的是，那年的夏天并没有像预期的那样炎热，本对Aros空调私自下达的三倍生产指令现在成了负担。

软银走了。为了止血，本决定Quirky必须转变方向，这意味着关闭制造业务并专注于开放式创新设计和咨询。

因此，董事会决定出售Wink业务并使用这笔钱来执行转型，包括GE在内的现有投资者们并没有投入更多的现金。我无法说服任何人投入更多的资金，但我会尽我所能找到足够的资金让Quirky活下来。

好消息是，一家名为Smart Things的公司，其规模仅为Wink的五分之一，刚刚以2亿美元的价格出售给了三星。我们可以用Wink的估值进行交易出售Quirky获取资金。幸运的是，Wink连接平台已经公开发布，亚马逊、谷歌和三星都开始对它产生了兴趣。这令我们感觉有一条出路。

紧接着，突然间，在2015年4月的一个周六的早上，在收购谈判的过程中，Wink软件出现了故障。一个程序员在安全证书中输入了1而不是10，这意味着它只能持续1年而不是10年，而这一疏忽让Wink Hubs给5万个入网的家庭造成了影响。我们最终通过为客户创建自助服务修复程序让大多数人重新上线，但这件事依然很糟糕。那些考虑收购Wink的品牌商听说后都退却了。

我打电话给我们在家得宝的"好朋友"，询问我们是否可以与他们共同开发Wink。"我们从不投资我们的供应商。"他们说。

我让杰夫打电话给杰夫·贝佐斯——本此前曾被叫到亚马逊进行演示，但贝佐斯告诉伊梅尔特，虽然他喜欢本，但本已经让Quirky负债累累了。本盲目的乐观令自己深深地陷入了困境。很快，大多数风投家都纷纷摇头。在风险投资中，如果某些东西不能确保成为大赢家，那只能是一个失败者。

虽然本一直说他们正接近新一轮的资金，并且很可能他确实自己也相信这一点，但他在公开场合时非常诚实：在6月份的财富头脑风暴大会上，他在舞台上承认曾经筹集了大约1.85亿美元的Quirky基本上已经捉襟见肘了。几周后，本被赶了出去，公司宣布破产。

大多数风投公司都没有后悔。但对我们而言，总有比钱更重要的东西。我们想做一些世界上独一无二的事情，并且已经接近了这个目标。这就是为什么失败的痛苦会如此强烈，以及失去工作的人会心如刀绞。在那些美好的日子里，我偶尔会在我的跆拳道课上看到一位年轻的Quirky设计师。她经常对我说为自己能够成为Quirky的一员感到很开心。后来，我再也没有见过她。

Quirky的经历比iVillage更令人心痛，因为这次我促成了合作，我说服GE加入，我领导了这项举措。现在它变成了一个火球。我的火球。

GE的财务人员对我很苛刻。我们的首席财务官杰夫·伯恩斯坦（Jeff Bornstein）说："这是一次无情的打击。我们本季度没有料到这个。"我也没有，任何一个季度都没有。"这就是和这些承担风险的企业合作的问题，我们无法对它们进行规划。我们不能让你赔钱。"伯恩斯坦补充道。当你不得不在整个职业生涯中与这些家伙争吵时，这是你最不想听到的。按GE的说法，这是一个小小的绊脚石。但我仍觉得很糟糕。

然而，杰夫·伊梅尔特表现得很棒："我们需要尝试。如果它失败了，我们会继续前进。向前。"杰夫开始更多地关注GE的文化，以及如何让人们尝试更多的东西。

我仍然伤心欲绝。

这就是新兴领导者的道路。如果没有不懈的激情和谦逊，这一切都无法实现。你需要热衷于尝试新事物并承担巨大风险，并让其他人也能这样做。但是你也需要谦虚地意识到，失败是你工作的一部分，你无法知道答案或预测结果。最重要的是，你需要一种信仰，在所有这些充满不确定性和混沌的情况下，下一个新事物最终会出现。

Quirky倒闭的教训很多，我花了很长时间才与它们达成妥协。我不得不面对一个想法或一个人因为过度乐观带来的危险。你不能让你的情感超越你的理智。

我学到了当你在公司里——无论是小公司还是大公司——具备生产和承受能

力、且有能力合理使用金钱之前就烧钱的后果。我们现在将其称为"过早扩张"（premature scaling），这是我们决心要解决的问题。我的同事们会觉得我这样说很令人讨厌，但公司往往会对创意过早地投入过多的钱。并且，团队因为担心以后得不到融资往往会要求一切。

我也学会了仔细考量对时机的把握。通过创新，我们争先恐后地想成为第一，但是早起并不总是一件好事，特别是如果你还没准备好，或者过度夸大了未来的好处。时机的把握是成功和接近成功之间的分水岭。

最后的经验是"失败"是有回报的。First Build已经成为一个备受推崇和研究的新制造方法模型，其核心是开源和小批量。凯文·诺兰继续担任GE家电部的总裁兼首席执行官（接替奇普·布兰肯西普）。至于Quirky，虽然在可扩展的想法方面，开放社区的价值低于我们的预期，但是有充分的理由让社区建立早期的反馈和支持。本的涌现的、快速的方法改变了我们。

本再次踏上征程。他和妻子妮姬（Nikki）迎来了罗可（Rocco）的诞生，他加入了BuzzFeed，与创始人乔纳·佩雷蒂（Jonah Peretti）一起创造了新的产品。我对他们两个都很了解，我认为这是一个强大的脑力组合。我知道我会再次与本合作。他不错。

大多数情况下，我了解在顺境和逆境时成为合作伙伴意味着什么。合作伙伴关系是业务的必要组成部分，并将更加如此。合作伙伴分享奖励和风险。但伙伴关系很难。

一个想法给了我真正的安慰：我已经设定了一个拥抱协作和变革的过程。

第十二章
临界点上的转折

GE的Nela工业园位于俄亥俄州的东克利夫兰，是美国第一个工业园区。在其鼎盛时期，这里是一个美丽的地方。如今走过园区，你会觉得你正在参观一所小型的文理学院。这里有绿色的草坪和一连串的砖面建筑，看起来像是高等教育所在地。一座美丽的喷泉坐落在园区的中心，它见证了过去的辉煌岁月，并让在此工作的1200名工程师和产品经理可以在闲暇之余欣赏辽阔的田园风光。

在工业园区内部，照明与电气研究所的墙壁上装饰着诺曼·洛克威尔（Norman Rockwell）在20世纪30年代创作的绘画真迹，这些作品描绘的是关于光明的威严故事以及它在我们的文化和经济中发挥的核心作用。这些画作总让我想起灯泡强大的象征意义，白炽灯泡的形象深入人心，被所有人看作奇思妙想的象征——"灯泡时刻"，即当你有所发现时情不自禁地发出"啊哈"的瞬间。在工业园区成立125周年之际，GE挖出了埋在园区周围的很多时间胶囊，其中一个装着100年前制造的钨丝灯泡。当他们把其中一个灯泡拧进电源插口后，它闪了几下后亮了起来！

Nela工业园是GE工业历史最具象征意义的核心，这个地方制造出了那个时代的基础技术，创造了庞大规模的工程技艺，20世纪的便利生活就是有赖于此。站在照明研究所，闭上眼睛，我几乎可以听到建筑物在喃喃地诉说着"进步"。

然而今天，Nela工业园完全褪去了昔日辉煌的色彩。它毗邻俄亥俄州的东克利夫兰——全州最贫困的地区之一，只会给参观平添阴郁。现在的东克利夫兰充斥着不被重视、贫困和犯罪。公司员工在回家的路上闯红灯的现象屡见不鲜，因为他们害怕如果停留时间过长会被卷入枪战。我们在安全门外至少发现过一具尸体。

GE在20世纪中叶的品牌口号是"进步是我们最重要的产品"，但随着时间的推移，股东利益最大化变成了衡量成功的标准，公司的运作几乎完全变成如何以更小的代价从我们已拥有的技术上最大程度地榨取利益。进步成为重复的同义词，只不过要更好、更便宜、更快。这些曾经是美国无限创造力象征的雄伟的工业园区，现在已经沦为了崇尚优化的殿堂。你可以称之为"优化当下操作系统"，或是大卫·基德所说的"从大到更大的操作系统"——为增加每一份股票的收益而建立起的整套机器。

裁员、分拆、外包、离岸外包、企业再造、全面品质管理、六西格玛——这些全都是追求优化的表现——现今的经营方针为股东带来了令人难以置信的收益，却放弃了长久以来改变公司的长期收益潜力的做法。可是，让人惊叹的是，在那段时间，GE及其股东赚到了大钱！直到我们开始赚不到钱。直到过去的老本慢慢无法支撑，明天变得越来越不确定。

美国企业正站在十字路口。我们利用优化、更严格的财务目标、无止境追求更高效率来取代创新已经太久了，这就是当企业业务危险地失去了想象和发现的过程以及喜悦时的样子。GE长期以来一直是照明创新者、市场领导者。随着越来越多的公司进入灯泡行业，GE失去了定价能力，利润缩水。在优化方面，GE满足于快速跟进战略，结果发现在股份和长期盈利能力上的成本极高。一旦GE照明部门变得难以赢利，投入到创新的资金会进一步缩减。

GE的管理人员将他们的努力付诸我所谓的"踢罐头"——从可能的情况下挤出每一个硬币，尽最大可能削减成本，包括将工厂搬到中国。让下一个家伙接盘严峻的投资挑战。投资者和华尔街一直乐于从现金"奶牛"身上压榨利润，直到它干涸为止。

2008年，杰夫试图将家用电器板块和照明板块捆绑在一起出售时，没有人愿意接手这两个业务板块。因为照明板块投资风险高，是一家工业公司难看的虚弱部分。这块业务有着充满遗留问题的老旧工厂，包括老旧的设备和现在已不再使用的化学品。无论谁收购这块业务，都需要支付巨额费用来清理用于制造长丝的汞，还要关闭遍布全球的工厂，其中一些工厂甚至只能以设计产能的30%开工运作。具有讽刺意味的是，照明部门反而变成了黑暗的地方。

很明显，耗尽时间和精力通过优化达成的经营优势有着巨大的弊端：创造和发展的能力逐渐削弱。因此当大卫·基德向GE领导层问道"去年你们推出了多少个价值5000万美元的公司"时，在座的听众们全都陷入了沉默。我们需要重新获得我们称之为"由新到大"的能力，而且动作要快。

我知道在哪里可以找到我们的老师。从创业世界的那些企业家和资本家的原始思想中早已总结出另一套用于识别、验证和发展思想的思维框架。我亲身体验了迭代效率，并验证了即使在产品不为人所知、客户尚不明确的情况下，只要有像Hulu的杰森·基拉尔这样的"由新到大"的实践大师，就可以学会并掌握。但是，在我的内心深处，我是否真的认为这样一个庞然大物有机会获得重生吗？

事实上，我非常确信。

创新是那样难以捉摸，但我知道它已渗透到GE的每个角落。每天我都会从GE的工作人员那里——通常在克服最艰难的障碍时——获得启发以创造新事物。在GE内部存在一个平行的现实——爱迪生的现实。无论我们如何厌恶凌乱的实验室开端，在GE内部仍然有着成千上万的人致力于纵情自己的想象力去挑战现实。这是真正的萤萤之光，就像那个有着百年历史的灯泡。如果你看得足够仔细，你就一定能够找到它。

也许这就是为什么我对照明部门怀有如此热忱的依恋。2012年，当位于我的家乡弗吉尼亚州温彻斯特，曾经是GE最先进的工厂被关闭之后，这种依恋甚至变得更加强烈。当我开始剥开一层又一层的洋葱皮，在照明部门内部寻找那些富有想象力的反抗权威的领域时，我找到了前进的方向。一道摇曳的光芒可以引导我们走向未来。

1962年，GE的科学家尼克·何伦亚克博士（Dr. Nick Holonyak Jr.）发明了第一个实用的可见光谱LED。GE的同事们称之为"神奇之物"，因为与红外激光不同，它的光可以被人的肉眼看到。在随后的30年里，很多人试图破解白光LED的代码，却没有成功。20世纪90年代，当看到进步层出不穷时，一些头脑清晰的工程师意识到LED代表着未来，因为这种技术将明显带来能耗的降低以及全新的连接和沟通的机会，所以他们争取到了公司许可可以实现所预见的未来。

在他们的监督下，LED孵化团队搬进了离Nela工业园区有30分钟路程的一个小办公室，并在远离照明总部的地方创建了一个隐藏的"臭鼬工厂"。公司的高管们接连不断地对照明部门极尽压榨之能事，他们要么丝毫不重视这个团队，要么就压根不知道这个隐形团队的存在。这个小团队在一小撮离经叛道的经理的保护下持续前进。这群经理找到了一种秘密的方式为LED业务提供支持，以此让这个团队躲开贪婪的GE——这架赚钱机器——的视线。这就好像这些领导人已经秘密宣誓来挑战那个"男人"并创造未来。他们不仅开发了创新产品，还开辟了新的市场——交通、标识、景观并大量使用LED，让客户看到使用这项技术的价值（同时也会欣然付钱）。这支小团队组织很凌乱，只有很少的预算维系运行，而且很快就遭遇了失败。在成功的道路上，他们在自信会取得成功的地方都经受了失败——LED投光灯、LED珠宝盒都是失败的产品。但是他们将失败中吸取的经验继续应用到新产品中。到2009年，GE Lcore团队（现在的称谓）已经获得了足够的成功，重新回到了Nela工业园。

在这个富有想象力的叛逆团体中，我看到了GE再生的种子，这些离经叛道的工程师看到了LED的未来并且绝不放弃。

快速项目

当我在硅谷以及各种"制造商"空间展开我的发现朝圣之旅时，我听到越来越多的人提到精益创新之法。大约6个多月后，埃里克·里斯（Eric Ries）出版了《精益创业》一书。埃里克是一名软件企业家，他和自己原来在斯坦福大学读书时的老师史蒂夫·布兰克（Steve Blank）一起，开始向大众宣传初创企业可以从学习精益制造方法中取得更大的成功。他们创建了简化的产品，称其为最小化可行产品或MVP（Model-View-Presenter），它可以快速引发客户响应，进而提供真正有用的信息以进行产品迭代。这就是他所称的"构建—衡量—获知"循环。

当我参加埃里克在纽约举办的新书发布会时，我亲身发现了精益创业的意义，这深深地激发了我的兴趣。也许这可以帮助我们在GE内部启动更多的初创企业——这是自"想象力的突破"启动以来我从没有放弃过的追寻。

自"想象力的突破"启动以来的几年时间里，我们一直通过引入外部创新者作为顾问来指导和帮助GE的各个团队培育"突破"。我认为埃里克的代码可能就是我们的公司DNA向前进化所需要的编码。因此，在埃里克结束发言后，我上前自我介绍并询问他是否有兴趣担任GE的"创新加速器"。他的想法对GE非常适用。

当我说出"GE"的字眼时，埃里克的脸色有点发白，他没有立即回答我并陷入了沉思。

"我非常怀疑，"埃里克说，"GE是否能够对初创企业保持耐心？你们和我提倡的'精益'几乎完全不搭边。"

"我们正在努力让GE更具创业精神和适应能力——特别是随着数字化开始进入工业领域，"我说，"而且你会把这种精神带进GE并传播开来。"

埃里克笑了笑。"那我必须穿正装工作吗？"他问。

我知道我找到了"火花"。我能感觉到，尽管埃里克来自硅谷，但GE最终会接受他，因为他的内心是一位工程师。如果是在硅谷崛起以前，他会选择去GE或施乐帕克研究中心（Xerox Park）这样的大公司，因为他对创新的反应就是工程师对创新的反应。创业需要想象力和创造力，而他的方式是围绕想象力构建一个工程师可以掌握的框架。对我而言，"精益"就是想象力的迭代——你可以从一个充满力量的地方从小规模做起并进行扩张。

我们请他看了一些"想象力的突破"项目，然后在2012年8月，我邀请埃里克在我们的公司高管会议上发言——这是GE的一次年度"合作伙伴会议"。大约

第十二章　临界点上的转折

有175人聚集在一起观看年度战略蓝图。我的工作是向这些领导者展示新人和新思想，所以我让埃里克为这群与创业图书发布上的观众截然不同的听众讲讲精益创业的原则。

埃里克是一位引人入胜、平易近人的演讲者，他可以将复杂的理论进行分解，更加便于听众的理解。但是我可以看出他很紧张（他甚至穿上了一套正装！）。他当然有理由紧张，因为当埃里克说起自己利用精益方法在一天内重写了50行软件代码时，我几乎可以看见这群GE的高管的脑门上写着大大的"怀疑"两个字。航空部门的工程领导人脸上的表情简直就像在高喊："好吧，自作聪明的创业先生，你在软件上可以做到这一点，但你不可能在喷气发动机这样的复杂硬件上做到这一点。我们能在一年内搞定一个变更订单已经非常幸运了！"

我事先已经料到埃里克的讲解会立刻引发抗拒，因为GE的许多高管会本能地怀疑埃里克的方法在软件以外是否有效。因此，我要求埃里克在演讲之后针对一个GE的产品进行一次深入的精益创业验证，以向大家证明"精益"是真实有效的。

在征得当时的运输系统集团首席执行官洛伦佐·西蒙内利（Lorenzo Simonelli）、发电事业部首席执行官史蒂夫·波尔兹（Steve Bolze），以及我们全球研究中心的负责人兼首席技术官马克·利特尔的同意后，我们选择了X系列作为范例。X是一个柴油发动机项目（属于"想象力的突破"项目）。当时这个项目让我们感到非常沮丧，因为我们的竞争对手已经在这个领域处于领先地位，而我们的团队却宣称他们在接下来的5年多时间里无法向市场推出新产品。研发速度的缺失简直快要折磨死我们了。

我们在克罗顿维尔征用了一间会议室，找来了各个部门的工程师，以及来自铁路、能源部门的市场营销人员，整间会议室人头攒动。由于业务部门负责人和一些企业人员也都在场，大伙都很紧张。

埃里克用他精益过程的第一步——信心飞跃假设——开启了讨论会。

"相比较我们已经猜到的事情，我们实际上知道的是什么？"他问，"我们对这款产品的运作方式了解多少？谁是客户，我们是怎么知道他们会想要这款产品？相对于我们的内部程序，时间表的哪些方面是根据物理定律决定的？"

X系列团队的领导人在上台准备进行幻灯片演示时，几乎是润了润嘴唇。他们讲述了经过验证的X系列商业案例。根据收入预测，该款发动机将在未来20至30年里每年为GE赢利数十亿美元。与许多GE的商业计划一样，预测收入增长的图表像曲棍球一样，代表收入水平将在5年时间内升至月球表面。预测指数性的增长总是很容易。

"相信这个预测的人请举起手。"埃里克说。

所有人都举起了手。

埃里克笑了笑。

"说真的，到了2030年还会有谁真的相信你们能从这款发动机中赚到160亿美元？"

这次没有人举手。

"那么，我们究竟知道什么？"

其中一位发言人清了清嗓子，开始讲话，不过这次更加小心翼翼。他说，当然会有一些不确定性，因为计划制造的X系列柴油发动机将提高20%到30%的能效，可以凭借这种性能上的优势让客户信服并更换产品。

"还有什么我们应该知道的吗？还有别的不确定因素吗？"

是的，我们最大的竞争对手拥有一个特许经营网络，作为非常成功的支持系统，造就了非常忠诚的客户关系。

"啊，"埃里克说道，"那你们的销售计划是怎样的？"

"嗯，我们将会打造自己的分销网络。"

"你们知道如何建立分销网络吗？你们以前建立过分销网络吗？你们准备什么时候开始去做？"

"在产品完成后。"铁路部门的发言人说。当他说出这番话时，一种荒谬感油然而生。

"那么，你们将用5年的时间打造一个产品，然后花更多的时间来建立一个分销网络，所有这一切都是为了一件差不多10年前设计的产品。"埃里克戳中了要害。

当埃里克的提问结束时,团队不再有很多设想。但埃里克提出这样的问题,追问给出疯狂预测的人,不是为了侮辱他们,而是为了将整件事情分析清楚。我可以看出团队里的人在那一刻被触动并想到了什么:他们把所有的时间都花在应对技术风险上(即"这个产品可以建造吗?"),对商业风险却是零投入(即"这个产品应该建造吗?")。

这时,埃里克提出了一个激进的建议。"我们的团队一直在努力为多种情境进行设计,而不是针对单一的目标客户,这会产生难以置信的复杂性,从而陷入预算和政治限制。"他说,"没错吧?"

房间里传来轻声的附和。

"所以,让我们转向别的东西,"他说,"让我们针对一个用户,从根本上简化工程问题。让我们做一个最低限度可行的产品,一个MVP柴油发动机。"

整个房间的人都激动起来。"那不可能!"有人说。"你的意思是说,造一台会一败涂地的发动机?"另一个人说道。"我们在这里谈论的可不是火车模型。"这时有人讲了一个笑话:"并非完全不可能。我可以从我们竞争对手那里买一台发动机,然后在他们的标志上盖上'GE'就行啦。"

房间里充满了对愚蠢的软件男孩的嘲笑。

埃里克也笑了。我能看出他习惯了面对嘲笑。他从来没有因为嘲弄和抗拒而生气。这是一位优秀"火花"的价值之一。他们可以大胆说出公司内部人不能或不愿说出的事实。

"听我说,让我们把那个多重环境和当前的问题细化。节能在技术上最容易解决的是哪个部分?"

房间里持续地沉默着,这时角落里的一名初级工程师开口道:"动力啊。我说的,不是车轮上的运动部件之类的,就是动力而已。"

"很好。如果我们只专注解决这个问题,"埃里克问,"我们要花多少时间呢?"

"我猜,可能会从5年降到2年。"工程师说道。

"非常好。但是让我们继续。造出第一台发动机需要多长时间？"

房间里的人群显然被激怒了，大声抱怨。"这家伙不懂大规模制造的经济原理。"一位主管生产的副总裁说。这仿佛是本·考夫曼和烤箱铰链的情景再现。

"我不是要求建造一条发动机生产线。我想知道制造单独一台发动机需要多长时间。"

"1年，"生产副总裁说，"可是这有什么意义？"

"如果我们解决了这个技术问题，有没有人知道哪个客户会购买这样一台发动机？"

大家对埃里克表现出对制造流程的无知越发地不满了，但埃里克的新想法为那些愿意以新的方式思考的人提供了信心，接着一位副总裁开口道：

"事实上，我那儿就有个人，每个月来我办公室问起这个，一个海事部门的家伙。我很肯定他们会买下它，并让我们跟他们一起进行测试。"

听到这里，房间里的精神为之一振。现在，我们将5年时间缩减至1年就可以将真实的产品交到真实的客户手中。这种势头开始不可阻挡地推动团队向前迈进。

"知道吗，如果你只是想把一台发动机卖给一个特定的客户，"一位工程师说，"我们甚至不需要制造任何新发动机。我们可以在现有产品的基础上进行调整。"

众人的下巴都惊掉了。所有人都面面相觑。

大伙发现，GE有一台名为616型的发动机，经过调整就可以满足初始项目要求的动力规格。顷刻间，这个新的MVP比原计划快了几个数量级：从5年到6个月。在4个小时的过程中——通过询问一些看似简单的问题——我们缩短了项目的周期时间，并为团队找到了一种快速学习的方法。

当大伙逐渐平静下来后，一位大部分时间保持缄默的经理决定开口。"这些有什么意义，"他问，"只是向一位客户销售一台发动机？我们的项目价值数十亿美元，现在这个技术男孩喋喋不休地说了几个小时，我们的项目变得一文不值。"

第十二章 临界点上的转折

埃里克非但没有恼怒，他的脸上反而露出一种诡异的欣喜的表情，就像一位老师终于让他的学生理解了硬币的一面——可能是错误的一面，但至少已经理解了其中一面。

"你是对的，"埃里克说，"如果我们不需要学习任何东西，如果你们相信这个计划以及我们之前看过的相关预测，那么我所说的就是浪费时间。测试干扰了执行计划的实际工作。"

那位高管面露满意的神情。但突然，参会的其他人、这位高管的同行们说话了。"我们都承认对计划或预测不是很确定。"他们说。他们开始讨论可能导致项目失败的所有关键但未解决的问题：如果客户想要的东西与我们假设的不同，该怎么办？如果服务和支持需求更难建立怎么办？如果……

"是啊，早点知道难道不是要好过晚些才知道吗？所以要测试、验证和迭代。"埃里克说。

当我们结束艰难的质疑，开始与内部人员交谈时，整个公司中最资深的技术领导者和最受推崇的工程师之一，研究主管马克·利特尔发出了让所有人吃惊的评论。

"我现在明白了。我就是问题的根源。"

他说得没错。并不是说马克就是字面意义上那个阻碍GE进步的人。但是，他很勇敢。埃里克提出的问题以及团队里的众人回答这些问题时暴露出来的执拗让马克认识到，如果公司要更快地行动、更快地学习、更加贴近客户，他和GE其他所有的领导者都需要承认自己已经陷入思维固化，需要丢掉老旧的经验，开始更新自我。

自那天起，我们会利用这次会议中认识到的教训来教育他人：我们的问题不在于技术或预算的缺乏。我们有太多的内部障碍阻碍我们的手脚。一些障碍只是需要得到上级的批准、需要让很多人参与这个过程。有些则是精神上的，让人们觉得他们必须采用某种做事方式。正如那天我们走出房间时，马克·利特尔告诉我的那样，真正重要的是它改变了团队的态度，从害怕犯错误，到积极参与、考虑周全并愿意承担风险，将我们的心理模型从对创造失败的恐惧转变为全面考虑如何测试我们的假设。

这是"涌现"管理的最佳状态。一旦我们让埃里克参与进来，工程师团队找到了正确的框架重新思考假设，埃里克和我都不再真正插手。我们就像是不存在一样。团队必须自己摸透并想办法解决，而且他们真的这样做了。一步一步慢慢来。让我们先搞点什么东西出来，然后学习，再转移到下一个阶段。这不会是一条康庄大道。肯定会遭遇失败。但我们坚信会实现目标。

也许"精益"智慧影响最为深远的地方就是，面对有人拿出过去为自己的不作为找借口而使用的假设时——例如，这事盈利能力不足——可以通过专注于更小的步骤而快速驳回。"我们先试试这部分内容。"大公司的思维方式意味着GE的团队只会考虑大规模的计划。他们无法想象小规模的计划会让他们的项目最终演变成大规模的项目。但是现在我们迈出了第一步，让他们开始以新的方式思考问题，将事情分解成更小的活动，在我们向前发展的过程中去构建、测试和学习。

一周之后，在月度增长评估中，我们向杰夫报告了这个案例，他对此很兴奋。我们一致同意以我们称之为"快速决策"（Fast Works）的倡导将这类讨论会推广至全公司范围。我们组建了一个跨职能的高管团队，负责监督该项计划能够扩展至各个部门，包括工程到IT。但我们特别注重让营销和人力资源的高管负责主导，因为我们认识到这件事关系到公司的文化变革。

"我们可以在这上面做点文章。"杰夫说，几乎是带点轻狂，"我们能突破产品范畴吗？我们可以用它来对付官僚作风吗？"他对于要启动一件事情需要太长时间已经感到越来越沮丧了。

我们使用柴油发动机项目作为号召力。有这么多工程师和多位业务部门领导颂扬"精益"的优点，这让我们有信心可以引起GE领导层的注意，果然很快各个业务部门的负责人就同意开展其他项目。在GE的年度员工调查中，令人失望的是，部分人认为我们对客户的反馈不够迅速，我们已经变得过于专注内部，我们恢复了旧流程并分散套用到其他流程。我们甚至降低了对风险的承受倾向，并制造了"检查检查员的检查员"。

占用住所

随着我们的工作场所变得更具适应性,我们将越来越多地基于限定的任务、项目聘请专业人员——换言之,对于特定的"任务"或我认为的"常驻",更多的是专业人员而不是顾问。你能够吸引的专业人才的范围非常广泛,从专业知识、技能、知识到能力。从常驻企业家的角度来思考问题,就如同设计师、故事作者、教练、科学家、活动家等一样。

给予你的常驻专家足够的权限。让他们在你的团队和公司里发挥真正的作用。提前设定期望、指标、知识产权和期限限制。对常驻专业人员要求可以完成的事情要切合实际,给他们时间发现和培养想法。鼓励你的常驻专业人员分享他们在公司内外的经历。

我找到了一直领导创新加速器的史蒂夫·李戈里(Steve Liguori)和韦夫·戈尔茨坦(Viv Goldstein),让他们开始进行"精益"训练,一次只针对一个团队。每个项目都是有针对性的选择。我们希望尽可能早地在较大范围内树立起成功案例,例如从IT部署到新产品再到法律合同等。这对客户来说也是一个新的号召力,GE全公司都付出巨大努力以证明"快速决策"方法可以在整个公司范围内、在任何复杂程度,在任何业务和所有地方都行得通。

在和第一组的8个团队合作3个月后,他们返回总部进行履新。这是一群全然不同的勇敢者,他们正在做各自部门中没有人知道的事情。他们的一个目标就是看他们是否会遭遇迅速失败,或是小范围的失败,然后在此基础上学习和迭代。他们做到了。

最初的8个团队之一,是由GE医疗集团的特里·布莱森汉姆(Terri Bresenham)领导的。多年来,为了实现在威斯康星做出的产品决策,她一直努力将低成本、科技含量高的健康诊断技术引入像印度这样的市场,但效果始终不甚理想。通过将产品开发从实验室转移到新生儿母亲的访问,并希望以低成本快速学习,特里将她的部门的重点从"这是我们成熟的婴儿保暖箱,我们需要降低成本"调整为"如何将我们特有的婴儿保暖产品投放到资源贫瘠的地方——一款针对婴儿皮肤的白炽灯泡,然后以此为基础开始设计"。很快,婴儿保暖项目形成了规模,就连世界卫生组织也来找特里寻求建议。

法律部的另一个团队找到了缩减商业合同文本长度的方法。有一个案例将原本200页长的合同缩减至只需要5页,进而将流程缩短了一周的时间。而另一个我最喜欢的案例,是家电部门的迈克·马汉(Mike Mahan)和他的Monogram冰箱团队。在家电部门看来,迈克是一个不服从上级命令的经理人。他曾提议制造一台没有塑料零件的法式门冰箱,当家电部门的领导拒绝后,他瞒着部门领导,集合了一群志愿者,一面继续干着日常工作,一面继续推进这个项目。迈克决定使用3D打印的铰链造出60台新式冰箱进行测试。测试过程并非一帆风顺。客户一而再、再而三地拒绝这款冰箱。拒绝的理由五花八门,从光线不足到颜色难看等不一而足。最终,经过18次迭代,迈克的项目取得了长足的进步,而家电部门的高管们也被严加审查,以表明他们对"快速决策"的支持。因此,这款冰箱被重新纳入官方项目。

最初的8个团队的所有参与者都有一个共同的反应:"哇,这真的太难了。"但这不是针对精益方法,而是当他们重新开始业务时,自己提出的新点子依然一次又一次地被拒绝或被废弃。

在GE的顶层推行这一套方法的过程也并不轻松。"快速决策"针对全公司范围的唯一强制性要求是每个GE业务领导团队都必须举行一个为期一天的推介会。埃里克参加了大部分会议,在克罗顿维尔的"谷仓"和GE各个团队进行交流。在

快速工作

我们所谓的"快速决策"是建立在精益创业的基础上，让公司不同的团队、不同的职能部门乃至不同的行业都能够以此为起点，适应新的工作方式。我们的目标是更快地获得更多创新，同时去除官僚作风，并在公司更大的范围内激发关键性的思考。你可以通过人们使用的词语和他们所要求的行动来判断公司文化是否正在发生改变。任何时候当某些事情拖慢了进度或不堪应付，有人就会宣称："你为什么还在用旧的方式工作？我们在这里崇尚的是快速工作！"以下是精益创业方法的关键步骤：

1.命名"信心飞跃"假设。如果计划的产品要成功，那就必须是真实的——例如，人们会接受胶囊咖啡或是无人驾驶汽车。这是一个事关成败的问题：什么必须是真实的，才能让我们继续下去？我们前进道路上风险最大的假设是什么？把一个问题作为一个假设，让人们感到宽慰，不必拥有所有的答案。你是否可以挑战自己经常使用这个标准问题：你的假设是什么？

·信心飞跃假设有两种变化形式，一是价值假设（这是否会带来价值？），二是增长假设（新客户是否会发现并购买？）。

2.创建最小可行产品（MVP）实验以测试这些假设。换句话说，打造一个粗略的、现成的原型产品，和客户一起试用并进一步开发。我们进行过数百次培训课程，每一次培训课程之后，我们都向团队提出一项挑战：下周一开始工作时你们打算测试和学习什么？必须选择一个你认为需要不同方法的项目或活动——可能是演示文稿、产品功能、员工会议。挑选你们的目标，然后尝试一种新的方式。

3.迭代。指的是围绕MVP不断重复构建、测试和获知这一循环，弄清楚什么是有效的，什么没有作用。验证学习后，利用已获得的信息并再次启动循环。这种迭代周期称为构建—衡量—获知。

4.转向或坚持。你不断使用构建—衡量—获知周期的反馈来评估自己的努力是否达到了效果。设定一个定期时间表——每隔15、30或90天——决定是转向还是继续坚持。这是关于调整愿景以反映现实，但这也意味着如果不起作用，你需要转向别的项目。那么我们要怎样确保我们的做法有效呢？我们加入了诸如Survey Monkey之类的数字工具来获取反馈，利用Slack保障团队和客户的沟通，以及利用消费级3D打印来共享早期设计。

5.小心虚荣指标。团队会跟踪追求一些数字，让我们感觉良好，业绩看上去很美好。但这些数字并没有真正指向稳固的业务发展动力。真正要考虑的是数字广告的点击数，或焦点小组提供的不会导致客户接洽或销售的反馈。

6.采纳创新会计。这个概念促使你考虑如何衡量每个发展阶段最重要的因素。我们早在启动"想象力的突破"时就已经了解到这一点。当时管理人员在商业点子甚至还没经过客户测试的时候就预期会产生高额的利润和巨大的市场份额。我们努力的目标：学会就获得的成就和花费的金钱以及投入的资源进行对比。它可以分解为几个指标：

· 审查的产品/项目数量以及在哪个阶段

第十二章　临界点上的转折

- 项目学习数量与确定的差距
- 具有明确客户价值的项目百分比
- 第一次经济交流的时间，意味着某人付出了某些代价
- 基于新客户洞察力的重要支点数量
- 取消的项目数量以及节省的资金和时间。（令人惊讶的是这项指标成了广爱欢迎的指标，并且是"快速决策"正在运作的标志。因为越来越多的人试图尽早废弃无效的点子，重新部署资金用于有效的点子。）

　　挑战自己，看看你的团队是否可以接受上述这些概念中的任何一条。

　　其中一次会议上，一位家电部门的高管干脆把椅子背向讲台，眼睛看着窗外，摆明了不想听埃里克的那套说辞。他的想法显而易见："拜托，别再搞这些愚蠢的计划了。我们一点兴趣都没有。"

　　我越来越清楚地认识到，GE需要重新定义并明确表示我们的员工是允许以不同的方式进行思考和行动的——迭代、假设、迅速行动。重点必须放在如何创造支持这种新工作方式的企业文化上。我们不得不重新寻找我们最初的企业家的心态。我们曾经是一家初创公司。那么是否有可能再次将GE变成一家拥有120多年历史的初创公司？

　　在此之前，这台公司机器仍将持续扼杀思想——最后自杀。

如果?（或如何提出更好的问题）

"快速决策"带来最棒的好处是，我们提出了一种新的提问题的方式。提出问题是为了更好地学习，而不是炫耀提出这些问题的人有多聪明。提出的问题能够更快揭示真相。以下是我最喜欢的努力让我们的领导者提出的问题。

- 谁是客户，你试图为他们解决的需求是什么？
- 我们的强项是什么——我们比市场上大部分公司做得更好的是什么；我们在哪些方面有着凌驾于他人的优势；如果我们没有这些，那么我们获胜的机会在哪里？
- 我们从开展的实验中学到了什么？
- 商业模式是什么样的——我们如何赚钱？
- 你会在这个点子/解决方案/业务上赌上自己的职业生涯吗？
- 为什么是现在？
- 你哪里失败了？你会因此做些什么样的改变呢？
- 我能为你提供什么帮助？（这个问题强调的是谦虚，而不是假设你已经有了答案。）

重建

一年后，也就是X系列第一次培训课程结束的12个月后，埃里克再次被安排参加年度公司高管会议。这次是为了展示我们在"快速决策"上取得的进展。

虽然"快速决策"让GE的创新势头出现复苏的迹象，但杰夫逐渐失去耐心。公司多年来内部变动不断，股价始终疲软，杰夫面临着投资人巨大的压力，难免有些沮丧。他希望通过正在尝试的举措迅速取得成果——特别是在其名称中有"快速"这一字眼。在埃里克展示时，我们由于缺乏足够的成功案例，难以说服在场的高管们，取得他们的信任。熟悉这些概念的人越多——MVP是最受关注的，想要参与的人就越多。但是，由于"快速决策"仍然很弱小，多数人都寻找借口拒绝尝试。我记得自己曾和一个来自航空部门、对这一概念嗤之以鼻的员工进行辩论。他说："我们不希望我们的喷气发动机成为MVP。"说得对，而且我们都确信，这些喷气发动机被你们打磨到顶级完美的程度。但我想说的是，除了伟大的发动机之外，肯定还有工作流程和商业模式是我们可以改进的。

埃里克正在接受观众的提问，对我们的进展和弱点进行了诚实的评估。突然杰夫打断了他。"我们必须做出这个改变，"他咆哮着，"这些问题——我们的迟缓，我们检查检查员的检查员，我们荒唐的开发成本——让人无法容忍。这些必须得到解决。立刻。"

他要求制订一项计划，将"快速决策"推向整个公司。我们——"快速决策"现在由一个营销和人力资源组成的团队领导——就如何按计划有条不紊地推动与杰夫争论。我们每个人都经历过的强制性六西格玛培训仍然留在许多人的记忆中。我们相信这次采用自上而下的方法是行不通的。"草根"层面的员工渴望获得更多的自由，测试事物并加快行动。我们想改变人们的思维方式，同样也想改变他们的思维过程。因此，我们设计的第二阶段采用了更具涌现性、更分散的框架。当然，我们会走出去并培训首席执行官和高管，但在大多数情况下，我们会像传播病毒那样传播这一理念。建立教练网络，其中一些来自GE外部，但其中大多数是公司里深得同行信任的经理。他们将指导项目并在本地分享胜利。我真正想要的是可扩大规模的学习。

我们的解决方案是对现有的核心人员进行深化内部培训。这些核心人员是我们通过人际关系网（不是GE的官方等级）找出普通员工中的具有影响力和专业知识的中心。而且他们在经过"快速决策"第一个初始阶段之后，表现出了对学习和制订新工作方式的热情和渴望。我们会利用"快速决策"为公司提供未来发展的种子，而不是用旧式的强制灌输方式淹没它。

"但要明确的是，这项计划推出可能需要两年时间。"我说。

杰夫摇了摇头。"听起来是一个伟大的计划，伙计们，"他说道，"只有变化，我希望在今年年底之前完成。"

当时已经是8月了。为了表明他已经失去耐心，杰夫要求给他一张持续更新的记分卡，以显示谁没有完成所要求的培训。我们可有的忙了。

有很多问题重重的项目会引起杰夫的不耐烦和愤怒，但有一个一直占据他的脑海：Durathon电池。

2007年，我们收购了一家名为Beta R&D的公司。这家公司生产的钠电池更耐用，可以承受比当前行业标准更高的温度。它的持续时间更长，是传统锂电池的5倍。

Durathon被重新设想为一种蓄电池，可以替代或补充连接不稳定的地方的备用发电设备，如隔离的电信塔。我们了解到，这将是一个巨大的市场：2009年，当这个商业团队将其作为"想象力的突破"项目时，他们预测2020年的市场潜力会达到60亿美元。

因此杰夫签字同意。

"把规模搞大，"杰夫说，"就像过去我在塑料行业时一样。订单会来的。"

因此，2012年7月，我们在纽约的斯克内克塔迪市建起了一座闪亮的、全新的、价值1亿美元的Durathon工厂，并且承诺继续投资7000万美元。对我来说，这件事和其他很多事情一样，非常清楚地展现了GE的心态，就是任何值得做的事都值得做大，而且是"真"的巨大。

我们参观了这个巨大的工厂，观看电池的制造过程，并被告知这家工厂有着充足发展空间，可以跟随新市场惊人的发展。但是我们的庆祝行为几乎掩盖了计划中的重大缺陷。一年前，当我们开始满世界寻找客户时，我们发现——糟糕——我们需要生产巨量的电池以确保这家工厂的经济效益。问题是，没有一个足够大的细分市场可以容纳所有这些电池。即使在电信领域，我们也遇到了问题。我们没有考虑到，即使我们的技术更加优越，但要打破电信从业人员与原有供应商之间的关系仍然需要很长的时间。他们想小批量购买并进行测试，但对于我们如此规模的大工厂，生产小批量电池在经济上并不能平衡生产成本。

虽然GE专注于发展最棒的技术，但我们却错过了更大的图景——系统集成、市场、一切，而且只关注我们的技术。我们投入了超过1亿美元，认为产品可以解决所有问题。

当我的担忧与日俱增时，我知道我需要向外部人员征询针对Durathon的意见。这时，大卫·基德出场了。我想约他一起共进工作午餐，就着三明治和茶给我一些建议。他告诉我，他创立的数据营销初创公司的最大客户和GE一样，也是一家具有百年历史的顶级公司。他一直在为应付这家公司的官僚作风而焦头烂额。

他说："我可以教给大公司一两件关于以初创方式行事的建议。"

"大卫，我们需要你的经验。我们需要在GE内部发掘企业创始人的观点。我们需要的人才，他的第一冲动是看到并证明这是一个机会，而不是遵守上级的指示做大规模。"我说道。

我为他制订了一份商业计划，启动一个论坛，为GE引入初创企业的智慧。大卫还没有准备好离开他的公司，所以我设法将他聘为我们的一名培训师，帮助重新构想我们的操作系统，让我们的操作系统更具创业精神。大卫成为Durathon创始人普莱斯科特·洛根（Prescott Logan）的培训师，同时担任杰夫、马克·利特尔以及我本人的顾问。

"我们应该从更小的规模开始启动这个项目——我们的规模扩张得太大太快了。"我在第一次Durathon危机会议期间说，当时大卫和我正和马克·利特尔以及杰夫私下会谈。

大卫大声说道："规模扩张得太早了。"

过早扩张规模在GE是常见的失败原因。没有事先和一个客户一起测试一块电池来找到正确使用方式，就像我们在X系列做的那样，而是一上来就建造了一个价值1.7亿美元的工厂。更糟糕的是，我们在一个从未大规模运营的Beta R&D研发制造系统上也采取了同样的做法。结果这套系统很快就崩溃了，生产出来的电池都存在缺陷，在实地表现不如预期或是干脆就无法工作。正如埃里克·里斯常说的那样，你必须"先钉死它，然后再扩张"。相反，我们追求满足多个客户的多种用途。我们从来没有和单独一个客户确定产品需求。

"不要低估我们的能力。"杰夫说，显然很恼火，"我这样做已经很长时间了。这就像过去我在塑料行业中一样——都遵循类似的路径。我们将建立一个大工厂，然后找出填补它的方法。我们能做到。"

"但那个目标是错误的，"大卫争辩道，"不是说这里有电池市场，我们将占领5%。企业创始人对世界有不同的看法。他们看到的是'问题有多大？'而不是'市场有多大？'的潜在问题规模（TAP），而不是潜在市场规模（TAM）。当你将思维模式从TAM转移到TAP时，你不再需要5%的市场，你想要的是整个市场。这就是为什么优步表现得如此出色。他们没有说'我们可以抓住10%的出租车市场吗？'，他们说：'人们想要一个简单的出行方式。'他们看到了移动性和时间问题并予以解决。这里有人真的知道Durathon应该解决什么问题吗？"

大卫·基德有一种天赋，能创造出引人注目的术语。我曾试图在GE内部灌输以客户为中心的观点，而大卫提出的"潜在问题规模"是描述这一观点的非常有效的方式。这是我多年来一直推动的新营销工作。考虑需要解决的问题本质上就是指从客户的角度思考。

"我知道我们的技术比市场上任何技术都更好，但人们需要这些电池吗？"我说道，"我的意思是，公司是由人组成的——而公司就是根据人的需求购买产品。"

"比如，这些电池是维生素还是止痛药？"大卫补充道，"因为如果你必须解释为什么这些东西会在将来帮助他们，那它就是一种维生素。吃维生素是很棒的一件事，'如果我们的客户阅读我们的商业计划并按照我们希望的方式行事，那不是很好吗？'，但这是不可能的。但如果它能止痛，如果它是止痛药，那就非常有效了。这就是他们所需要的。这就是他们要买的东西。"

杰夫说："我们不得不卖掉工厂摆脱这个烂摊子。""基于贝丝对商业模式的想法，我们可以和之前谈过的南非人合作。我们提供持续的动力——我们的成果。我们能为此收取更多费用吗？围绕它创建服务？"

"你们都搞错了我的重点。"大卫说道，打断了讨论。他能够以公司内部人士无法采取的方式来指出问题。他不需要在提正确意见的同时还要考虑能否取悦老板。

"我们应该这样做，杰夫，但Durathon把所有资源都集中在销售更多电池上，"他说道，"他们每个季度都加速奔向死亡线。你刚才提到的办法需要花费很长时间——测试、获取能源使用数据、找到有意愿的客户。在这种快速扩展的道路上，你恰恰最缺少的就是时间。"大卫的话语在房间里久久回荡。

我知道他是对的。我们只是重新回到工业时代的思想，而这套思想已经推动GE发展很久很久了。

"我们为Durathon——一家初创企业——寻找成功的指标，对标的却是拥有百年历史的动力涡轮机。"我说，"因此，团队提供了纸面上看起来不错但在现实中毫无意义的指标。这就像我们要演出新节目，但我们的角色却是照抄的GE过去的旧脚本，以此希望新剧能够取得成功。"

"成功剧院。"大卫缓缓说道。

"什么样的剧院？"杰夫问道。

"成功剧院。看看这个项目是如何设置的，GE其他所有的项目是如何设置的。"大卫加快了语速，"某个工程师有了个好主意。而且他们通常都很棒，因为GE的工程师是最优秀的。接着，进入商业方面，他们做了一千次调查并做出市场评估。你把这两件事揉一起放进PPT里，它就变成了神话。"

"算了吧，并没有那么糟糕。"杰夫说。

"说真的，确实如此。"大卫回答，"这么说吧，'这是一次失败'——这很危险。当埃隆·马斯克（Elon Musk）说'一厢情愿的想法就是你的敌人'时，他指的就是这个意思。"

随着我们的谈话深入，事情变得越来越明显：成功剧院，对错误的恐惧，这就是为什么像GE这样的大公司，在某种程度上会害怕以事物自身来命名。GE将

Durathon看作一笔大买卖，未来的规模只会变得更大。但事实上，它是一个具有重大风险的实验性初创公司。这是一种非常典型的GE的心态：我们做出了这个承诺，所以我们必须这样做，如果我们建立起它，他们就会来。

凭借精益的创业心态，埃里克·里斯帮助我们创建了新操作系统的前半部分，即构建—衡量—获知的工程流程。但是，我们需要在决策部门也进行改变，即在新点子出现时我们如何在自由和死刑之间做出选择。正是在这方面，大卫在初创公司和风险投资领域的经验大有裨益，就像我开始在GE雇用的风险资本家一样。

当我早期在数码世界游历时，我在硅谷四处寻找，与可能和我们合作的初创公司创始人以及风险投资人会面。风险投资人信奉严格的纪律和规范，我开始欣赏他们对可能让一个点子爆发的各种因素的极度专注。我的发现激励我创建了GE风投公司，以及作为战略性努力，我们为绿色项目培育的成长委员会。它基本上重制了大型公司的风险投资流程。它既是风险投资——意味着我们会投资初创企业，以帮助我们更早地获得新的想法——又是增长机器，可以将初创企业与更大的GE本部联系起来。我把它称为我们的"缩放器"，这意味着我们能够扩大和加速初创企业和我们的新增长。我们利用策略性的风险投资来及早发现事物，并通过早期投注"降低GE未来的风险"。初创企业可以从许多来源获得资金，但他们无法以获得像GE这种规模的大公司才拥有的客户和知识。

截至2017年年底，GE风投公司在其投资组合中已拥有100家初创企业，涵盖软件、能源、医疗保健，以及先进制造等各个领域。苏·西格尔（Sue Siegel）曾是我们的"健康创想"乳腺癌公开挑战的风险合作伙伴，为我领导并发展GE风投公司的风险投资业务。她聘请了令人印象深刻的风险投资人来领导GE风投公司的投资。这些投资人有着在大牌投资公司就职的经历，包括Kleiner Perkins以及苏就职过的Mohr Davidow Ventures公司等。苏总是确保，只有在技术准备好，或是初创领导者能够明智地使用资金推动进入下一阶段的情况下，GE风投公司才会投入下一阶段的资金。在她的合作帮助下，我们得以继续构建增长加速机器，这是我只能在"想象力的突破"的早期阶段才敢想到的成果。我们将与外部创始人一起孵化大量的具有美好前景的商业项目——利用免疫疗法提供个性化的癌症治疗、无人机巡检业务、消费者健康数据公司——这些将为GE创造数亿美元的利润上升空间。我们最大的飞跃是将金融公司建成市场和模型研发。创新和颠覆越来越多地以新的商业模式的形式出现，而不仅仅是新技术的结果。

苏强有力地证明了雇佣优秀、多元化人才的价值。首先，我们让彼此变得更好。我们对创新都非常疯狂，而当我倾向于广撒网寻找创新项目时，苏仍然坚持自己的立场和原则。她是我所认识的人当中头脑最清晰的人之一，而她的方法在我的GE业务领导、同事们心中产生了很大的共鸣。当我信马由缰地任由想象力肆意驰骋时，苏就会提出各种刁钻的问题挑战常规，并为同事指出明晰的步骤来实现它。苏在硅谷建立起强大的投资人和创始人关系网，而我则在新兴领域建立起自己的强大关系网。我们努力创建激励和薪酬结构，吸引企业家加入GE并获得风险奖励——根据收入增长给予他们一定比例的新公司股份或是巨额奖金。女性和少数族裔占到GE风投公司员工的60%以上，这在硅谷是一项罕见成就，我对此感到非常自豪。我相信我的工作的一部分就是让GE拥有多元化的人才，尽管我知道这样做不会让我们变得更有创造力，但我们会吸引更多有才能的人来为GE工作。他们可以看到不同的成功道路。

在"快速决策"的早期阶段，我们的计划很简单：每隔90天，新项目将由"成长委员会"判断是否达到目标、是否应该废止，还是转型新方向，还是再给予90天沿着之前的方向继续前进。这是经典的风险投资计量，或基于重要阶段投入资金，根据进度为其提供资金。如果你确定项目没有成功，可以提前终止项目。通过在更早的时候花更少的钱去实验更多的想法，并且废止那些无效的想法，你就可以"降低创新的风险"。当一个创新点子准备好扩展时，你可以充满信心地前进，并相应地进行投资。事实证明，大卫·基德作为成长委员会催化剂特别有所助益——帮助我们建立起便于实际操作的流程，并作为公司领导层的培训师，给他们空间去测试方法，最终形成自己的方法。

我的第二个目标是取消我称之为"按指定用途提供资金"的规定。在像GE这样的大公司里，项目要获得资助是非常困难的——有很多人都想要从看似有限的资金池里获得资助。但"不被资助"也是同等困难。我们需要将两者的障碍全都移除。没有约束的创新不是什么好事。我们的目标是将资金视为信贷的延伸——只有你进入下一阶段之后，它才会起作用。

通过成长委员会，我们可以为更多的小项目提供资金，形成更多的"有效益的失败"，进而将GE所有正在开发中的产品纳入投资组合视图。成长委员会就像一个漏斗。在初创企业的世界里，每50个点子当中只有1个最后能够成功，成长委员会的决策过程可以确保你快速废弃另外的49个。如果没有这个委员会，这些项目就变成了"僵尸"——（又一个基德的"名言"）——一具行尸走肉。

Durathon变成了"僵尸"，可是它原本不必如此。它摇摇欲坠地又支撑了3年时间。2014年，Durathon工厂由于制造故障而被闲置，几个月后，GE重新配置了大多数工人并停止Durathon工厂的生产。2015年11月，我们在投资近2亿美元后宣布关闭这座位于斯克内克塔迪的工厂。

Durathon是一个典型案例。如果缺乏了精益创业概念，即不具备前瞻性思维将会导致初创企业走向失败。这也是我们在GE风投公司注入的精神，并被成长委员会严格奉行。

就像我们正在改变GE寻找创新的方式一样，我们还必须改变我们的培训和教导体系，使其更加符合新的态势。过去GE的方式是自上而下的命令和控制。但我们绝不能以同样的心态对待我们的新操作系统，将精益创业、"快速决策"和成长委员会写进员工手册，然后仅仅就是在教室中进行教学。这是一件艰难的工作，我们需要获得支持。人们需要参与其中才能给予支持。

当然，我们确保每个行业的高层领导团队都深入学习这一概念，并理解关键问题和决策过程。然后，我们在每个业务部门内安排了代理培训师——有的培训师是该部门的内部员工，他们对新操作系统表现出了激情并展现了技巧。有的培训师则是来自外部的"火花"，就像埃里克、大卫和亚伦·迪格南，以及其他越来越多像他们这样的连续创始人——常驻企业家，他们都是被苏和风险投资团队吸引和指导过的。

我们的中心团队则在培训师当中创建了一系列沟通和最佳实践分享机制。因

如何组织成长委员会

正式的成长委员会致力于围绕资金、测试、项目资源分配和新业务等关键决策提供纪律。我相信成长委员会是推动公司创新的基础。

以下是组织成长委员会的框架：

1.召集一个跨职能的决策小组。小组成员的视角要涵盖足够多的不同角度，以增加决策价值，小组人数越少越好。所有决策都是在这里做出，没有幕后交易。

2.当项目进入各个阶段时，充分利用你的核心问题集。

3.想法/项目必须通过每个阶段才能获得批准，也就是说这个想法/项目通过了"是应该而不是可以"的测试；获得牵引力的是从一个客户转移到多个客户；规模意味着产品能够按照设计正常运行，商业模式健全且不断发展。

4.要注意避免成长委员会变得过于官僚，或者你开始在成长委员会可以发挥作用的领域之外添加更多的成长委员会。在风险投资领域，周一被留出来召集合作伙伴，做出投资决定，并退回投资申请要求进一步完善，或者干脆完全拒绝。风险投资公司每年会收到成千上万的投资点子，只有几十个项目能够获得投资。

5.我和我的团队使用这种方法投资任何项目，而不仅仅是新业务。例如，在推动GE工作流程数字化，或是组建跨公司的销售团队时，我召集了一组部门领导。我们同意联合汇集我们的资源——预算、人力和能力——以最快的速度将最棒的点子扩展形成规模。在

> 这个过程中，每个人都变得更加聪明，而且由于这一切都是GE的资金，我们很快就摆脱了争夺预算和控制权的局限。我希望自己能够在我的职业生涯早期就做到这一点，但我们需要GE的成长委员会取得一些成功的案例，让其他人对我们树立信心。

为是单位内部的人互相教学，所以，那些人在接受培训的过程中会感觉培训师非常专业，同时也很接地气："这是我们自己人。"

这些培训师从小规模开始，组成前总统乔治·W. 布什所称的自愿同盟，围绕"快速决策"最初的有发展前景的项目开展工作。随着一个又一个项目取得成功，我们就能够进一步巩固这个联盟，自愿者的数量会进一步增加。我们早期取得的成功包括：

·数字风力发电场，通过软件将风力输出最大化，并且无需额外的资本支出。在不到四个月的时间里，该团队建立起一个新的商业模式并得到了客户的验证。每个风力发电场的可再生能源产量提升了20%，而全承包解决方案将带来500亿美元的收入可能。

·Circuit-Plus，GE照明集团采用的全球ERP（企业资源规划），可减少时间和金钱成本。

·GE的商用和专用航空部门的先进涡轮螺旋桨发动机。由"快速决策"和一个创业团队开发。利用这款发动机，我们打败了德事隆集团（Textron）现任供货商，赢得了一份大额合同。一次又一次，我都认为航空部门是GE最具创业精神的部门之一。

· 防止列车脱轨。利用"快速决策"，GE的铁路团队打破部门隔阂，在公司内部找到了有助于防止因风暴导致脱轨的技术。他们仅花费了90天的时间就完成了最小化可行产品。

第一年，为了近百个全球性的"快速决策"项目，有80名培训师接受了培训。这80名培训师又让近1000名GE的高管接触到了这种方法。随着我们在未来几年内扩展"快速决策"，这个数字将增加到近400名培训师和1000个项目。最终，这种方法就直接变成了我们工作的方式。我们甚至放大了在日常中使用"快速决策"的方法。我喜欢听到同事们说"你的假设是什么"或"就让我们先搞个最小化可行产品出来"。

我们利用培训方式取得成功的速度和深度，对我来说是一个重要的灵感时刻。几个简单的创新原则变得清晰：首先，要建立信任，你需要停止将业务部门和项目团队看作等级森严的阶层社会，而是将把他们看作地方行会或部落，也就是精于实干的社区。其次，重点不在于提供一个答案，而在于提出深入和探究性的问题，让人们反思旧的假设以及影响他们思维的文化习惯。

我希望我能够早一些理解培训师的角色——他们是掌握手艺的工匠，不论男女，教导他们的学徒如何发展想象力，然后进行制造。顾问只是告诉你该怎么做然后离开，培训师则更愿意站在业务部门的身旁提出建议："做得好；这样好，那样不好；正确的举动；现在动作要更快。"培训师的角色是涌现的本质，它是关于设定一个好的"任务目标"——让团队自由地进行迭代和学习。很快，"基于任务组成团队"在全公司各个部门中变得越来越普遍，各个团队为了追求结果而摆脱了上下等级的束缚。

在我们引导"快速决策"的成功部署时，显然GE还需要解决和这些新的工作方式相冲突的制度结构。为了创造新的信念并鼓励新的行动方式，我们需要重新考虑GE的激励和奖励措施。

为此，人力资源主管苏姗·彼得斯（Susan Peters）和人力资源"快速决策"支持者珍妮斯·森佩尔（Janice Semper）对公司标志性的绩效管理系统——自20世纪70年代以来，GE对成功和奖励的衡量标准——进行了重新设计。有些人参与的项目需要有效益的失败。对于这样的人，完全依赖一套奖励利润率和惩罚不完美的系统来评判他的表现是不可行的。

处于发展初期的领导者，虽然会遭遇各种失败，但他们的失败所带来的生产力——他们的创意、他们的转型、他们的学习、头脑清晰地干掉僵尸企业——和他们取得的重大成功一样，理应得到奖赏。为了做到这一点，创建持续的反馈循环——同时摒弃年度绩效评估——就绝对至关重要。在GE，我们通过名为PD @ GE（Performance Development @ GE）的应用程序来实现持续反馈。管理人员现在可以向员工提供持续的反馈，反之亦然。这个过程让管理者和员工能够彼此信任，同时又能够保证双方持续沟通，始终在基于培训师的指导下开展行动。文化是你需要首先考虑的事情，而不是你放到最后才开始做的事情。

通过在整个一年的时间里不断提出正确的问题，而不是每年提出一个抽象的基准要求员工达标，我们逐渐将公司改造成为一个新的环境，给予许可、鼓励坦诚、建立全新层次的信任。

我还发起了一些倡议，我称之为"文化俱乐部"。这是我自己的业务部门内部的一个多层次组织，不仅向我提供反馈，更特别的是吸引大家共同推动文化改变。我需要我们的团队可以直接从我这里获得测试和学习是被允许的保证，他们也需要我能够听到他们的心声，了解为什么这样做没有那么简单。我们每季度会面一次。我每次都会挑战团队，看他们是否会向我报告一件我不想听到的事情——我或其他领导者所做的事情阻碍了有意义的速度和变化。我发现大量的时间和精力都被投入到让我记得那些我早就忘记的报告、会议和预期。我们利用这些讨论来重新设定预期，推动大家坦诚以对并让彼此为改变而可靠负责。老实说，我希望我能够早一些做到这点。

将这些想法完全嵌入公司需要花费数年的时间，但到下一阶段成功部署完成之前——杰夫提出的年终截止日期，我感觉我们正在重新启动GE的操作系统，虽然还没有触及它的灵魂。那些最初驳斥我的想法的人，现在不仅接受了我们转变文化操作系统所体现出来的价值——许多人甚至支持它。

> **失败大会：如何举办失败大会**
>
> 文化俱乐部认为对失败的恐惧是一个需要解决的关键问题。我们的员工对自己的工作都很擅长，他们很在意周遭的环境，不想在出现问题时让他们的经理或队友失望。他们无法走出失败的阴影。因此，为了克服这种恐惧，他们创建了失败大会。这是一个庆祝错误的失败大会。我们的创意总监安迪·戈德堡（Andy Goldberg）开创了先河。我们挑选了一天，来自团队的所有人都会在全球通行的午饭闲谈时间分享他们的失败。我用一段视频和大家分享了Quirky公司的失败，并在开场时说："让这成为带来成功的失败的证明。我们试过，我们吸取了教训。因此，GE的新业务也因此而开始。"

Current

2014年春天，我和杰夫一起前往西部，到位于圣拉蒙的GE软件中心对我们的数字化运营进行"深度审查"。当时，GE数字部门的总部拥有一支由数百名软件工程师、编程人员和数据科学家组成的团队，他们致力于编写一套应用软件，对我们的大型钢铁机器进行数据分析，并向客户提供新的数据分析结果，进而更高效地进行运营。

在我们抵达的当天，该团队向我们汇报了有关"边缘计算"的最新进展，即嵌入在传感器和控制器中的计算能力，它允许在工业硬件内部而不是在云端进行计算操作。我和该中心的一位工程师汤姆·德马里亚（Tom DeMaria）进行了热烈的讨论。他当时一直在向我解释着他对于LED照明即将迎来的新一波计算能力而感到非常兴奋。我们有着同样的波长。我知道早晚会有那么一天，我们（作为人类）将在任何有灯具的地方植入惊人的计算能力。那年年末，我们计划推出Link，这是GE与Quirky合作开发的首个连接互联网的家用LED灯具。我对这个点子感到非常兴奋，将照明设备作为家庭的连接网络的基础设施，很可能将来会取代宽带电缆，并创造一种真正的智能家居。

"谢天谢地，我们的LED业务充满活力并且保持着良好的增长态势，"我说，"不起眼的灯泡引领一个联网的未来，对吧？"

"当然，那棒极了。"汤姆说，"但是，想想计算能力吧！一旦英特尔开始将计算能力集中在物联网上，这将是物联网的巨大飞跃。我知道他们已经在考虑这件事了，因为我们一直在与他们分享我们对工业互联网的设想。"

他和我越讨论就越发兴奋得不能自已，思绪已飘到未来通过物联网连接建筑和城市的可能性当中去了。

"凭借基于LED的技术，我们可以报告能源使用情况并帮助进行能源管理。"

"或者提供地区性服务。也许是全市范围内的Wi-Fi。交通监控和停车优化。"

"然后就是安全和保障。它可以……警告天然气泄漏。"

"或者监控恐怖活动。而这一切都只是一个开始而已。"

杰夫盯着我们，脸上露出"把注意力放到这里"的表情，但看起来好像他也同样被话题吸引了。

我和杰夫一起乘车前往门罗工业园区，我邀请他在那里和苏以及我们的几家投资公司进行会面。（他总是喜欢把那些会议当作一个学习的地方，也喜欢把这些会议当作一种探求业务部门负责人想法的方式。）"如果GE内最老的业务能够引领我们最先进的努力，难道这还不够有趣吗？"我说，"想一想吧——我们很难让人们理解工业互联网的含义。不过，每个人都明白照明的重要性。所有的企业和每一个家庭都是如此。这就是为什么我对和Quirky合作的这个互联网家居项目如此热衷的原因。"

"当然，贝丝。但你知道我们现在不是消费者公司。"他说。

但杰夫从中看到了充足的机遇，并向我提出了一个让我措手不及的任职提议：何不让我来负责GE的照明集团？

"我非常欣赏你在Quirky互联网照明设备项目中展示出的充满活力的想象力。"他说，"你对如何领导照明集团有自己的想法，我们也需要做一些改变。"

在像GE这样的大公司中，很多人并不看重照明集团。照明对GE的品牌遗产而言，更多的是一种感情上的意义，但相对而言它的规模太小了（相较于GE的规模而言）——收入为30亿美元，而且老旧且不断衰落。但在这里，我想象到了未来。

在接下来的几周里，我一直在进行思维实验，探讨如何让LED部门踏上通往伟大的道路。尽管在早期受到忽视和遭遇彻头彻尾的敌意，LED已成为收入近10亿美元的业务。尽管如此，GE并没有兴趣投资一项主要依靠毫无趣味的商品而且盈利能力逐年下降的业务。虽然LED的价位要高得多，但它们的货架期也要长得多——以年为单位，而不是几个月。尽管如此，照明集团已经显示了坚定的小不点追求生存的本能。它努力推动业务增长，就好像未来的生活完全取决于此。

当时，我正在与投资团队一起筹划准备"臭鼬工程项目"，想象并绘制能源发展的未来。我们渴望找到一种能源储存方式，能够让可再生能源能够大规模使用——当前没有经济实惠的方法可以在夜间或阴天储存多余的太阳能或风能。但我对太阳能很着迷，我们有一款软件可以用来管理来自消费者和企业的双向电流，而消费者和企业也试图通过自己发电获得更多的独立性。

我们只知道更加分散的能源世界将推动未来发展，这意味着越来越多的能源生产不会只局限于集中化管理的公用设施，而是就地由企业甚至消费者自行生产。这使我们的公共事业设备的客户感到紧张，尤其是他们的运营道路上充满了各类监管。但我们可以看到打破局面的种子已经破土而出。许多初创公司纷纷进入这一领域施展自己的才干。通过GE投资公司，我们投资了其中许多公司并开展合作——例如STEM，一家由前GE市场营销人员管理的电池存储初创公司。

随着我们以投资公司为主导的初创企业孵化机制逐渐成型，我在由LED引领的照明集团的复兴中看到了重塑的象征。我们将把照明集团发展成在商业和工业领域执牛耳的下一代能源公司。通过整合LED照明的能源效率、太阳能以及最终的存储能力，我们首先可以为客户节省20%至40%的成本。利用软件，通过传感器将LED灯具连接起来——届时我们通过遍布商店、工厂和办公室的"智能"网络实现未来的生活方式。在这"智能"网络上，我们可以创造出其他应用，并凭此带来各种各样的新价值。

我们为新业务设计的商业前景简单而又引人遐想：为客户提供前所未有的能源成果，并为他们提供无处不在的数字网络，从而更高效地管理运营。在一个大型零售商的现场，整个停车场竖立着高耸的灯柱。当太阳落山后，它们为成千上万匆忙赶路的购物者照亮道路。但这些都不是普通的灯具：它们是高功率LED，内部嵌入了数十个传感器和摄像头。这些智能灯柱通过高于地面的良好位置，能够通过移动应用程序监控和传输空余停车位的信息。

商店内部也同样适用——数百个嵌入传感器的LED，除了提供节能照明外，还连接到一个更大的系统，允许商店（从本地经理到企业总部）清楚地了解库存在哪里，引导消费者前往可用的库存，管理能源的使用，跟踪过道中的人流情况，并与消费者的智能手机相连，提供忠诚度积分和奖励。商店经理也可以决定用太阳能电池板产生一部分电能并最终将其储存在现场。

最重要的是，将照明集团作为"内部初创企业"进行重塑可以允许我们将我们的新操作系统推广到整个GE。我的梦想就是看到成千上万的员工将创业技能带到工作中。谁说只有硅谷才是这方面的主导者？这是GE早期LED臭鼬工程的新转折，每个职能部门都需要连接起来进行重建。这是一个持续性的行动。我们可以做到这一点。

我们为全新的照明部集团确定了一个新名字：Current。像能源一样。像在制造光的电流。就像当前、现在、今天的事情。更具体地说，它将是"Current，来源于GE"。这表明它是一个独立的企业，而不是一个分支机构。它有自己的世界。这是一款从GE这个平台发射出来的自豪的火箭，以10亿美元销售额作为火箭助推器。我们认为这个名字既这代表了对未来的引领，又代表着对辉煌过去的继承。但有一些员工对此表示怀疑，甚至感到害怕，因为他们还无法想象这样一家有着100多年历史的照明企业能够创造互联能源未来。

现在，我必须为公司挑选一位首席执行官。首席执行官的人选必须代表新GE秉持的新兴、快速和精益原则。这可不是一件简单的事情。我真正想做的是让照明集团像"Hulu"网站那样以全新的理念开始发展。我想要找一位经验丰富的企业家，他有着筹划和发起新公司的履职记录。我希望他能够与照明集团紧密联系起来，但同时又不会受限于像GE这样规模巨大，同时历史悠久的在公司运营的需求。

"为什么不选择让玛丽罗斯来担任首席执行官呢？"杰夫问我。

玛丽罗斯·希尔维斯特（Maryrose Sylvester）当时是GE照明集团的首席执行官，是一位在GE成长起来的娴熟的运营领导者。从我们早期谋划GE女性网络开始，我亲眼见证玛丽罗斯一步一步发展了她的领导风格和影响力。自从我2014年接管照明集团以来，迄今为止，我已经与她直接合作了大约有一年的时间。她一直都是LED业务能够发展为年收入近10亿美元的重要功臣。但是，我始终认为她不是一位企业家，而是GE的经营者。

"我们谈的是10亿美元的销售额！这些钱足以成为硅谷独角兽企业。"不论何时我向他提出一个来自GE外部的首席执行官人选时，杰夫都会如是说道，"一家独角兽企业。就在GE内部，我们就有一家独角兽企业。"

杰夫对玛丽罗斯的销售能力的判断是正确的。在我和她共事的这一年的时间，我认识到她是一个商业狂热者。过去5年来，她一直在稳步地将各项业务转为LED。她对业务的细节了如指掌，和客户和渠道合作伙伴的关系极尽完美。玛丽罗斯可以随时随地赢得一笔交易。

玛丽罗斯相比GE的许多业务领导有着更加多元化的背景。在GE还保留半导体和工业自动化业务时，她曾在上述部门工作过。她还领导过一个全球软件团队。

然而，我仍然怀疑玛丽罗斯是否具备一名企业家对模糊性和迭代的容忍度，或者是否具有激励她的团队走向新的未来的激情。她的风格低调，方法精确。她带领的团队的表现很棒，团队的成员也喜欢她，但他们都没有在自己熟悉的领域以外经受过考验。向已有的渠道销售新的LED只是一个开端，然而我们现在希望有更多的变化——一个全新的商业版图，超越灯具，涵盖太阳能和能源存储，在相应软件的配合下，LED将连接互联网，并作为主机运行各种应用，上至店内位置定位，下至能源效率等。最终，Current可以成为虚拟电力供应商，帮助管理企业和公用事业设备之间的电力流动。为了开展业务，玛丽罗斯和她的团队现在不得不呼唤新的决策者——首席信息官、首席财务官和首席执行官，他们的手头上也不是现有的产品或解决方案，而是以节能、共享节省成本和新应用程序为基础的未经测试和未经证实的新服务。在很多方面，这映射了GE在数字化领域所面临的更为广泛的挑战。

现在我的挑战更加明确：不仅要将GE内部最古老的部门转型发展成为一家初创公司，还要鼓励一个业已成熟的领导者以及她旗下善于策略的运营团队开始创业。这是一个活生生的"快速决策"挑战。这么大的规模。要么太早，要么太晚。现在都归我了。

我向玛丽罗斯提出想法，要将Current与消费者业务分开，现在她只会在Current品牌下运营面向未来的业务。旧有的消费级照明业务将会作为一个独立分支机构，由玛丽罗斯的首席财务官比尔·莱西（Bill Lacey）担任首席执行官。

"可是Current目前的规模很小。"她说，"你看，我相信这个愿景。我真的相信。但我知道如何运营整个业务。这不就是你想要我做的事情吗？"

"没错，你是一个很棒的经营人才，但我们需要集中力量。"我解释道，"我们需要确保过去的遗产不会影响Current的未来。如果我们做得好，我们不仅为照明集团，更是为GE创造了全新的生活和价值。如果你总是担心旧工厂，以及是否能在家得宝赢得更多份额，那么你又如何能够保证专注于开发新产品呢？"

"只是有许多协同作用和原因要照明集团保持一个整体。我需要了解全球各个地区的制造工厂的销售情况——我们是在全球范围内分享人才和技术。现在我们也是利用消费者业务利润来为Current提供资金。"她说，"所有这一切是不可分割的。"

我们许多GE的业务伙伴都是根据损益表的规模——收入的多寡，特别是他们为这台从不满足的经营机器赚回了多少钱——来衡量自己在公司里的地位。现在，玛丽罗斯接手的工作没有利润可以为未来提供资金——换句话说，这是一个典型的创业初期局面。在这种局面下，面对抢夺地盘、奠定客户基础的压力，亏损已经不再重要了。除了接受未经证实的重大责任之外，我们还要依赖公司提供资金和短期财务审查。这些都让她很紧张。

其实我也非常紧张。

你看，现在我的赌注也更高了。2015年8月中旬，我刚刚结束例行的两周休假，杰夫就打电话让我去他的办公室。接着就是新的人事变动——我将之称为杰夫每年一度的沉思时间，因为他休假回来的时候总是带着手写笔记。我们不得不对他的笔记进行破译（他的字是最难认的），以跟上他对项目或重点领域的想法。那时是8月，我把经过深思熟虑的需要和杰夫讨论的事情列成清单，然后走进他的办公室。我知道，这会儿他的思想会特别开放。（我终于明白要让他人理解你的想法，把握好恰当的时机很重要——但我还是经常忽视。）像往常一样，我们聊了聊假期的趣事，然后他说出了令我出乎意料的事情。

"我将提升你为公司副总裁。我已经在董事会上提了这件事，我们很赞成。"

"哇。这可是个大新闻。"我说。

尽管吃惊，但我表现得很冷静，全神贯注地听着杰夫说话。有时我会从人力资源部门获知一些有关我的人事安排的小道消息，但这次却一点消息都没有。我感觉有些奇怪，因为在那年的早些时候，我曾认真地告诉过人力资源主管苏珊·彼得斯，我认为是时候在2015年年底离开GE了。我觉得我在这里的路已经走到了尽头。坦率地说，我已经厌倦了推动变革和创新这块巨石去攀爬更加陡峭的斜坡了。

可是，被任命为GE副总裁真的是一件大事。它代表着我在GE的职业生涯达到了顶峰，也象征着GE将更加看重哪些主题。增长和创新得到了认可。营销——全新的、外在的、有发现意识的——被认可。而我，则是GE历史上第一位担任副总裁的女性。

"我们需要你在这里做的工作。我很欣赏你在投资公司所做的工作，以及在照明集团取得的进展。Current是一个好主意。我们必须做更多类似的工作。GE作为一个品牌状态很好。'快速决策'很重要——我们比以往任何时候都更需要你的帮助，"杰夫说，"请帮助我改变这家公司。数字工业和结果销售——我们必须让这些成为现实。公司文化必须以更快的速度变化。我需要你继续推动这一切。"

从他的声音里能听出了杰夫的迫不及待。这不是我认识的那个悠闲的杰夫。我还有工作要做。永远忠诚，我回来了。那天晚上，有感于内心深处的感激之情，我给杰夫发了一封电子邮件："谢谢你的支持。这对我而言意义重大。"他回信说："好好享受这一刻。然后帮助我们改变！加快行动。我们需要这个。"

2015年10月，我们大张旗鼓地启动了Current。我们最古老的生意催生了我们最年轻的业务。玛丽罗斯和团队受到良好的市场反应激励也充满了干劲，然后重大的新发展路线也得以引入。她同意将Current的总部设在波士顿——我们看中这座城市有着众多的创业人才。我们没有购买办公大楼，而是在一个共享工作空间准备了协作工作台，大约十来个人组成的核心领导团队就坐在这里工作。其他人则留在内拉工业园、圣拉蒙和斯克内克塔迪（太阳能的总部）。

在我们选择波士顿之后不久，GE也宣布将公司总部迁出康涅狄格州。新的总部所在地，不是别处，正是波士顿。2015年，随着GE宣布出售GE资本公司，波士顿代表了一个全新的开始和一个明显的迹象。更加开发、更加团结的新GE正在崛起，它已经做好准备融入这个遍布大学和初创企业的充满活力的生态系统。对Current的团队来说，这就像你的父母宣布跟着你一起上大学。

然而，接下来的2016年将被证明是艰难的一年。艰难时期总会来临。你会为自己高调宣布一个商业点子而感到后悔——你得到了迫切需要的顾客，但你同时也提高了客户的期望。

2016年开年，我们召开了团队会议，提醒所有人不要忘记公司的愿景。我们

唱起来

我认为象征性行为很重要。无论你是在领导一个项目、团队还是公司，你都需要采取明显的行动来表明你热忱地献身于你的事业。我最喜欢的一个例子来自GE照明集团的首席执行官比尔·莱西。他所负责的简化的消费者业务处境艰难，但他的管理工作非常出色，同时还持续为智能家居技术提供资金并推动新的增长。他非常想赢得劳氏公司（Lowe）的合约。如果成功，不仅能够增加收入，而且还将为迄今为止20年失败的努力画上一个句号，让我们的产品在劳氏公司的商店中占据一个重要的位置。比尔需要公司中的每个人都朝着这个目标努力，所以他寻求歌手凯蒂·佩里（Katy Perry）的帮助。比尔告诉他的同事，凯蒂·佩里的"战歌"激励他赢得这笔交易。所以他要求员工分享他们最喜欢的战斗歌曲，创建一个播放列表来激励团队中的每个人。每当有人走进大楼时，就会播放一首新歌，提醒员工他们都在努力实现目标。

你的战歌是什么？

趁着这样的势头走过2015年——作为GE的宠儿，有良好工业口碑，吸引了大批客户的兴趣，来自GE各部门以及能源部门的员工都很有兴趣加入。玛丽罗斯走到房间的前面。她的语速很快，声音却很轻柔。每个人都倾身向前仔细听她发言。她的声音渐渐低了下去，仿佛我们正在努力做的事情的艰巨程度在那一刻给予了她严重的打击。到提到公司愿景时，她已经说不出来话了。

我花了很多时间与她交谈，告诉她接受愿景，向她讲述设定的商业剧本，询问她需要什么帮助。

Current有非常积极的销售目标——这可是GE。我们已经设定了到2021年实现50亿美元的弹性收入目标。我们的信心很足，也许是我们自认为信心很足。基于LED的持续强劲销售（过去几年它们增长了50%以上），我们预计将会实现60%的增长。我们预计将与J.P.摩根大通达成一项重大协议。赫克·杰米（Heck Jaime），我们的销售负责人，是一位充满信心和魅力的西点军校的毕业生，将带领队伍进入新市场展开战斗。

但目标并非一厢情愿的假设，而且我们称之为"鲸鱼战略"的销售计划的很大一部分就是花时间寻找机会和摩根大通这样的银行进行商业交易，为我们在银行业内打下一个巨大的LED客户基础。然后将其推销到其他功能，如太阳能等，最终是软件和服务。这些都能提供持续的收入。但销售团队几乎没有操作这些交易的经验，却盲目乐观地估计能够很快签下合约。但事实上他们花费了12到15个月的时间。在某种层面上，这是一个动机分裂的问题：我们仍然让LED机器全力运转，通过渠道合作伙伴带销量。这是团队投入大部分精力的地方，因为这是他们所熟悉的。看着现金持续流入，这种感觉很好。大额交易需要更多的策略、计划、合作和耐心，他们很努力。

为了跟进新的操作系统，我们以玛丽罗斯为核心充当她的助手：大卫·基德帮她建立了成长委员会；亚伦·迪格南对她进行企业文化方面的指导；而我们则引入了一位常驻企业家，埃里克·施特拉泽尔（Erik Straser），一位大师级的行会会员。他经营过许多家能源初创企业，并且和苏一起进行风险投资。

尽管有这些帮助，但事情一早就开始摇摆不定了。我们试图做的事情太多了。我们仍然抱着部分"把规模搞大客户就会来"的心态——特别是我们为各个城市提供的服务，由于硬件功能提升非常缓慢，我们快速消耗着越来越缺少的现金。

新公司开张的第一年，我们预计业务亏损大约为3500万美元，新增收入超过2亿美元。GE承担了亏损，作为"成长资金"的一部分——这是我们为想象力突破和其他大赌注而设立的机制。我认为这些机制非常重要，通过纪律来培育可能性。第一季度末，预测被证明是错误的。销售额没有像我们计划的那样快速增长——我们需要时间来打造管道，并且销售本身也很复杂。我们在制订明确的报价之前聘请了太多的销售人员，再一次犯了过早扩大规模的错误。

最令人担忧的是，问题是文化性操作系统问题，也是抗拒改变的问题。事情就是这样：人们说他们希望表现得像一个初创公司，但旧的行为往往会回归，特别是面临巨大压力的时刻。作为我们的常驻培训师，埃里克是玛丽罗斯的可靠船员，也是销售团队的商业老师。他将自己的角色看作帮助团队建立一个可行的商业模式——让他们从一个客户发展到许多客户。玛丽罗斯则将布鲁斯·斯图尔特（Bruce Stewart）引入公司。他是一位技术娴熟的营销人才，具有旺盛的精力和丰富的创业经验。他投入不懈的努力细分客户并打磨价值定位。他带头开启测试公司和规模公司的方法——首先指派一个小团队来测试和验证新的商业模式，并且一旦获得通过，就将项目转移到规模团队。对于规模团队，则利用物质激励他们卖力销售，做到更大、更快。但人是会不断返回自己的舒适区的。Current的新的市场运营商要求公开交流，但许多人在被问及他们的担忧时会说，"我们明白了"。他们从未寻求过帮助，从不让任何人看到他们的汗水。当听到这句话"我们明白了"的时候需要特别注意——这句话是一个非常好的"BS"探测器。如果这句话的意思是指"我们正在取得进展，请给我们时间来弄明白"或"我们会在需要时寻求帮助"，那么就鼓励团队继续前进。根据我的经验，说出"我们明白"这句话时也可能充满了傲慢，其潜藏的含义是"我们不需要帮助，因为我们知道答案"。如果对方是这个意思，请务必当心。

更糟糕的是，我发现销售正在因为利润率不够高而减少交易。"当利润率低于25%时，我们是不会接受任何交易的。"杰米说着耸了耸肩。他只是对从卖东西（拿到现钱）转型到销售服务（随着时间的推移赚到更多的钱）没有兴趣。

玛丽罗斯惊慌失措。她违反了GE的第一原则：从不对财政情况感到惊讶。我曾对她说："你的工作就是尽可能多地攻城略地，我们考核你的工作表现看的是利润表，而不是收益。"但是她很难自我调整，因为她深陷过去的工作程序和模式而难以自拔。这套程序已经写进了她的DNA：她首先想到的是给GE的首席财务官打电话，而不是我。她要求原谅。而我很沮丧。

按照最初的约定，协议会受到总部的审查，然后代替我们的成长委员会做出重大决策。但固有的行为是很难打破的，一旦我们错失了我们的销售预期，团队就被迫进入标准的GE运营节奏，以实现完全规模化的业务。这是一个糟糕的倒退，因为我们需要在总部的监视下行动，使用的却是初创公司的标准。野兽再次试图吃掉自己的孩子。

是否有可能改变GE的操作系统？我真的适合做这件事吗？我真的相信我是，但在这样的时刻，我的不安全感又涌现出来了。我运用的是一个失败的提议？我推行的策略是否操之过急？我们注定要失败吗？

时间给了我们一个求之不得的喘息机会。在第二季度，业务反弹并接近我们的财务计划，这意味着可以稍微松口气了。玛丽罗斯确信我们将在下半年恢复强势。有一些迹象也让人对未来感到乐观。但随后，第三季度迎来了8月的崩盘以及连续数周的低强度。玛丽罗斯给我打来电话，绝望地表示销售离目标已经有了很大差距，我们将遭受巨大的亏损。

"我们再一次亏损了3500万美元。我不知道亏损是如何形成的，但销售只是……没有完成目标。"

对像GE这样的公司而言，3500万美元并不是一个巨大的数字，但它的确超出了预料。我们错失了目标，我们没能售出我们承诺的东西。我们的存储和太阳能解决方案的开发成本也高于计划。我们在GE内部的信誉也受损。整整一个周末的时间，我都在自我崩溃、无比自责以及筹划行动计划这三种情绪之间来回摇摆。我为杰夫准备了一系列新的人选推荐。我一直在计划为Current寻找一个外部投资者，作为验证我们模型的一种方式——而且还有额外的好处，获得更多的资金来对冲我们的风险。我知道杰夫很想出售消费者照明部门，所以尽快出售可以提供其他资金选择。

到周末结束时，我觉得自己不能再继续自责下去了，并且开始真的有些生气了。这是一家有140年历史的企业，已经被逼上了绝路，几乎没有额外的投资，而我们实际上计划为它大展宏图。那么究竟我们的错误在哪儿呢？只有我们，因为过于天真抑或过于愚蠢，想让大家相信这家企业仍然具有潜在的上升空间吗？我为我们极不寻常的目标背书是为了延续自己神奇的思想？不是。我们是GE内部少数承担实际风险的人之一。

周一早上我请杰夫一起花点时间来检查候选的方案。当我走进办公室的时候，我看到了他所选择的姿态：沉稳、难以捉摸、强硬。这就像被叫到校长办公室一样。我向杰夫提议将旧的照明部门出售，然后引入投资者进入新的Current。听完我的建议，杰夫耸了耸肩，好像我没有抓住重点。

"我会非常高兴能够出售旧的消费者照明业务，假设会有人想要接手。"他说，"但绝不要外来投资人。我们需要投入一些力量。贝丝，你需要让这一切运转起来。听着，你负责的业务让公司失望，而且很可能会让所有人错失他们的激励计划。对公司盯紧点。你需要更多地把握住细节。"

"杰夫，我知道。"我说，"但我无法一夜之间改变一家有着140年历史的企业。我们都绷得太紧，没有容纳错误的余地。我无法保证新业务模式的可预测性。我们没有失去从未有过的这3500万美元。我们的假设过于激进——但我想提醒你的是，所有人都投了赞成票。我们正在学习一个新的空间。"

"贝丝，我只是需要人们能够完成自己承诺过的事情。"

"但我们以前从未这样做过。难道我们不应该有更多的摆动空间，有点耐心吗？"

杰夫摇了摇头，说："你只管去搞定它。"

自那以后，周遭的一切看起来无比黑暗，每次开会的时候，"失败的味道"始终如影随形（人们不愿坐在你身边的位置，就好像你身上散发着难闻的气味。你感觉他们都不愿看你的眼睛。他们几乎在你的额头上贴上了"失败"的标签，而你觉得永远无法摆脱这种困境）。这时，情况却开始好转。不是立竿见影，也不是因为突然有清晰的思路，它就这么开始了。黑暗中透出了一点光，看着萌芽慢慢生长出来，接着就实现了无可辩驳的改善。

对清晰和专注的需要完全控制了我们。我们迅速行动，摆脱前进道路上的障碍，从那些规模不够弥补成本的区域性市场撤出。速度和焦点成为目标。我们针对城市展开的笨拙的市场活动让路到一边，让我们有机会和AT＆T达成明智的授权合作伙伴关系。我们能够以更小的风险保持住市场份额。太阳能方面最终收支平衡，但存储技术因为距离市场要求相差太远，从而被送回研发实验室进行更进一步的开发。这很令人失望，因为大家心里都清楚新的可再生能源存储技术是我们实现既定战略最后一步的关键因素。更重要的是，我们现在已经有足够的证据证明，Current有朝一日会成为虚拟电力供应商，但我们理解现实。我们必须反复提醒自己，当前我们只能集中手头有限的资源。

团队开始转换我们渠道中的项目。我们和J.P.摩根大通、森宝利、西蒙地产集团、希尔顿酒店、家得宝和沃尔玛都达成了重大交易。圣地亚哥市开始安装智能系统。玛丽罗斯投入了极大的热情，带领团队清理旧项目，同时启动新项目。

我们设定的目标开始更贴合实际、更注重灵活性。我们的收入非常稳健，正在逐步实现盈利，同时也证明市场存在着多样的客户。

同样重要的是，我们的领导层也做出了改变。反之，如果你不能做出改变，就只能选择离开。杰米离开了。幸运的是，新任销售主管德隆·米勒（Deron Miller）罕见地同时拥有销售硬件和软件的经验。他喜欢指导销售人员，给客户提供咨询意见。更多擅长开发数字产品的新人加入了团队。

玛丽罗斯的内心也生出无比的勇气，我以前从未见过她曾表现得如此这般勇敢。这全是她自己的功劳。她想留在这里工作。她摆脱了一贯的工业心态，成为具有很强适应能力的领导者，并且很可能会一直保持下去。她开辟了新的工作方式。例如，她和她的团队定期测试哪些是客户愿意付钱购买的产品，并且也不再受制于"功能蠕变"（带有气体泄漏探测器的灯杆）和不切实际的计划。一位富有企业家精神的领导者和团队出现了。这真是一个奇迹。一个团队的重建就在我们眼前发生了。

2017年伊始，玛丽罗斯、杰夫和我进行了会面，而玛丽罗斯以我从未见过的活力展示了Current的未来。自Current似乎已经触底到现在差不多整整一年。这次杰夫很放松，脸上带着随和的笑容。他看着玛丽罗斯的量化指标页面——这些数字不是她的预测，而是她取得的成就。

"哇，"他说。"这一年的变化可真大。你的表现棒极了。"

"是的，这个团队已经改变了他们自己。"我说，"他们真的完全依靠自己取得现今的成绩。我对此感到无比自豪。"

玛丽罗斯露出一个鬼鬼祟祟的笑容。"别担心，杰夫。"她说，"我们明白。"

我们都笑了。大家都如释重负。这个团队致力于创造未来。

因此，随着GE对改变变得更加开明，公司文化也发生了变化。我们变得更具创业精神，愿意承担更多、更小的风险。我们想象，我们行动，我们涌现。

你不是一个机器人

当年Current正处于最黑暗的时刻，我走出杰夫的办公室后，又立马赶到GE的克罗顿维尔中心，同新晋的经理们进行领导谈话。每个月，我都会和新晋的领导人谈谈GE的成长和文化——无论好坏，传授我学到的有关领导力的经验教训，告诉他们要如何采取一种发现思维模式，大胆尝试，想象下一步的工作，并亲自去见证自己的想象成为现实。作为一个跳出框框考虑问题，被创造性所驱动的人，除了作为少数担任顶级职位的女性之一（我不是单独把GE挑出来说女性的职业歧视问题，事实上他们做得比大多数公司都要好），我提出了一个不同于其他领导者的观点。

然而那天，我感到特别失望和不安。在进行讨论之前，即使已经过了这么多年，我仍然会常常感到紧张，而那天我尤其紧张。我差点就要转身离开，找个能够想到的理由重新安排时间，但我没有那么做。我发现了我内心的坚持，一如既往地深吸了一口气，走进了那个被叫作"剧场"的礼堂式房间。我想起来，这些是新晋的经理，渴望学习，变得更好。就像我一样。

我走到教室的前面，摆弄着电脑，想找到我已经重复讲过了1000次的PPT，但这时我停下了。今天讲这些陈词滥调可不行。过去几个月所经历的事情，让我有种冲动，想要在那里一吐为快。我没有心情讨论细节或"成功剧场"。当我看着他们期待的面孔时，房间里陷入了一片寂静。他们几乎立即感觉到接下来参与的活动将不同以往。

我转向身后的白板，开始画一个矩形框，再在这个框里画上一个小得多的复选框，接着在旁边写上了一句话："我不是机器人。"我这是在向他们再现在网上注册时事通信或购买活动门票时弹出来的网络"验证码"提示。我转过身，终于开始说话了：

你是一个机器人吗？

当然，我相信你们在家的时候都是人类。但你们现在在这里，正在工作，所以我不太确定。而且你们应该也不太确定这一点。

你们会问为什么。因为我们使用的机器塑造了我们思考和行为的方式。公司，特别是像GE这样的大公司，被创建得像机器一样运行。毫无意外，随着时间的推移，员工被当作齿轮——不会思考、不知疲倦的零件才是理想的雇员。作为人类，你所独有的东西——独立性、创造力、自发性——对系统而言都是未达到最佳标准的故障。正如管理理论家加里·哈梅尔（Gary Hamel）所说的那样："20世纪早期，意志坚强的人被转变成温顺的雇员，这种转变是如此的成功，范围是如此之广泛，以至于即便你不是一个马克思主义者，也会为之震撼不已。"如今真正的机器人已经走进了人类的生活。我们作为齿轮所完成的工作，这些机器人全都能够做到，而且更好、更快。而且，他们从不抱怨。

那么我认为真正的问题在于：你还保留了多少人性？我希望你们先扪心自问自己的信仰是什么，然后再来回答这个问题。机器没有信仰的功能。那么，你们相信明天会比今天更美好吗？你们相信自己有能力实现这一点吗？这两个问题将决定你们的未来，以及GE的未来。

你对这些问题有什么感觉？机器无法感受。那么，你们是否会担心自己可能因为更加美好的明天所带来的变化以及随之而来的挑战感到不适应而心生畏惧？还是说你们对早已埋藏在心中的愿景充满热情？就我个人而言，我几乎每天都还能感受到两者。

当下，作为人类，意味着生活在一个几乎每天都会带来某种巨大干扰的世界。到处都是未知的未知数。竞争对手无处不在。客户突然需要新的解决方案。变化的步伐永远不会比今天慢。好好想想。变化的步伐永远不会比今天慢。变化永不停歇，但我们的责任是塑造它，适应它，使它为我们所用。不论是机器人还是算法都无法进行这样的调整。至少目前还不能。

有一些挑战威胁着我们的生存，你们可以采取以下两种方式之一做出回应：要么放开胸怀并创造性地应对挑战，运用你的想象来创造现今不存在的东西。或者，傲慢地认定自己拥有足够的能力——你一直用来解决已有问题的可靠流程。第一种方式充满了混乱、人性弱点、无序，迫使你想象一个新的前进方向，尝试、承认错误、失败、学习、迭代、再试一次。沿着这条路走下去，是革新的可能性，但无法获得百分之百的保证。第二种选择最终只会让自己变得无足轻重。

我很理解。你们认为自己的能力和资历已经足够了。所以，"搞破坏"引发的新点子和新方法只会对你造成威胁，让你变得不那么称职，你又为什么要去"搞破坏"呢？你可能会看起来很糟糕。你以为有一个公式。他们在商学院或工程学院基本上都这么说，对吗？既有也没有。

要说在既有系统下，旧的操作系统不起作用，那可是大错特错。事实上，这套操作系统工作得异乎寻常地好。它可以优化产生成我们可以估量的内容。不幸的是，我们迫切需要创造的创新事物以及为了实现创新所需要采取的创新方式，是不可以用同样的方式来估量的。

旧指标和新算法无法帮助我们。我们需要的是做不同的想象，做不同的人，行不同的事。我作为一名营销人员所知道的事情就是：与众不同能够获得更好的价格和更高的忠诚度。根据我早年的生物研究：与众不同的生物劈出一条血路为适应做好了准备。根据我的工作经验，接受意料之外或被轻视的工作和任务、出现在意想不到的地方、认识那些表面意义上同样与众不同的人物——这些确实会带来成功。根据本能采取行动，而不是等待更多的数据来告诉你该怎么做，这需要勇气。看到模式然后使用数据进行验证，而不是反其道而行之，这也需要勇气。

你们正在感受到那种感觉，就是恐惧。恐惧失败。安全地行事更加容易。为什么我们需要彻底背离我们一直以来的做法？为什么目标不能只是为了更好一点？在你的脑海中，对我正向你们所要求的所有显著差异仍然保持着怀疑——这就是为什么我们仍然没有以必要的速度回应变化。只有那些勇敢站出来，挺身而出的人，抓住感觉上并不合理的机会，才能最终获得奖赏。

在座的有谁感觉自己有权力做到这一点——坚持你所相信的？你们当中有一些人举了手。其他人为什么没有举手呢？你们在等谁告诉你们可以这样做？你的老板？杰夫·伊梅尔特？你妈妈？绝地大师？

不要告诉我你没有被赋予权力。你有属于你自己的力量，使用它，获得自己的许可。没有人会把它赋予你。

我并不认识你们当中的许多人，但我认为你们中的有些人对力量感到恐惧。你们有没有想过，把一切都留给别人吧，把问题抛给别人，让他们去做出决定、想出不切实际的点子，这样不是更容易一些吗？

如果你真的害怕你的想象力，或者你害怕为之冒险，怎么办？你能学会克服这种恐惧，并承担这样的风险吗？当然可以，我就做到了。

当我在GE赏识的实现业务规模扩张上失败时，我比你们所有人都要年轻。在我生命的前20年里，我遵照所有人的要求行事。我遵从所有的规则。我在学校名列前茅，获得了很好的实习机会。我和一个完美的男人结婚，我们买了一间完美的小房子。你可能会说，我的生活非常令人满意。但这不是我想要的生活。如果我走了"稍微好一点"的路线，我还是会默然接受。

然后，就这样，我离婚了，成为了一个单身母亲，前路一片茫然。我失败了，或者换个更好的说法，我鼓起勇气做一个他人眼中的失败者，如此一来我就可以找到属于我自己的通往未知领域的道路，把以前所熟悉的一切全都甩到身后。之后我有了新的发现，从而为我的生活和工作开启了全新的篇章——相较于在生活和工作中避免一切错误而始终保持平庸，勇于犯错然后纠正并吸取经验会让你获得更多的自由和更大的进步，甚至最后获得巨额的财富。不要只是为了活而活，即便跌跌撞撞也要勇于探索，创造你所热爱的那种生活。不要只是在公司里逆来顺受地工作；要去煽动，有时还要带点叛逆，把公司塑造成一家伟大的企业。

这些当然会有代价。在我进入这个房间之前，你们知道我在哪里吗？我在杰夫·伊梅尔特的办公室里。他告诉我，剃光我的头发作为惩罚行不通，而且，这么做也不能真正弥补对我们的奖金造成的损失。Current，正是我对你们所要求的、超前的想象力所孕育的结果。然而，本季度的营业额距离设定的目标差了3500万美元，而且这个数字还在增加。我不需要告诉你，我GE的同事们，为什么我开始宁愿躲在自己的车里大哭，而不是和你们所有人谈话。

我现在可以在你们面前找出很多借口。我可以告诉你们，在由下一个季度报告所驱动的商业环境中发展一家像Current这样的公司几乎是不可能的。一些创新的新商业模式赚钱的可能性就是这样微乎其微——其成功的机会被需要确定的短期收益的制度所扼杀。我告诉你们，如果失败不是一个选项，那么成功同样也不是，而这是很难向投资者解释的。这些人在十几年前嘲笑"绿色创想"，现在相同的这群人却质疑为什么我们在可再生能源业务上的规模不能做得更大，即便现在太阳能的增长速度已然是乐观主义者预计的3倍。

但是，人们很容易因为企业不想冒险也不愿意失败而去责怪投资者。当然，如果你愿意的话，投资者会极力压榨你，让你未来的生活毫无乐趣可言。但他们给了我们钱，以便我们可以发展和投资，而我们的义务就是回报他们的投资让他们赚到钱。当你意识到埋怨别人只会夺走你的力量时，才会停止埋怨。

是的，在这个现实中发挥想象力地去工作会让事情变得困难。你的工作是运营和发展。你在工作中必须善于左右开弓，用左右脑同时思考问题。作为新兴领导者的工作，也正是我们迫切需要的那种，要求能够兼顾两面。既要公司退出，又要市场回归；既要为当下优化，又要为明天埋下种子。世界既是物理的又是数字的。习惯生活在夹缝之间。旧的事物正在消失，新的事物正在崛起。你们必须为可能一起到来的多种可能性的未来做好计划。

这是一个想象力缺口不断扩大的时代——可能性也随之消亡。但我绝不会放弃可能性。你们也不应该。但是，让我们明确一点，我们正在谈论一种运用批判性思维技能解决问题、判断问题的形式，这种形式纪律严明、以行动为导向、具备适应性。要尽早迎接变革，要为变革做好准备而不是惊讶，要掌握能力利用想象创造未来。

1. 探索。你需要将发现作为日常工作连绵不断的一部分。用好奇心取代对个人能力的痴迷。允许自己离开熟悉的环境并寻找不同：与不熟悉的人出去转转，了解刺激性的想法，使用疯狂的工具，参观意想不到的地方。让自己变得古怪。把生活想象成具有难以想象的奖励的寻宝游戏。

2. 拥有远见和使命。讲述你可以与他人共同创造新未来的故事。把它从想象中变为现实。兜售它。采取行动。

3. 实验。提出更有深度的问题。在新发现的启发下创建假设并测试它们。你不可能第一次就把事情做好。有时候甚至第五次也不行。不断试错是我们学习的方式。拥抱失败，但要让过程迅速、低成本、不会致命。在GE，我们所知道的就是要把事情做大。这里的诀窍是为你的实验找到合适尺寸的"金发姑娘"：规模要大到足够从中学习，但又不至于太大而导致被自己的赌注拖垮。

4. 分享。打开心胸。对人直率。要学会以宽厚、信任、团结的方式工作并让周围的人知道你正在做的事情，这样将有助于建立强有力的反馈循环，从而让你们能够以更快的速度和更强大的信心去学习和转型。

5. 成为一名新兴领导者。我们还没有成长到那个地步。但是，我能在我的脑海中看到这一天的到来。到时候，公司上上下下每个层面，几乎所有人每天都在进行着各种不同的尝试，并提出挑战性问题"假如这样会如何"，丝毫不惧怕失败，双管齐下专注公司的核心，创造公司的未来——由新崛起的领导者经营一家始终保持重塑状态的具有极强适应能力的公司。

听着，不是每个人都能以胜利的方式走到最后。转型是混乱的，过去的遗产并不会乐于接受自己已经过时的现实，你必须始终努力。现在的GE，和25年前我进入开始工作的那家公司相比，已经发生了翻天覆地的变化。我们更开放，更具创业精神。除了致力于在效能、能源、建筑和医疗等行业领域创造价值之外，我们还致力于发展清洁技术，是一家领导第四次工业革命的数字化工业公司。工业制造、小型航空、细胞疗法、低成本/高科技无障碍的医疗保健，这些只是GE当前发展中的改变世界的众多技术当中的一小部分。

我无法保证你们的职业生涯会意义非凡，且不会因失败而带上任何瑕疵（事实上恰恰相反）。你们会挣扎。我可以保证的是，这种生活、这种领导方式，将给你一个更具创造力、影响力更深远、目的性更明确的职业生涯。这才是最佳的事业。

你们只需要相信两件事：（1）明天会比今天更好。（2）你有能力实现这一点。

你不是一个机器人。

你是一个改变者。

你可以这样做。

如何成为一个新兴领导者

本书概述了要成长为一个爆发出更大潜力的新兴领导者所需的思维方式和策略——这样的领导者要做好准备尽早迎接变革，能够引导团队在面对歧路的未来时选择正确的道路，并帮助培育无人能够看见的未来。以下是我总结的你们以及你们的团队需要考虑的基本要素。

抛开等级制度。随着更多分布式团队的兴起以及对速度和协作的要求，等级制度完全没有效果。围绕特定任务或项目组织团队，不要管谁向谁报告。关注重点要放在关键业务流程的功能、运营报告和人才发展上。

围绕信息流组织团队。找到方法更快地将数据引入团队项目。随着从人和机器当中获取的数据越来越多，你会找到如何组织团队的线索——理想情况下尽可能贴近客户。例如，营销和服务团队必须以提升客户忠诚度为重点，以快速改善客户体验为驱动。

培养一个好的MO。给你的团队一个清晰的任务简报——一个任务目标，提出任务和截止时间，然后不要干涉，放手让他们去干，在完成任务的过程当中自由地测试和尝试小的失败。你作为团队领导或经理的工作越来越多地是作为团队的麻烦排除者和培训师。微观管理者是不需要的。

寻求并使用反馈。要想办法为你做的所有工作获得更多的反馈，每次互动都要询问对方的反馈。反馈可以很简单：告诉我一件我不想听到的事情。或者我们的会议是否符合你的预期。持续不断地从团队那里获得反馈，同时也要积极地向团队反馈你的意见，越快越好。

习惯生活在夹缝中。快速、新兴的变革是我们时代的标志。旧的事物正在消失，新的事物正在崛起。你很少能够对某事有百分之百的把握，也永远不可能得到足够的数据。充分假设，制订多个预案，向前迈进，抓住测试和学习的机会，在此基础上向前迈进。有了更快更多的数据，你可以进行评估。掌握何时以及如何调整自己的战略和行动，继续朝着长期目标努力。

致　谢

要对所有帮助我取得现今成就的人们表达感激之情的话，会需要大量的篇幅。我希望你们知道，你们对于我有着非常重要的意义。我非常荣幸能够成为你们的同事、学生和朋友。对我来说，GE已经证明是一个至关重要的训练场——我在这里学到了礼仪修养、商业理念、跨国管理和纯粹的完美领导能力。感谢你们所有人。

我遇到过很多次像这样的情况，最终完成的产品和我当初的想象完全不是一回事。尽管很奇怪，不过要比我想象中更加丰富。看上去困难的事情结果发现很简单，看上去容易的事情结果做起来却非常困难。实际上，完成这本书一点也不容易！把我脑子里纷繁杂乱的思绪变成文字写进这本书里，是我这辈子做过的所有最艰难的事情之一。因此，我要向那些给予我帮助，让这本书能够顺利完成的人表达我的感激之情。

非常感谢我的文学经纪人艾莉丝·切尼（Elyse Cheney）。每个想要出书的人都应该有一个像艾莉丝一样的经纪人，对书稿质量锱铢必较，但同时又有很棒的幽默感，并能保持良好的合作关系。感谢切尼事务所的亚当·伊格林（Adam Eaglin）、艾莉丝·惠特汉姆（Alice Whitwham）、艾力克斯·雅各布斯（Alex Jacobs）、克莱尔·吉莱斯皮（Claire Gillespie）和彼得·芬纳蒂（Peter

Finnerty）。

感谢塔尔·雷兹（Tahl Raz），我的合作者。他承担了最为艰巨的工作，将我职业生涯中极具价值的创意和经验糅进优美的文章和适当语汇中。我们对心理学共同的兴趣，以及对变革的力量的共同信仰，让我们两个人紧密地联系在一起。

感谢Currency团队。编辑罗杰·肖勒（Roger Scholl）让我体验到了大师级的书籍编辑技艺。感谢出版商蒂娜·康斯特布尔（Tina Constable）的支持，从来没有因为本书的进度和质量而汗出如浆（至少在我面前没有）。还有大卫·德雷克（David Drake）、坎贝尔·沃顿（Campbell Wharton）、阿伊蕾特·格鲁斯佩希特（Ayelet Gruenspecht），以及来自销售、营销和宣传团队的梅根·佩里特（Megan Perritt）——感谢你们付出的努力。

致埃文·利泽伍德（Evan Leatherwood），感谢你担当我的智力火花——特别是当灵感浮现时对我及时地提示。我始终非常珍视你和SJR团队提供的源源不断的挑战性的思路和编辑。

致洛娜·蒙塔尔沃（Lorna Montalvo）、安妮特·谢德（Annette Shade）和克莱尔·菲茨西蒙斯（Claire Fitzsimmons）：感谢你们帮助制作、组织以及为使本书更加翔实所做出的努力。我很欣赏你们的创造力以及为核实事实所付出的努力。

我很感激家人给予我的无限的耐心、支持和爱：克里斯，我的丈夫，女儿凯蒂和梅雷迪思，以及我的父母，吉恩（Gene）和谢尔比（Shelby）。我爱你们。

结　语

2017年年末，在杰夫·伊梅尔特退休6个月之后，我离开GE的时刻也来临了——这次是千真万确要离开了。我们这一届GE领导层以及我们所引领的变革时代也迎来了终结。在过去的16年里，科学技术和全球经济发生了结构性的转变，进而引发了有史以来最大规模之一的商业格局重塑。GE在我们手中平稳地度过了这一阶段，但这16年对我们而言，如果按一只狗的年龄来算，怕是得有112年那么久远。总体而言，在那段时间里，公司经历了规模超过900亿美元的投资组合变化。如今，GE已经变得更加全球化、更加工业化、更富创新精神并更愿意大胆地迈向新事物。

我们已经努力开创了GE的数字化道路，虽然还处在早期阶段，但已经得到了客户的青睐，而与此同时，越来越多的公司则面临着数字化的考验。随着他们想出如何在现实与数字相碰撞的中间地带奋力发展，数字化的考验将会确实地重塑大部分的公司。在这些公司当中，发展前景最为看好的是GE向数字化制造的转型，包括3D打印金属。这些可以极大地改变GE的未来，发挥公司在材料科学和工业制造方面的优势，并允许GE进入像汽车和航空航天零件制造这样的全新行业，甚至是人造器官（已经开始利用钛金属制造人体的髋关节和膝盖）。走进位于俄亥俄州威彻斯特的Additive总部，你将可以窥见未来的一角。协作、迭代、开源塑造了公司各个团队的工作方式。过去制造一个喷气发动机的部件需要组装300个零件，而现在可以利用3D打印进行整体打印。我们的团队根据问题和任务进行分配和组织。领导航空部门的大卫·乔伊斯（David Joyce）在他的部门里开创了叠加制造，如今已成为一位企业领导人的榜样。他鼓励他的团队优化当前，并树立信心寻找和争取未来。我还可以列举出许多其他类似的领导者，如果他们能够抓住机会，同样也准备着塑造和影响未来。

在GE，有很多事情值得骄傲。我为我们的工作以及带来的影响感到自豪。企业文化发展得比过去更快了，人事代理也已经扎根。许多人适应了逐渐加快的变化速度。我们发展了业务。GE保持与时俱进、继续成长以展望更加遥远的未来——对那些越来越老、越来越大的公司而言，这些改变也变得越来越艰难。

然而，汹涌的变革潮流奔流不息。随着杰夫的离开，没有庆祝胜利的绕场一周，没有堪比教皇换届的权力过渡，甚至继任者都不算是一位声名显赫的首席执行官。那些日子已经一去不复返了。一位激进投资者购买了GE的股票，放大了对短期利益的压力——这是一个激进分子破坏性的剧本，也是我们早就应该想象得到的。GE的能源业务表现得不够好——一些管理人员没能对服务模式的快速变化和分布式可再生能源的增长做出更快的反应。除此之外，GE还试图通过收购法国阿尔斯通公司这样一场规模巨大的资本运作来填补短期营收缺口——还特地将GE资本排除在外，结果适得其反，得到的只是体量更加庞大、老旧且日趋衰落的技术。营收目标越来越难以实现。再一次，GE面临着又一个重置时刻。由于GE的股价急剧下跌，投资者和媒体评论家大声高喊着他们的愤怒。有些事情需要时间才会产生效果。另一些则可以作为案例研究，要平衡短期收益和长期准备之间的紧张关系是多么的困难。你一直都是赢家，直到你输掉一次。失败如同一记老拳直冲你的面门，又快又狠。投资者没有耐心，市场也不会原谅。在应对中变得手足无措——最后变成过度反应，在我看来，杰夫是一位在公司业务迫切需要大胆领导力时出现的一位有勇有谋的领导者。他推动我们进入新的市场、增加营收增长，敢于承担风险、理解周围人的挫折和恐惧。正是他的支持才让我变得更好。GE也同样因他而变得更好。

我明白，你必须设置自己的重置时刻，而不是被超出自己控制的事情耗尽精力。经过变革考验的领导者也可以轻松地按他们的方式行事。公司管理层、董事会——甚至是投资者（我是一个乐观主义者）——将会需要诚实地评估他们的领导者在想象力上的差距，判断他们是否能够在无法知晓一切的情况下带领公司继续前进，能否传播未来的愿景，而不是仅仅将衡量标准局限于领导者如何在风暴中生存以及如何精确运营上。

再者，没错，即使是变革者也必须改变。我在这家公司工作的时间已经超出了应有的时长。如今，在一家公司工作27年对任何人来说都是漫长的一段时间。知道自己的出口坡道在哪儿也是旅程的一部分。现在是时候了，我过去与之合作、精心培养、从中学习，以及我所热爱的团队，要抓住机会以他们自己的方式引领前行了。我的直接下属，苏·西格尔成为首席创新官，为GE的企业发展能量贡献自己的热情；琳达·鲍夫继续担任首席营销官并被授予更高的企业文化权限。

GE的新任首席执行官约翰·弗兰纳里在公司施行他自己的回归基础的方针，降低成本并大幅缩减公司架构。在我们早期的一次会议中，约翰告诉我他将出售Current。"这是一个很棒的成就，而且我明白为什么这很重要，但对GE来说Current太小了。"他说道。我很痛心，我了解整个团队是如何坚持下来的。分布式能源是未来。玛丽罗斯一开始很失望，但后来还是以极高的热情迈向她们的新未来。我希望约翰继续保持传统，作一名适应时代的GE领导人。对此我充满信心：时代呼唤的领导者，随时为出现的任何事物做好准备，勇敢并致力于变革的力量。我们仍然需要世界上像GE这样的创新型传统公司以及他们的影响力。这些公司的产品让世界运转得更加顺畅，公司的员工在这一使命中找到了目标。但这些公司不能保证不朽，品牌故事、商业策略、公司预算都不能取代坚定的、不间断的适应变化的能力。现在，这也是一个投资者能够吸引大家团结到他周围的重要指标。

我非常热爱GE，因为这家公司拥有所有的可能性——而不是它一直以来的现实主义。努力改变不需要那么艰难，而且我不知道为什么会被它吸引，除了我坚信要为更好的未来而战斗。许多有才华的人都是这样做的。我们非常坚定，押上一切。如果你发现了更好的方式，你就有义务去追求它。那是变革者的战斗口号。写下这本书是为了记录适应变化的艰难、混乱和精彩，同时打开胸怀做出更多的创新。我很感激在GE的学徒生涯，以及许多领导者和支持者给予我的莫大支持。在这里，让我有机会释放出发现的快乐以及变革的力量。以下是我总结的方法：

·世界永远不会比现在更慢或更简单。你如此期望并不能让世界变成这样。

·对你的公司、你的团队，以及你自己而言，变革是一场永无止境的旅程。

·未来是由新兴领导者创造的，他们可以勇往直前，有开放的、能够不断适应新的变化的思想，会学着发现、鼓动和煽动，然后合作和建立，始终看重行动，将他们自己和才能投入到重要的事情上。

·故事是将我们联系起来的黏合剂。我们需要故事来为我们的工作和生活提供意义。战略是一个好故事。愿景和勇敢的领导力永远不会过时。

·相信可能性。要以轻松的心态面对未知，面对生活在过去和未来的夹缝之中的现实。这个很难。正如诺贝尔奖获得者、经济学家丹尼尔·卡内曼（Daniel Kahneman）说的［在参加播客On Being时对谈克丽丝塔·蒂皮特（Krista Tippett）］："这是一个非常难以理解的原理，就是实际上我不知道的事情非常重要，我看不到的事情也非常重要。世界的解释强加于我们。我们对自己的信仰太过自信，而这真的和想象力的失败有关。"

就是这样。我虔诚地相信我们的人性、创造力以及我们在生活和工作中创造意义的重要性。我们不能放弃想象力和可能性。明天终会到来，这就是为什么斗争是值得的。所以现在我要做我最擅长的事——再一次发现、想象、奋斗和创造。我告诉自己：你可以做到这一点。你可以具有想象的力量。